KB053767

보통사람의
정치학

보통사람의
정치학

아이만 라쉬단 웡 지음 | 정상천 옮김

산지니

시작하며

 최근 몇 년 동안 꽤 많은 사람들이 국내 정치 상황에 대해 불만의 목소리를 높였다. 그들이 목소리를 높인 것은 혼란스럽고 불확실하다고 여겨지는 정치 상황 때문이었다.

 전개된 정치 드라마는 사람들이 정치에 대해 이해하고 있는 것과는 다른 것이었다. 사람들은 군주제가 단지 '상징'으로 여겨졌던 동안에도 실제로 작동했음을 알게 되었다. 이러한 정치 드라마에 대한 반응은 대중들이 '의회민주주의', '입헌군주제' 등의 개념에 대해 얄팍한 이해만 하고 있다는 사실을 드러냈다.(누구나 잘 알고 있지만 충분히 이해하고 있는 것은 아니다.)

 매체에서 정치 논의를 하는 사람들 중에는 변호사와 법률 전문가들이 많다. 그들은 법률 해석의 전문가로서 정치인의 행위가 헌법에 부합하는지의 여부는 알려줄 수 있지만, 왜 정치적 위기가 왔는지, 어떻게 하면 정치적 안정을 담보할 수 있는지는 말해주지 못한다.

 이 책은 그런 목적을 위해 쓰였다. 나는 책에서 보통 사람들이 정치를 보다 분석적으로 이해하는 데 도움이 될 정치학의 기본 개념을 소개할 것이다. 이러한 개념을 파악하면 정치적 사건의 원인과 행동을 분석할 수 있다.

이 책은 네 부분으로 구성되어 있다. 첫 번째 부분(1~3장)에서는 정치, 국가, 정부 및 권위와 같은 개념을 설명하고, 두 번째 부분(4~14장)은 통치 시스템의 기원과 진화, 그리고 현대 정치의 원리를 설명한다. 세 번째 부분(15~21장)은 정치적 사상과 이데올로기를 설명하며, 네 번째(22~26장)는 현실정치의 문제를 조명한다.

이 책은 정치학이나 사회과학에 기초 지식이 없는 독자를 위해 쓴 것이다. 학술 서적에 익숙하지 않은 사람들도 쉽게 읽을 수 있도록 출처는 미주에 표기하였다.

이 책이 독자들에게 조금이나마 도움이 되기를 바란다.

차례

1
정치적 동물

　수많은 정치 공작으로 피로감을 유발하는 나라에서 몇몇 다혈질적인 사람들은 더 이상 정치 참여나 정치적 행동을 하지 말고, 정치에 작별을 고하라고 충고한다. 마치 정치가 무의미한 것처럼 말이다.

　정치라는 단어에 부정적인 인식을 갖고 있는 사람들에게는 나름의 이유가 있다. 정치는 종종 '권력 투쟁'과 관련이 있기 때문이다. 그래서 '사내 정치(office politics)'라는 용어도 생겼다. 그러나 정치는 더 넓은 의미를 지닌다.

　정치는 '메트로폴리스(metropolis)', '메갈로폴리스(megalopolis)'와 같이 도시(town) 또는 시(city)를 의미하는 그리스어 단어 폴리스(polis)에서 파생되었다.[1] 고대 그리스는 유럽 문명의 기초였다. 철학, 물리학, 생물학, 경제학, 수학, 천문학 및 기타 많은 학문에서 사용되는 용어들이 이를 최초로 연구한 그리스인에게서 유래되었다.

　그리스인이 정치를 발명한 것은 아니다. 정치는 인간이 있는

곳이면 어디든 존재한다. 그러나 그리스인은 정치에 관해 글을 쓰고 체계적으로 분석한 최초의 사람들이다.

플라톤(기원전 428~348년)과 그의 제자 아리스토텔레스(기원전 384~322년)는 '민주주의', '귀족정', '폭정' 등 오늘날 우리가 사용하는 개념을 탄생시킨 정치 지식의 창시자이다.

플라톤은 그 유명한 『국가론(The Republic)』을 썼다. 이 책의 원래 제목은 『폴리테이아(Politeia)』이다. 플라톤은 정치인의 성격을 논하는 『폴리티코스(Politikos, 영어로 번역하면 The Statesmen)』라는 책도 썼다. 'politikos'라는 단어는 라틴어와 네덜란드어 폴리티쿠스(politicus)로 번역되었고,[2] 인도네시아어에도 그렇게 받아들여졌다.

아리스토텔레스의 가장 유명한 저서는 『정치학(Politics)』이다. 아리스토텔레스는 그 책에서 인간은 본질적으로 정치적인 동물이라고 말했다. '정치적 동물'이라는 용어는 처음에는 부정적인 의미를 지니지 않았다. 아리스토텔레스는 생물학자였기 때문에 인간을 어떤 특정한 특성을 가진 동물로 간주했으며, 그 특성 중 하나가 '폴리스(polis)', 즉 도시 국가에 살고 있다는 것이다. 다른 동물은 폴리스를 건설하지 않는다.[3]

폴리스에 거주하는 사람들을 폴리티스(politis), 도시의 사람들, 즉 시민이라고 불렀다. 폴리스는 단순한 도시가 아니라 국가와 같이 법률과 행정이 있는 실체였다. 현대 정치 연구에서 폴리스

보통사람의 정치학

는 종종 도시국가로 번역된다.[4]

플라톤과 아리스토텔레스는 스파르타, 코린토스, 테베와 함께 고대 그리스 최대의 도시인 아테네의 시민이었다. 폴리스의 남성 시민들은 공무를 관리하고 운영하는 데 참여할 권리가 있었다. 그와 같은 것이 정치의 원래 의미, 즉 공무의 관리이다. 끊어진 도로와 막힌 하

플라톤과 아리스토텔레스

수구 관리는 어떤 측면에서 보면 정치였다. 반면에 로마인들은 여성과 노예를 정치에서 배제했는데, 그들이 있어야 할 자리는 사적 공간인 집(oikos)*이라고 여겼기 때문이다.[5]

공무를 관리하는 것은 폴리스마다 그 형태가 달랐다. 아테네는 다수가 결정을 내리는 민주주의 체제를 시행하였다. 스파르타는 60세 이상 된 28명의 남자와 2명의 왕으로 구성된 원로원(게루시아, Gerousia)이 결정을 내리는 과두정치 체제였다.

다른 언어에서 '정치'라는 단어는 거의 같은 의미를 지닌다. 아랍어 시야사(siyasa)의 어원은 사사(sasa)로, 관리 또는 운영을 의

---

* 오이코스: 공적 영역으로서의 폴리스에 대비되는 사적 생활 단위로서의 '집'.

스파르타와 아테네

미한다.[6] 중국어 정쯔(政治, Zhèngzhì)는 공무를 의미하는 정(政, zhèng)과 관리를 의미하는 쯔(治, zhì)로 구성된다. 한국의 '정치'와 일본의 '세이지(せいじ)'는 같은 말에서 나왔다.

따라서 정치라는 단어는 본질적으로 중립적이다. 더욱이 아리스토텔레스는 정치를 인간의 고귀한 명분으로 생각했는데, 시민의 공동선을 위해 더욱 공정하고, 현명하고, 사려 깊은 사람이 되도록 스스로를 훈련시킬 수단으로도 보았다.

그러나 공무 집행은 행정관에게 국민에게 적용되는 법률을 제정할 수 있는 권한을 부여한다. 공동선보다 자신의 이익을 우선시하는 사람들에게는 권력 남용을 유인할 수 있다.

아리스토텔레스 시대에는 많은 사람들이 자신의 이익을 위해 정치를 이용했다. 플라톤과 아리스토텔레스는 교육과 제도의 변화가 이 난관을 극복하는 최선의 방법이라 여겼다. 플라톤이 보기에 아테네의 민주주의는 진실이 아닌 다수의 의견에 따라 결정을 내리는 나쁜 정치의 지름길이었다. 플라톤은 지혜로 통치하는 철인(哲人) 통치라는 대안을 제시했다.[7]

많은 사람들이 정치를 싫어하지만 인간은 정치 없이 살 수 없다. 정치적 과정을 통해 만들어진 사회를 지배하는 법은 정치에 관심이 있는 사람이든, 관심이 없는 사람이든 똑같이 적용된다.

그러나 친구나 가족과 다툴 정도로 정치에 집착해서는 안 된다. 정치는 공적인 일이므로 그것을 사적 영역으로 끌어들여서는 안 된다.

정치적 무관심과 정치적 열광 사이의 균형을 맞추려면 정치학을 깊이 이해하고 기본 개념을 파악해야 한다. 정치의 기본 개념과 기원을 탐색하다 보면, 우리는 모든 정치 원칙과 시스템이 무언가를 시도하고 오류를 수정한 결과이며, 특정한 맥락에서 비롯되었다는 것을 알 수 있다.

2
국가는 왜 존재하는가?

    국가는 오늘날 세계에서 가장 중요한 정치적 실체이다. 나라(country)는 조국으로서의 국가를 의미하는 반면, 국가(state)는 주로 정치적 측면과 관련된다.

    민족(nation)은 같은 문화를 공유하는 사람들의 집단이다. 오늘날 국가들은 대부분 민족국가(nation-states)이기 때문에, 'Nation'이라는 단어가 국가를 가리키기도 한다. 예를 들어, 'international(국제적인)'이라는 단어가 그러하다.

    이제 거의 모든 사람들이 국가의 권력 아래에서 시민으로 살고 있다. 국가가 없는 사람은 무국적자로 불린다. 그러나 국가만이 유일한 정치적 실체는 아니다. 국가가 생기기 전 사람들은 씨족, 부족, 군장 사회에서 살았다.

    씨족은 가장 작은 정치적 독립체이며 주로 가까운 가족들로 구성된다. 몇 개의 씨족이 모여 연장자가 이끄는 부족이 된다. 부족들이 합쳐져 군장 사회가 만들어지며, 이 무리는 가장 영향력 있는 부족의 족장이 이끈다.[1]

                                              보통사람의 정치학

씨족은 인류가 원시 상태에 있을 때 생겨났고, 이때 인류는 수렵과 채집생활을 하며 단순하게 살았다. 즉, 씨족은 수렵-채집 사회의 정치적 단위였다.[2]

인간이 가축을 기르는 방법(항상 사냥할 필요가 없어짐)과 농작물을 재배하는 방법(항상 숲에 갈 필요가 없어짐)을 알게 된 후, 더 많은 사람들이 함께 살아야 할 필요성을 느끼게 되었다. 이에 따라 부족이 형성되었다. 씨족과 부족에서는 지배 계급과 피지배 계급 사이의 명확한 위계가 없었다. '평등주의'는 부족이나 씨족에서 각 구성원의 위치를 가장 잘 묘사하는데, 그 이유는 힘이 아닌 협력이 이들 관계의 기초이기 때문이다.

부족의 합병으로 족장이 생기면서 위계가 만들어졌다. 합병은 예를 들어 분쟁에서 패한 후 자발적으로 또는 강압을 통해 이뤄졌다. 관계가 힘에 기반을 두고 있기 때문에 이를 유지하기 위한 권한이 필요했다. 족장들 사이의 협정으로 국가가 형성되었고, 법이 만들어졌으며, 이 법은 처벌을 통해 시행되었다. 이는 전통을 기반으로 한 국가 이전의 사회(씨족, 부족, 군장 사회)와는 다르다. 모든 국가는 씨족에서 부족 사회, 군장 사회, 마침내는 국가로 진화했다. 각 진행 과정은 국가에 따라 시기상의 차이가 있다.

인류 역사상 최초의 국가는 메소포타미아, 이집트, 인도, 중국이다. 이 국가들은 모두 강과 가까운 곳에 세워졌다. 메소포타미아는 '두 강 사이'를 의미하며, 티그리스강과 유프라테스강 사이에 위치하고 있다. 이집트는 나일강, 인도는 인더스강과 갠지스강, 중국은 황하 지역에 세워졌다. 이 국가들은 고대 그리스와 마찬가지로 도시 국가이다. 한 도시 국가가 다른 도시 국가를 침략했을 때 승리하는 더 강한 나라는 제국이 되었다. 제국의 수장은 모든 왕 중의 왕, 즉 황제라 불렸다.

제국이 된 최초의 도시 국가는 메소포타미아 지역의 아카드(Akkad)이다. 함무라비가 이끄는 바빌로니아가 아카드의 자리를 빼앗았고 그런 다음 아시리아가 바빌로니아를 정복했다. 아시리아는 페르시아의 아케메네스 왕조가 정복한 신(新)바빌로니아에 계승되었고 그 후 페르시아는 이집트를 정복했다. 알렉산더 대왕의 등장 이후 두 나라 모두 정복되었다. 이 모든 것이 2300년 전에 일어났다.[3]

한편, 국가 단계에 진입한 후기(後期) 국가의 예는 아랍 국가들이다. 6세기(1500년 전)까지 아랍인은 여전히 여러 부족 또는 아시라(ashirah)로 구성된 군장 사회 또는 카빌라(qabilah, 부족) 단계에 있었다. 각 아시라는 샤이흐(shaykh)[*]에 의해 통치되었다.[4] 쿠라이시족(Quraish)은 소수의 강력한 아시라가 지배하는 부족이었다. 예언자 무함마드 시대에 가장 강력한 아시라는 아부 자할(Abu Jahal)이 이끄는 마크줌(Makhzum)가(家), 아부 수피얀(Abu

---

[*] 이슬람 사회에서 노인, 부족 또는 가족의 장로, 종교적으로나 공공의 면에서 권위를 가진 자에 대한 존칭.

Sufyan)의 장인인 우트바 이븐 라비(Utbah ibn Rabi)가 이끄는 아브드 샴(Abd Syams)가, 예언자 무함마드의 숙부인 아부 탈립(Abu Talib)이 이끄는 하심(Hashim)가였다.

　이슬람의 도래는 카빌라와 아시라를 하나의 움마(ummah), 즉 공통의 신앙에 기초한 공동체로 통합하였다. 예언자 무함마드가 죽은 후, 공동체를 지속해 나가기 위해 족장들 가운데 대리인(칼리파)이 선출되었다. 아랍은 무아위야 이븐 아비 수피얀(Muawiyah ibn Abu Sufyan)이 칼리파가 되어 우마이야(Umayyad) 왕조를 세운 후에야 국가 단계에 들어서게 되었다.[5]

　그러나 모든 씨족, 부족 또는 군장 사회가 성공적으로 국가로 전환되는 것은 아니다. 말레이 반도와 수마트라 주변 해안 지역의 신(新)말레이(Deutro Malays)가 도시 국가를 형성한 반면, 내륙 지역의 원(原)말레이(Proto Malays)는 부족 또는 군장 사회로 남아 있었다. 많은 아프리카 정치 집합체는 19세기까지 주로 부족이나 군장 사회였다. 1816년에야 남아프리카의 줄루족이 샤카 왕을 옹립하였다. 나미비아는 그때까지도 부시맨으로 알려진 샌족(San)이 여전히 수렵과 채집 경제를 실천하는 씨족 사회 단계에 있었다. 유럽 식민 지배가 끝나고 나서야 이들 사회는 봉건 시대 이후에 나타난 유럽의 주권 민족국가의 틀에 따라 자신의 국가를 수립했다.

　유럽의 봉건 시대는 서기 476년 서로마제국이 멸망한 이후 시작되었다. 영지 또는 봉토는 왕이 귀족에게 부여한 땅을 의미한다. 귀족은 왕이 아니었지만 그의 영지에서는 왕처럼 행세하였다. 귀족은 왕의 통치 아래 있었고 따라서 다층적인 지배체제가 형성되었다.[6]

이 문제는 16세기 초 개신교(프로테스탄트)가 부상한 이후 더욱 분명해졌다. 독일의 많은 주는 개신교를 채택했다. 그러나 신성로마제국의 황제는 가톨릭 지지자였으며, 휘하의 모든 영지에 가톨릭을 강요했다. 이 갈등은 가톨릭과 개신교 사이의 30년 전쟁(1618~1648)으로 이어졌다.

그러다가 가톨릭과 개신교는 베스트팔렌(독일의 한 지역)에서 평화를 약속했고, 국가의 통치자만이 국가의 종교를 결정할 수 있다고 결론지었다. 그보다 높은 권위는 없을 것이며, 황제조차도 간섭할 수 없다고 했다. 이렇게 영토 주권의 개념이 탄생했다.[7]

중국을 비롯한 유럽 이외의 제국에는 그러한 주권 개념이 없었다. 중국 황제는 자신을 천자(天子)로 여겼고, 천자는 천하에 대한 통치권을 가지고 있었다. 1793년 영국 사절이 중국에 왔을 때 황제는 그에게 무릎을 꿇으라고 말하였다. 중국은 아편 전쟁에서 패한 후에야 영국을 비롯한 다른 나라를 자신들과 동등한 국가로 인정했다.

국제법은 주권의 개념을 인정하고 있다. 예로 국가의 권리와 의무에 관해 1933년에 체결된 몬테비데오 협약이 있다. 이 협약에는 영구적인 국민, 확정된 영토 및 정부가 있는 정치적 독립체는 '국제관계를 수행할 수 있는 능력'이 있는 경우 국가로 인정된다고 명시

베스트팔렌 조약

되어 있다. 이 국가들은 그들의 영토에 대한 주권을 가지고 있다.[8]

이 국가들은 마치 클럽과 같다. 다른 국가들이 하나의 독립체로서 인식해야만 국가로 인정받을 수 있는 것이다. 국민, 영토 및 정부가 있지만 인정받지 못하는 국가는 사실상의 국가(de facto state)이며, 주권에 의문이 제기되는 국가는 법적 주권 국가(a sovereign state de jure)가 아니다.

예를 들어 이스라엘과 팔레스타인을 보자. 둘 다 사실상의 국가이다. 그러나 팔레스타인은 인정하지만 이스라엘을 인정하지 않는 나라들의 입장에서 볼 때 이스라엘의 팔레스타인 영토 점령은 정당하지 않다. 이스라엘은 자국의 법을 팔레스타인 영토에 행사할 권한이 없기 때문에 주권 국가가 아닌 것이다.

앞에서 언급했듯이, 오늘날 대부분의 국가는 민족국가(nation-states)이기도 하다. 따라서 민족은 국가와 동의어인 경우가 많다. 2차 세계대전(1939~1945) 동안 독일-이탈리아-일본과 싸운 국가들이 국제연합(United Nations) 설립 협정을 체결했다.

전쟁이 끝난 후, 미국의 제안에 따라 1945년 세계 평화를 수호하기 위한 국제연합이 설립되었으며, 5개 국가(미국, 소련, 영국, 프랑스, 그리고 중국)가 여기에 주도적으로 나섰다. 그로부터 얼마 지나지 않아 패전국인 독일, 이탈리아, 일본의 국제연합 가입도 받아들여졌다.

국제연합 회원국 자격은 국가 주권의 기준으로 여겨지기도 한다. 그러나 193개 유엔 회원국 중 몇몇 국가는 적어도 하나의 유엔 회원국으로부터 인정받지 못하고 있는데, 이는 이스라엘, 중국, 키프로스, 북한, 한국, 아르메니아 등이다. 한편 바티칸시국과 팔레스타인은 유엔 회원국은 아니지만 옵서버* 자격으로 가입되어 있다.

이들 193개국 외에 적어도 하나의 유엔 회원국이 주권을 인정

---

* 2023년 기준 유엔 옵서버 국가는 바티칸 시국과 팔레스타인 2개국이다. 바티칸 시국은 1964년 4월 6일에 유엔 상주 옵서버 지위를 부여받았다. 2004년 7월 1일에는 투표권을 제외한 모든 권한을 부여받았다.

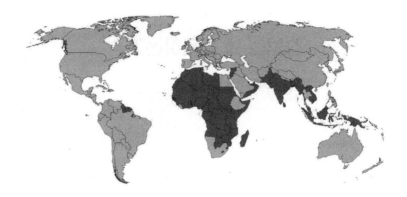

1945년 유럽의 식민지들

한 유엔 비회원국은 코소보, 대만(중화민국), 서사하라(사하라아랍
민주공화국), 북키프로스, 압하지야, 남오세티야이다. 그들의 주권
이 문제가 된 이유는 다른 국가가 그들에 대한 소유권을 주장하
고 있기 때문이다. 세르비아는 코소보를, 중국은 대만을, 모로코
는 서사하라를, 키프로스는 북부 키프로스를, 조지아는 압하지
야와 남오세티야에 대한 소유권을 주장하고 있다.

　한편, 많은 주권 국가는 나고르노-카라바흐(Nagorno-Karabakh,
아르차흐공화국), 트란스니스트리아(Transnistria) 및 소말릴란드
(Somaliland)와 같은 다른 정치적 실체를 인정하지 않는다. 2017
년 카탈루냐의 독립 선언도 인정되지 않았다. 즉, 국가는 정치적
독립체이고, 우리 각자는 정치적 독립체의 구성원이다. 우리는
정치에서 도망칠 수 없다.

3
정부는 왜 존재하는가?

국가에는 '정부'라고 불리는 기관이 있다. 정부는 법률을 개정하고 시행할 권한을 가지고 있다. 제대로 작동하는 정부가 없는 국가를 '실패한 국가'라고 한다. 1990년대 내전에 휘말린 소말리아, 예멘(2014년), 시리아(2011년)가 그 예이다.

고대에는 왕이 법을 개정하고 시행할 수 있는 권한을 가졌다. 따라서 '왕국', 즉 '왕의 나라'라는 단어가 있다. 인도네시아에서 '통치자(pemerintah)'는 정부를 의미한다.[1]

정부 형태는 국가마다 다르다. 군주제, 민주주의, 전제 정치, 신정 정치, 기술관료제* 등 여러 형태가 있다. 'archy'와 'cracy'는 그리스어이다. 전자는 지도자를 뜻하는 아르코스(arkhos)에서 나왔고, 후자는 권력을 뜻하는 크라토스(kratos)에서 나왔다.[2]

따라서 '-archy'로 끝나는 모든 정치 체제는 권력 구조(지도자의 수)를 나타낸다. 군주제(monarchy)는 하나(mono)의 지도자를

---

* 기술관료제(technocracy)는 과학적 지식과 기술을 가진 사람, 즉 기술관료가 경제 체제를 관리하는 사회 체제이다.

의미하고, 양두 정치(diarchy)는 두(di) 명의 지도자를 의미한다. 과두 정치(oligarchy)는 지도자 집단(oli)을 가리킨다. 무정부상태 (anarchy)는 지도자가 없음을 의미한다.

'-cracy'로 끝나는 정부 형태는 권력의 원천을 보여준다. 귀족 정치(aristocracy)는 권력이 귀족(aristos)으로부터 나온다는 것을 의미하며, 귀족층 자체를 의미하기도 한다. 민주주의(democracy) 는 권력이 대중(demos)으로부터 나오는 것을 의미하고, 전제 정 치(autocracy)는 스스로(autos) 통치하는 권력을 의미한다. 신정 정치에서 권위는 신(theos) 또는 신의 대리인이라고 주장하는 사 람들로부터 나온다.

따라서 군주제는 민주주의와 상충되지 않는다. 양립할 수 있 다. 민주적 군주제는 대중(민주주의)으로부터 권력을 얻는 지도자 (군주) 체제를 의미한다.

이 용어는 수천 년 동안 사용되어왔으며, 플라톤과 아리스토텔 레스의 저술에도 나온다. 창의적인 사람이라면 누구나 '-archy' 와 '-cracy'로 끝나는 전문 용어를 만들 수 있다: 가부장제 (patriarchy), 능력주의(meritocracy), 관료주의(bureaucracy) 등등.

예를 들어, '도둑 정치(kleptocracy)'라는 용어는 1966년 스타니 슬라프 안드레스키가 나이지리아를 설명하기 위해 만들었다. 당 시 나이지리아는 심각한 부정부패로 나라 전체가 악명 높은 도 둑(그리스어로 kleptes)과 같은 상태였다.[3]

누가 권력을 쥐고 누가 지도자인가보다 더 중요한 질문은 '우리는 왜 정부의 권력에 복종해야 하는가'이다. 왜 우리는 무정부주의자들이 설교해온 것처럼 정부 없이 살 수 없는가? 그리고 정부의 정당한 권위는 어디에서 비롯되는가?

　　전근대시기에 정부에 대한 복종은 자연의 법칙에 바탕을 두었다. 역사를 면밀히 살펴보면 국가는 다른 부족을 정복하면서 형성된다는 사실을 알 수 있다. 왕은 승리한 부족의 지도자이다. 패배한 쪽은 승리한 왕에게 더 열심히 복종해야 한다.

　　종교 또한 정부의 통치를 합법화하는 데 사용된다. 법은 신이 신성하게 계시하신 것이며, 순종하지 않는 사람은 죄인이 된다. 구체적으로 말하자면, 왕은 신의 대리인이다.

루이 14세의 초상화에 나타난 신권 개념

　　중세 시대(500~1500)에 가톨릭 교회는 신이 세속적인 문제들을 통치할 권한을 왕에게 주었다면서, 유럽의 왕들에게 정당성을 부여했다. 이것이 왕권신수설로 알려진 개념이다. 그러므로 종교적 가르침에 순종하는 사람들은 왕의 권위에 따라야 했다.

　　유럽 사회는 근대(1500년부터

오늘날까지)에 들어 점차 합리적인 사고를 갖추게 되었다. 종교의 권위가 실추되는 동안 과학 지식은 더욱 확장되었다. 사람들은 더 이상 왕권신수설을 받아들일 수 없었다. 정부 권력의 정당성을 설명하기 위해서는 합리적인 이유가 필요했다.

이후 정부의 권력이 국민에게서 비롯된다는 이론이 나온다. 이 이론은 지도자의 권한은 사회계약을 통해 국민이 위임한 것이라고 가정한다.

세 명의 유럽 사상가가 이 이론에 기여했다: 토마스 홉스(1588~1679), 존 로크(1632~1704), 장 자크 루소(1712~1778). 홉스와 로크는 영국인이었고 루소는 프랑스에 살았던 스위스인이었다.[4]

"왜 정부가 있어야 하는가?"라는 질문에 답하기 위해 이 사상

왼쪽부터 토마스 홉스, 존 로크, 장 자크 루소

가들은 "정부가 없으면 어떻게 될까?"라는 역질문을 던졌다. 그들은 사람들이 정부가 존재하지 않던 '자연 상태(natural state)'에서 살았다고 생각하였다.

정부가 없다는 것은 법도, 경찰도 없다는 뜻이다. 이런 상태에서 인간은 자신이 원하는 모든 것을 할 수 있는 절대적인 자유를 가진다. 자신이 할 수 있는 일을 결정할 완전한 권리가 있기 때문에 이 자유를 '절대적인 권리'라고 한다.

홉스는 저서 『리바이어던』(1651)에서 자연 상태가 갈등으로 이어질 것이라고 예상하였다. 절대적인 자유를 남용하여 타인의 재산과 재물 심지어 배우자까지 빼앗으려는 사람이 있을 것이다. 사람들은 자신을 보호하기 위해 폭력을 사용할 것이고 그 결과 만인의 만인에 대한 투쟁이 벌어질 것이다. 모든 사람이 잠재적인 위협이 되는 것이다.

이런 혼돈에서 벗어나기 위해 사람들은 통치자에게 자유 또는 주권을 양도하는 계약을 맺는다. 이렇게 사람들은 폭력을 사용할 자연권을 상실하고 대신 안전에 관한 시민권을 부여받는다.[5]

홉스에게는 안전이 자유보다 중요했다. 이것은 왕당파와 의회파 사이에 벌어진 영국 내전(1642~1651)을 직접 겪은 그의 경험과 관련이 있다.

전쟁이 일어난 10여 년은 영국 역사상 가장 격동의 시대였다. 이때의 여러 문제들을 목격하면서 홉스는 안전을 위해 사람들이

보통사람의 정치학

정부의 권위에 순종해야 할 필요성을 느꼈다. 그는 왕을 지지하는 왕당파였기 때문에, 그의 사회계약론은 어느 정도 절대 군주의 통치를 정당화하는 데 그 목적이 있었다.

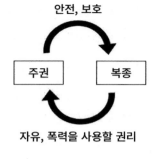

사회계약설의 대략적인 설명

절대 군주의 권력에 반대하는 사람들도 자신들만의 사회계약론을 가지고 있었다. 『통치론(Two Treatises of Government)』(1690)에서 로크는 자연 상태의 인간이 홉스가 생각한 것처럼 그렇게 위협적이지 않다고 주장하였다. 로크에 따르면 인간은 합리적이어서 정부가 없어도 서로를 해치지 않고 평화롭게 살 수 있다.[6]

로크는 홉스와 의견이 달랐다. 그는 사람들이 정부에 자유를 양도했다고 생각하지 않았다. 대신 사람들이 생명과 재산을 포함한 자유를 보호하기 위해 정부를 구성했다고 생각했다. 이 세 가지(생명, 자유, 재산)는 모두 양도할 수 없는 인간의 권리이다.[7]

주권은 여전히 국민에게 속하며 홉스가 말한 것처럼 이전되지 않는다. 정부가 국민의 권리를 보호하지 못하면, 국민은 정부를 전복하고 새 정부를 세울 권리가 있다.

루소는 저서 『사회계약론(The Social Contract)』(1762)에서 사회

계약의 개념에 대해 더 자세히 논의했다. 그는 홉스와 로크가 앞서 제시한 것처럼 사람들이 자신의 생명과 재산을 보호하기 위해 정부를 수립했다고 보았다. 그러나 그의 관점에서 사람들은 지배자나 지배자 집단에 자유를 넘겨주지 않고 사회계약을 맺는다. 자유를 넘겨주는 것은 노예가 되는 것이다.

대신 루소는 사회계약을 맺은 모든 개인이 집단으로 주권을 소유한다고 보았다. 모든 개인은 자유롭고 평등하다. 정부가 도입한 법은 각 개인이 준수해야 하는 일반 의지의 표현이다. 루소는 정부가 제정한 법을 어기는 개인을 자기 자신을 어기는 것에 비유했다.[8]

세부적인 내용은 다르지만 세 사상가 모두 통치자의 권력이 국민에게서 나온다는 것을 보여주었다. 그들의 저술은 군주의 주권에 도전하고, 현대 정치 혁명에 영감을 준 국민 주권 사상을 촉발시켰다.[9]

로크의 이론은 영국령 북아메리카 사람들이 독립을 요구하며 봉기를 일으킨 1775~1783년의 미국 혁명에 영향을 미쳤다. 1776년 채택된 독립 선언문에는 "인간은 창조주로부터 양도할 수 없는 특정한 권리를 부여받았다", "이러한 권리를 확보하기 위해 인류는 정부를 조직했다", "어떤 형태의 정부이든 이러한 목적을 파괴하면, 그 정부를 개혁하거나 폐지하는 것은 국민의 권리이다"라고 쓰여 있다.[10]

보통사람의 정치학

이는 로크의 말이었지만, 이 선언문을 작성한 미국 건국의 아버지 중 한 명인 토머스 제퍼슨(미국의 제3대 대통령)은 국민의 권리를 '생명, 자유, 재산'에서 '생명, 자유, 행복의 추구'로 바꿨다. 그 이유는 오늘날까지 알려지지 않았다.

루소의 철학은 1789~1794년의 프랑스 혁명에 영향을 미쳤는데, 이 혁명은 프랑스 절대 군주의 통치를 종식시키는 것을 목표로 했다. 「인간과 시민의 권리 선언」에는 "법은 일반 의지의 표현이다"라는 문구가 포함되어 있는데, 이는 분명히 루소의 영향을 받은 것이다. 그러나 혁명의 마지막 국면에서 막시밀리앙 로베스피에르와 같은 급진적 지도자들은 루소의 생각을 악용하여 정적들을 일반 의지에 대한 반역자로 낙인찍어 제거했다.[11]

일반적으로 로크와 루소를 현대 민주주의의 창시자로 볼 수 있으나 그들은 아무리 민주적인 정부라도 필요악으로 여겼다. 토마스 페인과 같은 사상가도 정부를 필요악으로 간주하였다. 제임스 매디슨(미국 헌법 초안의 기초를 맡음)은 "인간이 천사라면 정부는 필요하지 않을 것"이라고 말했다. 사람들은 폭력과 탐욕에 치우치는 경향이 있기 때문에 법을 시행할 정부가 필요하다는 것이다.

반면에 무정부주의자(18장 참조)와 자유주의자(16장 참조)는 인간이 악하다는 가정이 틀렸다고 생각한다. 그들에게 갈등과 전쟁은 정부의 존재로 인해 발생하며, 인간은 권위의 감독이 필요

없는 이성적 존재이다. 정부는 통치자의 이익을 보호하기 위해서만 존재한다.[12]

만약 우리가 '인간은 본래 선하다'라고 전제한다면 정부는 전혀 필요하지 않을 것이다. 대신에 '인간은 본래 악하다'라고 전제하면 정부가 필요함을 알게 될 것이다. 정부의 필요성을 묻는 질문의 핵심은 인간 본성에 관한 것이다.

이러한 인간 본성 중 어느 것이 사실인지는 논쟁거리이지만, 역사를 살펴보면 모든 문명의 기초는 강력하고 효율적인 정부라는 것을 알게 될 것이다.

인간이 기본적인 농업 경제를 실천하고 있던 시대에는 정부의 기능이 제한적이었다. 범죄를 예방하여 공공 질서를 지키고, 국민들 사이의 분쟁을 해결하는 최종 중재자의 역할과 국경을 방어하는 일이 전부였다. 정부는 앞에서 언급한 기능을 지원하기 위해 생산된 작물에 대한 세금을 징수하였다. 이와 같은 상황에서는 정부가 그다지 필요하지 않을 수 있다. 오히려 너무 높은 세율이 경제 성장을 저해할 수 있다.

그러나 인류가 18세기 산업혁명 이후 산업화 시대에 접어들면서 사회는 복잡해지고 정부의 기능은 커졌다. 미국 정부는 원래 재정, 외교, 전쟁, 사법 문제를 담당하는 4개 부서밖에 없었는데, 오늘날에는 교통, 에너지, 교육 및 주택 문제에 이르기까지 여러 정책을 담당하는 21개 부서가 있다.

도로와 철도 같은 사회 기반 시설은 정부가 필요한 이유 중 하나이다. 19세기 말에 이루어진 사회 기반 시설의 발전은 산업 경제의 필요에 의해 이루어졌다. 이러한 인프라 구축에는 많은 비용이 필요하지만 단기적으로 수익을 내지는 않는다. 따라서 민간 기업과 개인은 이러한 것에 투자할 유인이 없었다. 오직 정부 기관만이 세금을 거두고 자본을 확보할 힘이 있기 때문에 이러한 인프라를 구축할 수 있었다.

　의료는 정부의 힘이 필요한 또 다른 분야이다. 19세기까지만 해도 공공 의료와 같은 개념이 없었다. 여유가 있는 사람은 병에 걸리면 의사를 찾았고, 그럴 능력이 없는 사람들은 침대에서 병이 회복되기를 마냥 기다릴 수밖에 없었다. 국가에서 공공 의료의 중요성을 알게 된 것은, 특히 1918~1920년 스페인 독감의 여파를 겪고 난 20세기 이후였다. 정부가 공립 병원에 투자하고 백신과 예방 접종을 의무화함으로써 인간의 기대 수명이 늘어났다.

　이러한 것들은 정부가 공공의 이익을 위해 공공기관에서만 제공할 수 있는 공공재이다. 화폐도 공공재 중 하나이다. 자유지상주의와 무정부주의는 복잡한 근대국가가 아닌 낮은 단계의 사회에만 적합하다. 그러나 이렇게 말하는 사람은 '국가주의자(statist)'라고 불릴 수도 있다.

　정부 권력에 대한 우려가 근거 없는 것은 아니다. 정부의 기능과 권력이 모든 삶의 영역으로 확장되면 조지 오웰이 소설

『1984』에서 묘사한 전체주의(10장 참조) 국가로 이어질 수 있다.

더욱이 현대 사회에서 정부는 각 개인의 사적인 데이터에 접근할 수 있다. 이는 사이버 범죄 등에 대처하기 위해 필요하기도 하지만 개인의 사생활과 자유를 위협할 수도 있다.

따라서 무엇보다 중요한 것은 정부로 하여금 항상 국민을 책임지고, 공동선을 위해 노력하게 하는 것이다. 그것이 우리가 정치를 공부하는 주된 목적이다.

4

군주제

군주제와 공화제는 오늘날 정부의 주요 형태이다. 유엔의 193개 회원국 중 43개는 군주제 국가이고, 150개는 공화제 국가이다.

군주제는 원래 지도자가 한 명뿐인 시스템을 의미한다. 지도자(군주)는 왕, 여왕, 황제, 황후, 왕자, 대공 등 다양한 칭호를 가질 수 있다. 왕이 다스리는 나라는 왕국, 황제가 다스리는 나라는 제국이다. 공국(리히텐슈타인, 모나코, 안도라)은 왕자가 이끄는 정치적 실체이다. 대공이 나라를 통솔하면 대공국(예: 룩셈부르크)이라고 한다.

이 모든 호칭에는 나름 맥락이 있다. 오늘날에는 오직 일본 군주만이 천황(天皇, 텐노)의 칭호를 취하는데, 이는 하늘에서 온 황제를 의미한다. 전설에 따르면 일본 최초의 황제는 태양의 신 아마테라스의 후손으로 여겨지는 진무(Jimmu) 천황이다. 진무는 기원전 660년에 통치를 시작하여 일본 왕조를 세계에서 가장 오래된 왕조로 만들었다.[1]

대부분의 군주제는 혈통을 통해 세습된다. 1932년부터 사우디아라비아는 형이 동생에게 왕위를 물려주었다. 살만 국왕은 2017년 아들 무함마드를 왕세자로 임명하면서 이 전통을 깨뜨렸다.[2]

드문 경우이긴 하지만 왕위가 세습되지 않고 국왕이 임명되는 선출 군주국도 있다. 가장 좋은 예는 기원전 753년부터 509년까지의 로마이다. 로물루스(Romulus)에서 루키우스 타르퀴니우스 수페르부스(Lucius Tarquinius Superbus)에 이르기까지 이들 왕은 혈연 관계가 없었으며, 적합하다고 여겨지는 사람들 중 원로원이 임명했다.[3]

말레이시아의 왕은 9명의 말레이 통치자 중에서 임명되기 때문에 선출 군주국이지만 각 통치자의 지위는 세습된다.

아이슬란드와 산마리노 같은 국가를 제외한 거의 모든 인류 문명은 군주제 단계를 거쳐왔다. 스위스, 심지어 미국도 자유공화국이 되기 전에는 군주제 국가였다.

군주제(특히 세습 군주제)의 문제는 통치자가 자격이 아니라 혈통을 통해 권력을 얻는다는 것이다. 이럴 때 한 나라에 훌륭한 통치자가 있느냐 없느냐는 운의 영역이 된다. 1299년부터 1922년까지 튀르키예의 오스만 칼리프 체제를 살펴보자. 메흐메드 2세(재위 1444~1446, 1451~1481), 셀림 1세(재위 1512~1520), 술레이만 1세(재위 1520~1566)와 같이 존경받는 능력을 가진 술탄들이 왕국을 통치했을 때, 오스만 제국은 강력한 왕국으로 부상할 수 있는 토대를 마련하였다. 그러나 칼리프 왕조는 중기와 말기에 쇠퇴하였는데, 무스타파 1세(재위 1617~1618, 1622~1623), 이브라힘 1세(재위 1640~1648), 메흐메드 4세(재위 1648~1687)와 같은 술탄들은 지도력에 문제가 있었을 뿐만 아니라, 일부는 정신적인 문제까지 있었다고 한다. 그 결과 오스만 정부는 강력한 국가에서 '유럽의 병자'로 전락했다.

역사상 대부분의 군주는 무한한 권력을 가진 절대적인 존재였다. 왕국에 훌륭한 왕이 있느냐 없느냐는 운의 문제이다.

따라서 근대에는 입헌군주제를 도입하여 국왕의 권력을 제한하게 되었다. 입헌군주제에서 왕의 권력은 헌법으로부터 나온다. 왕은 자신에게 부여된 권한 내에서만 통치할 수 있다. 이것을 법의 지배 또는 법에 의한 지배라고 한다. 한편 절대군주제에서는 왕의 명령이 곧 법이 되고, 이 법에 의해 통치가 이루어진다.

입헌군주제는 정부 권력이 국민이 선출한 대표들의 손에 있는 또 하나의 민주주의이다. 이때 왕은 국가의 수장으로서만 기능하는데, 제한된 권한이지만 나름 중요한 직책이다.

현재 43개의 군주국 가운데 안도라, 바레인, 벨기에, 부탄, 영국, 캄보디아, 덴마크, 일본, 요르단, 쿠웨이트, 레소토, 리히텐슈타인, 룩셈부르크, 말레이시아, 모나코, 모로코, 노르웨이, 네덜란드, 스페인, 스웨덴, 태국, 통가 등 37개국이 입헌군주국이다.

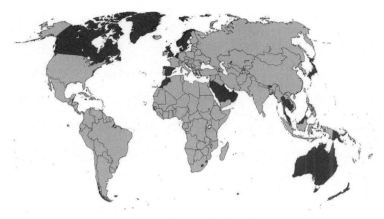

세계의 군주제 국가들

오늘날 세계에는 6개국만이 절대군주제를 시행하고 있는데, 그 국가들은 브루나이, 에스와티니(구 스와질랜드), 오만, 카타르, 사우디아라비아, 아랍에미리트이다.

앤티가바부다(Antigua & Barbuda), 호주, 바하마, 바베이도스, 벨리즈, 그레나다, 자메이카, 캐나다, 뉴질랜드, 파푸아뉴기니, 세인트키츠네비스, 세인트루시아, 세인트빈센트그레나딘, 솔로몬제도, 투발루에는 국왕이 없으며, 영국의 국왕이 그들의 국가 원수이다. 이 국가들은 영연방 왕국에 속한다(말레이시아가 회원국인 영연방과는 다르다). 이 국가들은 각 국가에 임명된 총독이 영국의 왕이나 여왕을 대표한다.

영국은 입헌군주제의 창시국이다. 다른 문명에서도 왕의 권력이 법으로 제한될 필요가 있다고 믿었지만 영국은 그것을 달성한 유일한 국가였다.

한국에서는 이미 14세기 초 이성계(조선 초대 왕)의 정치적 조언자였던 정도전이 입헌군주제에 대한 아이디어를 내놓았다. 정도전은 실권은 재상이나 총리의 손에 있고, 왕은 상징적인 존재가 되어야 한다고 제안했다. 왕위는 세습이기 때문에 지혜로운 왕과 어리석은 왕이 있을 수 있다. 반면에 총리는 항상 가장 똑똑한 사람 중에 임명된다.[4]

그러나 정도전의 생각은 빛을 보지 못했다. 왕자 이방원에게는 그가 위험한 인물로 여겨졌기 때문이다. 1398년 이방원이 권력을 장악한 후 정도전은 죽임을 당했다. 아이디어는 있었지만 이를 실행할 메커니즘이 그에게는 없었다.

한국과 동양의 왕국에서 왕은 전통적으로 절대적인 권력을 가졌고, 가장 중요한 것은 군사력을 가졌다는 점이다. 이것은 왕의 권력을 제한하려는 그 어떤 시도도 매우 어렵게 만들었다. 그러나 영국에서는 귀족들에게 땅을 나누어 주는 봉건제로 인해 전통적으로 왕권이 그다지 강력하지 못했다.

이 경우 왕이 전쟁을 하려면 군대를 모으기 위해 귀족들에게 도움을 요청해야 했다. 왕이 돈을 바라는 경우도 마찬가지였다. 귀족들은 이를 충당하기 위해 농민들의 수확물을 세금으로 징수했다.

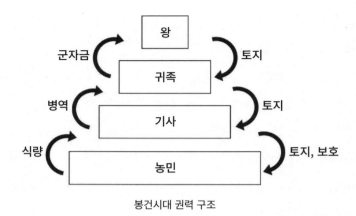

봉건시대 권력 구조

　존 왕(재위 1199~1216)이 프랑스와의 전쟁 자금을 조달하기 위
해 세금을 인상하자, 귀족들은 반란을 일으켜 1215년에 존 왕에
게 마그나 카르타(Magna Carta, 대헌장)에 서명하도록 강요했다.
이 헌장에 따르면 왕이 세금을 부과하기 위해서는 귀족들의 승
인을 받아야 했다. 이렇게 귀족의 권리가 보장되었다. 잉글랜드
의 왕은 더 이상 법 위에 있지 않았고, 법에 구속을 받으며, 귀족
을 억압할 수 없었다.[5]

　마그나 카르타는 영국 헌법의 기초가 되었다. 오늘날 다른 국
가들과 달리 영국 헌법은 단일 문서가 아니라 여러 문서로 구성
되어 있다. 마그나 카르타는 그중 하나일 뿐이다.

　왕과 신하들의 갈등은 마그나 카르타에서 그치지 않았다. 17
세기에 찰스 1세(재위 1625~1649)와 의회파 사이에 영국 내전이

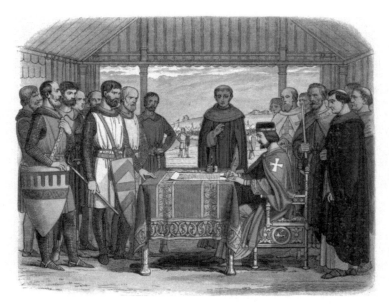

마그나 카르타에 서명하는 존 왕

발발하였으며, 이 내전은 국왕의 패배로 끝났다.

찰스 1세는 1649년에 체포, 투옥되고 사형을 선고받았다. 의회의 지도자인 올리버 크롬웰은 군주제를 폐지하고 영국 연방으로 알려진 공화 정부를 세웠다.

1660년에 찰스 1세의 아들 찰스 2세가 왕정을 재수립하여 왕위를 계승하였고, 가톨릭 신자인 동생 제임스 2세에게 왕위를 물려주었다. 영국 국교인 성공회를 지키고, 제임스 2세의 전횡에 맞서기 위해 의회는 네덜란드 오라녜 왕가의 윌리엄(제임스 2세의 딸

찰스 1세와 올리버 크롬웰

인 메리의 남편)을 불러들였고, 1688년 제임스 2세를 퇴위시켰다.

이 역사적 사건이 바로 영국의 명예혁명이다. 제임스 2세가 폐위된 후 윌리엄과 메리는 부부가 함께 통치했다. 그들은 1689년에 권리장전을 제정하였는데, 이는 왕의 권력을 제한하고, 가톨릭 신자들이 왕위에 오르는 것을 금지했다. 이는 더 많은 자유를 보장하기 위해 의회에서 제안한 것이다.

영국에서는 더 이상 왕과 신하 사이에 갈등이 없었다. 입헌군주제가 완전히 확립되었기 때문이다.

메리의 여동생 앤(Anne)은 1702년에 왕좌를 물려받았다. 1707년에 잉글랜드와 스코틀랜드가 통합되어 '그레이트브리튼 왕국

(Kingdom of Great Britain)'이 탄생하였다.

영국 해협 건너편의 나라 프랑스는 강력한 왕의 전통을 가지고 있었다. 같은 봉건제를 실시했지만(왕은 파리와 인근 영토만 통제하고 귀족은 프랑스의 더 넓은 영토를 통치함) 프랑스 귀족은 영국 귀족만큼 강하지 않았다. 프랑스 왕은 귀족의 승인 없이 세금을 부과할 수 있었고, 이 세금으로 15세기에 정규군을 창설할 수 있었다.

프랑스 왕은 절대 권력을 가졌다. 절대(absolute)라는 단어는 제한이 없다는 뜻의 라틴어 'absolutus'에서 유래된 말이다. 법은 왕을 속박하지 않으며, 왕은 법을 만든 근원이다. 루이 14세의 잘 알려진 명언 "L'État c'est moi(짐이 곧 국가이다)"처럼, 중국의 황제도 그 어떤 규칙에 얽매이지 않았다.[6]

그러나 이러한 절대주의는 백성들이 왕에 대해 진절머리가 나게 만들었다. 루이 14세는 전쟁을 좋아했고 무책임하게 돈을 썼다. 거둬지는 세금이 부족하자 그는 돈을 빌렸고, 프랑스를 빚더미에 빠뜨려 경제를 망가뜨렸다. 1789년 프랑스 혁명은 1774년에 왕위에 오른 루이 16세의 통치 기간에 발생하여 왕의 절대 통치를 종식시켰다.

처음에 온건파 혁명가들은 입헌군주제를 수립하려고 했다. 그러나 루이 16세가 급히 도망치다가 잡혀 급진파들에게 반역죄로 그를 처형할 기회를 주었고, 이로써 1792년에 군주제가 폐지되었다.

네덜란드를 공격하기 위해 군대를 이끌고 있는 루이 14세(1672)

그 후 프랑스는 공화국이 되었다. 그러다가 1804년에 제1집정
관이었던 나폴레옹 보나파르트가 스스로를 황제로 선언하였다.
프랑스인들은 왕을 전복시키고, 황제를 맞이한 셈이다.

일본은 1889년 아시아 최초의 입헌군주국이 되는 '영광'을 얻
었다. 영국과 마찬가지로 일본도 역사적으로 왕의 권력이 약했
다. '다이묘'로 알려진 강력한 영주는 사무라이(귀족 군인 계층) 군
대를 지휘하고 영토를 지배하였다. 사무라이는 다이묘에게 충성
을 맹세했다. 그리고 다이묘는 쇼군(최상급 군인)에게 충성을 맹세
했다. 쇼군은 황제의 참모였지만 군대를 통솔했기 때문에 황제

메이지 천왕의 일본 헌법 공포

는 꼭두각시에 불과했다.[7]

1600년부터 1868년까지 도쿠가와 가문이 막부의 자리를 차지하였다. 1868년 사쓰마번과 조슈번의 다이묘가 보신전쟁(戊辰戰爭)에서 도쿠가와 가문을 물리치면서 그들의 최후가 결정되었다. 사쓰마번과 조슈번은 막부를 폐지하고 메이지 천황에게 권력을 반환했다. 1889년에 헌법이 채택되었다.

일본 천황은 영국 왕과 달리 막강한 권력과 위신을 가지고 있다. 일본 헌법 제3조는 천황이 신의 후예이기 때문에 '신성불가침'하다고 명시하고 있다.

2차 세계대전에서 일본이 패한 후에야 미국은 일본 천황에게 신이 아닌 인간임을 선언하도록 강제했고, 1947년 헌법을 개정

하여 천황의 권력을 유명무실하게 만들었다.[8]

오스만 제국, 중국, 러시아는 입헌군주제를 통해 쇠락하는 국가를 개혁하고자 하였다. 1876년 오스만 제국에 입헌군주제가 도입되었지만 1878년 술탄 압둘하미드 2세에 의해 폐지되었다. 1908년 청년 투르크당이 쿠데타를 일으켜 압둘하미드와 그 뒤의 술탄들도 물러나게 했으며 오스만 제국은 결국 1922년 완전히 사라지게 된다.

러시아는 1906년에 헌법을 도입했다. 이 헌법은 1917년 혁명으로 차르가 무너질 때까지 유지되었다. 중국은 상황이 더 나빴다. 1911년 5월에 헌법이 도입되었지만 6개월 후 신해혁명이 일어나 황제가 1912년 2월에 퇴위하고, 이로서 2133년간의 황제 통치 전통이 막을 내렸다.

군주제는 20세기에 소수로 변하기 전까지 인류가 어디에서나 시행했던 규범이었다. 1차 세계대전(1914~1918)에서는 튀르키예, 러시아, 중국을 제외하고, 독일과 오스트리아-헝가리 제국의 군주제가 무너졌다. 2차 세

지역별 이탈리아 군주제/공화제 국민투표 결과

공화제 군주제
100% 0%
50%
0% 100%
□ 국민투표 없음
평균 54.3%

보통사람의 정치학

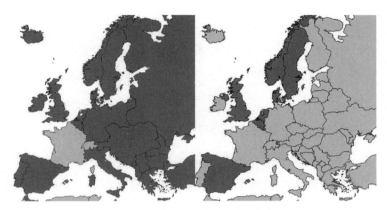
1900년과 2020년의 유럽 군주제 국가들

계대전(1939~1945) 이후 이탈리아는 1946년 국민투표를 통해 2백만 표 차이로 군주제를 폐지했다. 이탈리아 국민 중 1,270만 명은 군주제 폐지를 원했고, 나머지 1,070만 명은 유지하기를 원했다.[9]

한편, 유럽 밖의 군주제는 유럽 세력에 의해 폐지되거나 자국민에 의해 전복되었다. 외세에 의해 폐지된 나라에는 인도, 버마, 한국(1910년 일본에 의해 폐지됨)의 군주국과 아체 및 잠비 술탄국 같은 인도네시아 군도의 술탄국이 있다.

이집트, 이라크, 리비아, 튀니지, 에티오피아, 아프가니스탄의 군주제는 1950년대부터 1970년대 사이에 쿠데타로 전복되었다. 이란에서 샤(Shah)*의 통치는 이란 혁명의 결과로 1979년에 끝났다. 가장 최근에 왕정을 폐지한 나라는 네팔인데, 2008년 의회가 갸넨드라의 통치를 종식시키기로 결정함에 따라 이루어졌다.

군주국의 수가 줄어듦에 따라 많은 사람들은 그 제도가 더 이상 적절하지 않다고 느끼게 되었다. 그러나 공화제 국가의 수는 한때 군주제보다 적었다. 통치 체제의 타당성은 고대냐 현대냐가 아니라 현재 사회의 목적과 요구를 충족시킬 수 있느냐 없느냐에 달려 있다.

현존하는 입헌군주제 국가를 보면 일반적으로 공화제 국가보다 더 평화로운 모습을 볼 수 있다. 지상낙원이라 불리는 덴마크, 노르웨이, 스웨덴은 군주국이다. 1689년 입헌군주제를 수립한 영국은 자국에서 더 이상 유혈 사태를 보지 않았다.

그레나다와 태국 두 입헌군주국만이 지난 70년 동안 정치적 혼란을 겪었다.

그레나다는 특별한 경우였는데 자신들만의 왕이 없었고(독립 이후 국가 원수는 영국 여왕이었다), 베네수엘라 북부에 위치하고 있어 영국 정치의 중심에서 너무 멀리 떨어져 있다.

1979년 모리스 비숍이 이끄는 공산주의자들이 그레나다의 권

---

* 페르시아어로 왕이라는 뜻.

력을 장악했다. 초반에는 상당히 안정적이었다. 총독은 비숍을 총리로 임명하는 데 동의했고, 비숍은 여왕을 국가 원수로 계속 지지하기로 동의했다.

한편, 태국 국왕은 진정한 의미의 입헌군주가 아니다. 입헌군주제는 1932년 카나 랏사돈(인민당)에 속한 일단의 군 장교와 시민이 샴 왕에게 왕권의 많은 부분을 박탈한 헌법을 받아들이도록 강요하고, 그 권한을 국민에게 넘겨주면서 태국에 도입되었다.

그러나 얼마 지나지 않아 군과 시민은 서로 대립하게 되었다. 군대는 두 그룹으로 나뉘어 하나는 쁠랙 피분송크람이 이끌었고, 다른 하나는 사릿 타나랏이 이끌었다. 사릿 총리는 1946년에 즉위한 푸미폰 아둔야뎃 국왕과 협정을 맺었고, 이 협정은 1957년에 피분 총리로부터 권력을 빼앗았다. 그들은 왕의 권력을 대부분 복구했고, 왕은 왕실 재산국을 통해 자신의 재산을 관리하고, 군 장교들이 구성원으로 있는 자문 기관을 가지게 되었다.

태국 국왕은 민간 지도자들이 왕과 군부의 이익을 위협하는 행동을 보일 때마다 군부가 쿠데타를 일으키는 데 신의 가호를 빌어준다. 세니 프라모즈(1975~1976년 총리), 탁신 친나왓(2001~2006년 총리), 잉락 친나왓(탁신의 여동생, 2011~2014년 총리)의 경우가 그랬다. 이러한 권력을 가진 태국 국왕은 영국 여왕보다 전쟁 전 일본 천황과 더 유사하다.

더불어 강력한 불교의 영향력 덕분에 대부분의 태국 국민은 왕

푸미폰 아둔야뎃 국왕

이 라마의 화신이고, 라마는 비슈누의 화신이라고 믿는다. 라마 1세(풋타엿파 쭐라록, Phutthayotfa Chulalok)부터 라마 10세(마하 와치랄롱꼰, Maha Vajiralongkorn)까지 왕의 칭호는 '라마'이다.[10]

1889년 일본 헌법이 천황을 정의한 것처럼, 태국 헌법은 "왕은 존경받는 숭배의 자리에 즉위하며, 이를 어기지 않아야 한다"라고 명시하고 있다. 또한 불경죄[Lèse majesté(레즈 마제스테), 사릿 총리 시대부터 시행]법이 시행되어 왕을 모독하는 자는 15년형을 선고받는다. 레즈 마제스테는 프랑스어로 '폐하에게 잘못을 행하다'를 의미한다.

진정으로 왕이 숭배받으려면 좋은 성품과 도덕에서 나오는 위신인 '분바라미(bun-barami)'를 갖추어야 한다. 라마 9세 푸미폰 아둔야뎃(재위 1946~2016) 국왕은 분바라미를 가진 왕으로 여겨지며, 이것이 태국 국민들 사이에서 군주제가 받아들여지는 이유이다.

사릿 총리는 푸미폰 국왕에게 되도록 국민을 많이 만나서 왕이 그들에게 관심을 기울이는 모습을 보이도록 건의하였고, 태국 정치에서 군주의 지위를 합법화했다.

그러나 2020년 라마 10세 치하에서 대대적인 반군주제 시위가 일어나면서 정당성에 의문이 제기됐다. 라마 10세가 국민의 곤경을 외면한 것도 한 가지 이유다. 그의 생활 방식은 분바라미를 갖춘 왕의 모습이 아니었다.

군주제의 운명은 군주의 자질에 달려 있다. 19세기 영국 군주제 연구가인 월터 배젓(Walter Bagehot)에 따르면, 군주의 센스와 현명함은 군주제를 적절한 것으로 만든다. 그 반대도 마찬가지이다.

5
공화제

193개 유엔 회원국 중 150개국은 왕족이 아닌 일반 국민이 이 끄는 공화국이다. 공화국의 국가 원수는 대개 대통령이다.

미국, 멕시코, 인도네시아, 필리핀 등 대통령이 정부 수반을 겸임하는 나라도 있다. 독일, 이탈리아, 이스라엘, 싱가포르 등과 같이 대통령이 상징적인 국가 원수인 나라도 있다.

산마리노는 대통령이 나라를 이끌지 않는 유일한 공화국이다. 의회에서 6개월 임기로 임명되는 2명의 집정관(Captain Regent)이 국가 원수와 정부 수반의 역할을 수행한다.

로마공화국은 공화국 체제의 초기 모델이다. 공화국(republic)이라는 단어는 라틴어 레스 푸블리카(res publica)에서 유래했는데, 이는 '공공의 문제'를 의미한다. 로마인에게 정부 업무는 모든 시민의 문제였으며, 왕과 같은 특권 집단에만 해당된 것이 아니었다.[1]

로마에는 원래 왕이 있었다. 전설에 따르면 기원전 753년 로마를 건설한 로물루스가 로마의 첫 번째 왕이었다. 그는 100명으로 구성된 의회, 즉 세나투스(Senatus)를 설립했다.

'senate'라는 단어는 원로를 의미하는 세넥스(senex)에서 파생되었다. 따라서 원로원(Senate)은 원로들로 구성된 의회이다. 원로원 의원 100명의 후손은 파트리치안[patricians, 아버지를 의미하는 파트레스(patres)라는 단어에서 유래]이라고 불렸으며, 이들은 로마 문명에서 귀족으로 간주되었다.[2]

기원전 509년에 원로원 의원들은 폭력적인 제7대 로마 왕 루키우스 타르퀴니우스 수페르부스를 축출했다. 이로써 왕의 직위는 폐지되고 두 명의 집정관이 1년 동안 그 자리를 맡았다.

집정관은 군인으로 구성된 켄투리아 민회에 의해 선정되었다. 집정관이 전쟁을 지휘하기 때문에 군대는 지도자를 선택할 권리가 있었다.

적의 침입이 있을 경우 집정관은 원로원으로부터 6개월간 전권을 부여받아 통치할 수 있었다. 이때는 원로원의 승인을 받지 않고도 사안을 결정할 수 있었다. 이것이 '독재자(dictator)'라는 단어의 유래이다.[3]

처음에는 모든 집정관이 귀족 출신이었다. 기원전 366년 이후에야 루키우스 섹스티우스 라테라누스(Lucius Sextius Lateranus)가 평민이나 서민 중에서 임명된 최초의 집정관이 되었다.

평민 계급은 콘칠리움 플레비스(Concilium Plebis)라는 평의회를 두었다. 이곳의 의장을 맡은 10명의 호민관은 평민을 위한 법을

원로원에서 일어난 율리우스 카이사르 암살

제정하고, 원로원이나 집정관이 만든 법을 거부할 수 있었다.

정치적 권리와 경제에 관한 두 계급 간의 갈등은 로마인들 사이의 내전으로 이어졌다. 귀족들도 기존 체계를 지지하는 옵티마테스파(optimates)와 평민의 편을 드는 평민파(populares)로 나뉘었다[4]

평민 중 한 사람인 율리우스 카이사르(Julius Caesar)는 정적들을 물리치고 집정관이 되었다. 원로원은 카이사르의 독재와 공화국의 생존을 걱정하였고, 기원전 44년 그는 원로원에서 정적들에 의해 칼에 찔렸다.

그러나 17년 후(기원전 27년) 카이사르의 양자 아우구스투스가

아우구스투스 카이사르

카이사르의 적들을 물리치고 로마 정치를 장악하였다. 아우구스투스는 원로원에 의해 프린켑스 시비타티스(Princeps Civitatis) 즉, '제1시민'으로 불렸으며, 최초의 로마 황제가 되었다.[5]

로마가 멸망한 지금도 이탈리아 반도에는 공화정 체제가 살아 있다. 앞서 언급한 산마리노는 301년에 세워졌고, '집정관'이라는 직함은 1243년에 만들어졌다. 베네치아, 고아, 피렌체 등의 도시국가도 공화국이었다. 네덜란드는 1588년 스페인으로부터 독립한 후 공화국이 되었으나 1815년부터 현재까지는 군주국이다.

영국 내전(English Civil War) 이후 영국은 1649년부터 1660년까지 공화국이었으며, 올리버 크롬웰은 호국경(護國卿, Lord protector)이라는 칭호를 받았다. 그러나 그의 통치 방식은 왕과 크게 다르지 않았다. 그의 지위는 그의 아들 리처드 크롬웰에게 이어졌다.

이들 공화국은 현대의 공화국과 상당히 달랐다. 오늘날의 공화국 모델(대통령이 주도하고, 두 개의 입법 기관이 있으며, 상급 기관은 상원임)은 미국에 의해 만들어졌다.

독립 후 미국 혁명의 지도자들은 새로운 헌법의 초안을 작성하여 대통령직을 설립하였다. 대통령은 국가와 정부의 수반이고, 의회는 입법부이다. 의회는 상원(Senate)과 하원(House of Representatives)이라는 두 개의 기관으로 구성된다. 이러한 구조는 로마공화국을 모방하려는 시도이다. 대통령은 집정관에 해당하고, 상원은 로마의 원로원과 확실히 같으며, 하원은 평의회(민회)와 유사하다.[6]

게다가 미국은 로마공화국과 많은 상징을 공유한다. 독수리는 두 나라의 상징이며, 로마인 권력의 상징인 파스케스(fasces)는 미국 하원에서도 볼 수 있다.

워싱턴 D.C.의 정부 건물 건축에 나타나는 로마적 요소도 놓칠 수 없다. 국회의사당 건물의 이름은 로마의 언덕 중 하나인 카피톨리노 언덕에서 따 '캐피톨(Capitol)'로 명명되었다. 오하이오주 신시내티와 같은 지명은 기원전 458년에 16일 동안 독재자가 된 로마의 역사적 인물 루시우스 퀸티우스 신시나투스(Lucius Quinctius Cincinnatus)의 이름을 따서 명명되었다.[7]

미국 하원의 파스케스 상징물

　이 모든 것은 우연이 아니다. 토머스 제퍼슨, 제임스 매디슨 등
미국 건국의 아버지들은 로마의 역사를 강조하는 고전을 연구한
귀족이었다. 그 시대의 학자들은 로마가 강력한 국가가 된 성공
원인을 공화정 체제로 보았다.

　그들은 새로운 정부를 구성하는 데 있어서 로마를 모방하려고
최선을 다했다. 차이점은 알렉산더 해밀턴이 제안한 대로 두 집
정관이 한 명의 대통령으로 교체된 점이다. 그는 지도자가 두 명
있으면 행정이 느려질 것이라고 생각했다.[8]

　공화국 체제는 현대적인 것처럼 보이지만, 새로운 생명을 불어
넣은 고대 체제일 뿐이다. 미국을 따라 독립한 아메리카 대륙 대
부분의 국가들은 공화제를 채택하였다. 이들 국가 중 일부는 군

주제를 선택하였다. 예를 들어 멕시코는 1821년 스페인으로부터 독립하여 멕시코 제국이 되었지만, 지속 기간은 2년에 불과했다.

프랑스에서 공화국을 세우는 길은 멀고도 험난하였다. 혁명가들이 루이 16세를 타도한 후, 1792년에 프랑스 공화국이 설립되었다. 그 후 10년 동안 공화국은 결코 안정적이지 않았다. 자코뱅(Jacobins)으로 알려진 급진주의자들이 1793년에 권력을 장악하고 잔인하게 통치하였는데, 이를 공포정치로 부른다.

자코뱅의 통치는 1년 만에 끝났고 5명의 총재가 이끄는 총재 정부로 대체되었지만 나폴레옹에 무너졌다. 나폴레옹은 10년 동안 세 명의 집정관으로 구성된 총재 정부를 설립했다. 그는 자신을 첫 번째 집정관으로 임명했다. 그는 로마의 집정관이 되고 싶었지만 결국 1804년 자신을 황제로 선포하면서 프랑스 제1공화국은 종말을 맞이하게 되었다.

나폴레옹은 1814년 패배하기 전까지 다른 유럽 국가들과 전쟁을 벌였다. 부르봉 왕조가 국가를 통치하자 프랑스는 혁명 이전의 군주제로 되돌아갔다.

1848년 프랑스는 제2공화국(1848~1852)을 수립하였으나 이번에는 제2공화국 대통령 루이 나폴레옹 보나파르트(나폴레옹 보나파르트의 조카)가 자신을 나폴레옹 3세 황제로 선포했다. 그가 프로이센과의 전쟁에서 패하고 1870년에 퇴위한 후, 제3공화국(1870~1940)이 설립되었다.

로마식 경례를 하고 있는 나폴레옹과 집정 정부의 구성원들

1870년부터 1910년까지 유럽에는 프랑스, 산마리노, 스위스 세 개의 공화국만이 존재했다. 1910년 포르투갈에서 혁명이 일어나 네 번째 공화국이 탄생하였다. 2차 세계대전 이후 공화국 수가 급격히 증가하였다.

오스트리아-헝가리 제국, 독일, 러시아의 몰락으로 인해 오스트리아, 헝가리, 폴란드, 체코슬로바키아와 같이 공화국 체제를 채택한 새로운 국가가 탄생하였다. 오늘날 유럽의 공화국 수(33개국)는 이미 군주국 수(12개국)를 넘어섰다.

대중은 항상 공화국을 민주주의에 비유하지만 두 체제는 서로 다른 개념이다. 공화국은 군주국과 마찬가지로 민주적일 수도 있고 독재적일 수도 있다.

공화국은 왕이 없어도 절대 권력을 가지고 통치하는 '왕관 없는 왕'을 낳을 수 있다. 크롬웰과 나폴레옹이 그 대표적인 예이다. 많은 국가 원수들이 절대 권력을 쥐고 있으며 이를 자식들에게 물려준다.

북한에서는 김일성이 그의 아들 김정일에게, 김정일은 또 그의 아들 김정은에게 권력을 물려주었다. 시리아의 하페즈 알 아사드 대통령은 자신의 아들 바샤르 알 아사드를 후계자로 지명했고, 아제르바이잔의 헤이다르 알리예프도 아들 일함 알리예프를 후계자로 지명했다.

군주제든 공화정이든 정부는 항상 절대 권력을 가지고 통치하려는 사람에 의해 좌지우지될 수 있다.

6
민주주의

어떤 사람들은 민주주의가 유대인의 발명품이라고 주장한다. 사실, 민주주의는 유대인에게조차 새로운 개념이다. 유대인들은 역사적으로 대부분 군주제였다(하스몬 왕조와 헤롯 왕조). 현대 이스라엘이 건국된 1948년 이후에야 민주주의를 실행하였다.

초기 단계에서 테오도르 헤르츨(Theodor Herzl) 같은 시오니스트 지도자들은 민주주의를 그다지 좋아하지 않았다. 심지어 이를 '정치적 넌센스'라고 불렀다.[1]

민주주의의 창시자는 그리스인이며 민주주의는 그리스어 데모스(demos)와 크라토스(kratos)에서 파생되었다. 전자는 '민중'으로 번역될 수 있고, 민주주의는 민중의 힘(people's power)으로 해석되는 경우가 많다. 그러나 고대 그리스어 문맥에서 이 단어는 기원전 508년 아테네에서 클레이스테네스가 도입한 사회 계층을 가리킨다.

다른 모든 문명과 마찬가지로 아테네에도 왕(바실레우스)이 있었다. 그러나 기원전 1068년 전쟁에서 사망한 코드로스 왕을 기리기 위해 아테네는 귀족 중에서 선출된 아르콘(지도자)으로 그 자리를 채웠다. 그 이후로 아테네는 군주제에서 귀족제로 바뀌었다.

기원전 594년에 집정관이 된 솔론은 아테네 시민을 재산의 가치에 따라 펜타코시오메딤노이, 히페이스, 제우기타이, 테테스, 네 계급*으로 나누었다.

오직 상위 두 계급만이 집정관 직위를 가질 수 있었고, 노동 계급은 보울리(vouli)와 에클레시아(ekklesia)에 합류할 자격이 없었다. 보울리는 400명으로 구성된 행정 및 사법 기관이며, 에클레시아**는 모든 시민에게 개방된 시민의회다.

클레이스테네스는 4계급 제도를 폐지하고, 아테네 사회를 150개의 데모스(demos)로 재편했다. 각 데모스에는 500명으로 확대한 보울리의 대의원 할당량이 주어졌다. 30세 이상의 모든 아테네 남성은 재산의 많고 적음에 관계없이 정치에 참여할 수 있었다. 이것이 바로 '민중의 힘'의 정의이다.[2]

아테네 민주주의 체제를 직접민주주의라고 한다. 모든 아테네 시민은 에클레시아의 법률 개정에 직접 참여했으며, 보울리는 해

---

*   펜타코시오메딤노이는 1년에 500메딤노이(medimnoi) 이상, 히페이스는 300메딤노이 이상의 생산 능력을 가진 사람, 제우기타이는 1년에 200메딤노이 이상의 생산 능력을 갖춘 농민, 테테스는 일용노동자이다. 메딤노이는 고대 그리스의 부피 단위로 곡물을 측정할 때 사용되었다.
** 고대 그리스 여러 도시 국가의 시민의회. 아고라라고 하기도 한다.

보통사람의 정치학

당 법률을 시행했다.

아테네의 모든 시민은 오늘날처럼 선거를 통하지 않고 추첨을 통해 회원을 선출하는 보울리에서 직접 봉사할 기회를 가졌다. 누구든지 조약돌이나 지푸라기를 뽑아 무작위로 선택된다면 정부의 구성원이 될 수 있었다.

클레이스테네스

이 방법은 평등의 원칙을 준수하는 것으로 여겨진다. 한편, 선거는 부유하고 영향력 있는 인물이 후보로 출마해 당선될 확률이 높기 때문에 불공평하다고 생각되었다. 좋아 보이지만 직접민주주의는 큰 나라에 적합하지 않다. 정부가 모든 시민의 견해를 고려해 결정하는 데 걸리는 시간을 생각해보면 이해가 될 것이다.

클레이스테네스 시대의 아테네 시민은 60,000명을 넘지 않았으며, 에클레시아에 속한 사람의 수는 6,000명 미만이었을 것이다.[3] 이것이 직접민주주의가 현대에 거의 존재하지 않는 이유이다.

스위스는 국민투표를 자주 실시하기 때문에 직접민주주의에 가장 가까운 나라이다. 아펜첼 인너로덴(Appenzell Innerrhoden) 및

2020년 글라루스에서 열린 란츠게마인데

글라루스(Glarus) 같은 지역에서는 주민들이 참여하는 란츠게마
인데(Landsgemeinde) 회의에서 몇 시간 동안 공적인 업무를 논의
한다.

미국에는 타운(town)과 시(city) 차원의 타운미팅이 있는데, 이
역시 직접민주주의라고 할 수 있다. 그러나 국가 차원에서는 실
행이 불가능하다.

엄청난 인구를 제외해도, 오늘날의 사회는 노예를 소유했던 5
세기 아테네 사회와는 다르다. 사람들은 스스로를 돌봐야 하고,
정치를 할 시간은 최소한이다. 따라서 현대 민주주의 국가는 간
접 또는 대의제 민주주의를 선택했다. 이는 로마 시민들이 집정

보통사람의 정치학

관과 그 대표자로 적임이라고 생각하는 후보자에게 투표했던 로마공화국의 역사로 거슬러 올라갈 수 있다.

미국 건국의 아버지들은 로마의 역사가 아테네보다 길기 때문에 정치 모델로 로마를 선호했다. 로마는 거의 500년 동안 존재했지만, 아테네는 100년 동안만 존재했다. 그들은 간접민주주의를 로마의 힘의 기초로 여겼고, 직접민주주의를 펠로폰네소스 전쟁(기원전 431~404년)에서 아테네가 스파르타에게 패한 이유라 생각했다.

그들은 민주주의를 비판한 플라톤과 아리스토텔레스 같은 고대 그리스 철학자들의 글도 읽었다. 플라톤은 민주주의가 철학의 창시자이자 그의 스승인 소크라테스를 죽였다고 생각했기 때문에 민주주의를 비판했다. 기원전 399년 소크라테스는 철학으로 아테네 젊은이들의 정신을 오염시켰다는 비난을 받았다. 무언가 결정을 내리기 전에 신에게 계시를 구하는 데 익숙했던 그 당시에 철학은 사람들이 스스로 생각할 수 있게 했다.

500명의 재판관 중 280명은 소크라테스가 유죄라고 생각했고, 나머지 200명은 무죄라고 생각했다. 다수결에 따라 소크라테스는 독약을 마시는 사형 선고를 받았다.

플라톤은 소크라테스가 유죄라고 말한 280명 중 실제로 철학을 이해하는 사람이 몇 명이나 되는지 의문을 제기했다. 그들 대부분은 능력이나 자격이 아닌 평등을 바탕으로 선발되었기 때문

소크라테스의 죽음(오른쪽 손을 든 사람이 소크라테스)

에 학문적인 수준이 낮았다. 그래서 플라톤은 민주주의를 무지한 사람들이 조종하는 배에 비유하며 잔인한 체제로 간주했다.

아리스토텔레스의 제자도 다수결이 가져올 다수의 폭정을 걱정했다. 민주주의 사회에서 다수가 결정을 내리면 소수의 권리는 어디에 있는가?

이것이 바로 미국 건국의 아버지들이 민주주의에 대해 부정적인 견해를 가졌던 이유이다. 그중에는 헌법을 비준한 미국 제4대 대통령 제임스 매디슨(재임 1809~1817)도 있었다. 그는 소수와 개인이 다수에 복종해야 하기 때문에 민주주의는 개인의 안전과

양립할 수 없다고 말했다. 이는 다른 개인의 소유물, 의견, 열정을 위협할 수 있다는 것이다.[4]

따라서 미국의 초기 역사에서는 부유한 사람에게만 투표권이 주어졌다. 펜실베니아와 조지아에서는 유권자가 되려면 50에이커의 토지를 소유해야 했고, 뉴저지와 사우스캐롤라이나에서는 100에이커의 토지를 소유해야 했다. 부유한 사람들은 정서적으로 안정되어 있으며, 정치 관련 지식을 탐구할 시간이 더 많다고 생각했기 때문이다. 당시 미국은 순수한 민주주의 국가가 아니라 귀족이 통치하는 귀족국가였던 것이다.[5]

대서양 건너편에는 장 자크 루소의 사상에 영향을 받은 프랑스 혁명(1789~1799)이 일어나 남성 시민 모두가 투표할 수 있게 되면서 순수 민주주의에 새로운 활력을 불어넣었다. 그러나 공포정치(1793~1794) 기간 동안 발생한 프랑스의 혼란은 미국과 영국의 귀족들이 민주주의에 대해 갖고 있던 기존의 부정적인 견해, 즉 '모두를 위한 민주주의는 결함이 있는 시스템'이라는 견해를 더욱 확고히 했다.

그러나 동시에 산업혁명 시기 도시로 이주한 노동 계층은 더 많은 정치적 권리를 요구하였다. 영국에서는 1830년대 차티스트 운동*으로 인민 헌장이 발표되었다. 21세 이상의 모든 남성에게

---

* 차티스트 운동(Chartist Movement) 또는 차티즘(Chartism)은 19세기 중엽 (1838~1848) 영국에서 있었던 사회 운동이다.

1948년 런던의 차티스트 데모(차티스트는 특정 목표를 위해 함께하는
사람들의 그룹으로 이때 '데모'라는 단어가 대중화되었다.)[6]

투표권 부여, 비밀투표, 의원의 자격요건 폐지, 의원 급여 지급
등이 요구되었다. 당시 의원들은 월급을 받지 못했다. 그래서 돈
이 많은 귀족과 중산층만 정치에 참여할 수 있었다.

차티스트 운동가들의 요구는 기원전 5세기 클레이스테네스가
일반 시민들에게 권력을 부여했던 제도를 되살린 것이었다.

1848년 제2공화국이 건국된 후 프랑스는 투표에 필요한 재산
요건을 폐지한 최초의 국가가 되었고, 1856년에 미국이 뒤를 이
었다. 영국에서는 1918년에야 재산 요건을 폐지했다. 18세기에
는 여성의 투표권을 요구하는 참정권 운동이 일어났다. 그 시대

뉴욕의 여성 참정권 요구 행렬(1913)

여성들은 정치에 설 자리가 없었다. 평등을 위해 싸운 프랑스
혁명 이후에도 여성에게는 투표권이 부여되지 않았다.

주로 여성이었던 참정권 운동가들의 요구에 따라 당시 영국의
식민지였던 뉴질랜드는 1893년 여성에게 투표권을 부여한 최초
의 정치 주체가 되었다. 이를 실시한 최초의 주권 국가는 노르웨
이다(1913년).

영국은 1918년 30세 이상의 여성에게 투표권을 부여했고
1928년 투표 가능 연령을 21세(남성과 동일)로 낮추었다. 미국에
서는 1920년에 여성에게 투표권이 허용되었다. 프랑스는 1944년

에야 여성에게 투표권을 부여했다.

오늘날에는 오직 6개 국가만이 자신들이 민주주의가 아닌 절대군주제임을 기꺼이 인정하고 있다. 북한과 같은 권위주의 국가들도 스스로를 민주주의라고 말한다(북한의 정식 명칭은 '조선민주주의인민공화국'이다). 북한에서는 자유와 투명성에 의문이 제기되는 선거가 실시되는데, 지도자가 거의 100% 또는 99%의 표를 얻는다.

홉스, 로크, 루소가 도입한 '정당성은 국민으로부터 나온다'라는 사상은 오늘날 민주주의를 보편적으로 수용하는 체제로 만들었다.

7
의회민주주의

오늘날의 민주정부는 의회민주주의, 대통령제 민주주의, 준대통령제 민주주의로 구분할 수 있다.

이 세 가지 시스템은 영국, 미국, 프랑스에서 만들어졌다. 19세기와 20세기에 이들 국가가 세계의 강대국으로 부상하면서 이 시스템이 전 세계로 전파될 수 있었다.

의회민주주의부터 알아보자. 193개 유엔 회원국 중 86개 국가가 의회민주주의를 실시하고 있으며, 여기에는 4장에 언급된 37개 입헌군주국이 모두 포함된다. 나머지 49개 국가는 공화국으로서 알바니아, 아르메니아, 오스트리아, 방글라데시, 보스니아헤르체고비나, 보츠와나, 불가리아, 크로아티아, 체코, 도미니카, 에스토니아, 에티오피아, 피지, 핀란드, 독일, 조지아, 그리스, 헝가리, 아이슬란드, 인도, 이라크, 아일랜드, 이스라엘, 이탈리아, 키리바시, 키르기스스탄, 라트비아, 레바논, 북마케도니아, 몰타, 마샬군도, 모리셔스, 미크로네시아, 몰도바, 몬테네그로, 미얀마, 나우루, 네팔, 파키스탄, 사모아, 세르비아, 싱가포르, 소말리아,

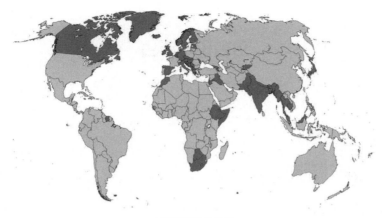

의회민주주의 국가

남아프리카공화국, 슬로바키아, 슬로베니아, 수리남, 트리니다드 토바고, 바누아투를 포함한다.

이 제도의 주요 특징은 입법 기관 내 다수의 지지를 받는 지도자가 있다는 점이다. 그 기관을 흔히 의회(parliament)라고 한다. 어떤 나라에서는 이를 의회(Congress), 국회(National Assembly) 또는 크네세트(Knesset, 이스라엘), 다이어트(Diet, 일본)*와 같은 고유한 이름으로 부른다. 그리스 의회는 'Voulí ton Ellínon'으로 알려져 있는데, 이는 고대 아테네의 입법 기관인 'vouli'라는 단어를 그대로 사용한 것이다.

---

* 일본, 독일, 스칸디나비아 국가들의 의회는 Diet라고 한다.

정부 수반을 주로 총리(prime minister)라고 부른다. 독일과 오스트리아에서는 수상(챈슬러, kanzler)으로 칭하고, 아일랜드에서는 티셔흐(taoiseach)라고 부른다.

말레이어에서 총리는 페르다나 멘테리(Perdana Menteri)로 산스크리트어인 프라다나 만트리(pradhana mantri)에서 파생된 단어이다.[1]

정부 수반 위에는 국가 원수가 있다. 군주제에서는 왕, 여왕, 황제 및 기타 직함을 가진 우두머리가 국가 원수이다. 공화국에서는 보통 대통령(president)이라고 부른다. 사모아에서는 '오 레 아오 오 레 말로(O le Ao o le Malo, Head of State)'라고 부른다.

의회민주주의 체제에서 대통령과 국왕은 모두 주권의 상징이다. 그들은 국민이 국가에 위임한 권력의 수호자이다(3장의 홉스 이론 참조). 의회민주주의에서 그들은 군림하지만 통치하지는 않는다. 국무총리가 정부 행정의 기능을 수행한다.

그러나 의회민주주의에서 국가 원수는 단순한 '상징' 그 이상일 수도 있고, 의례적 기능만을 수행할 수도 있다. 의회민주주의 국가에서 대부분의 국가 원수는 헌법에 규정된 재량권을 가지고 있다. 그중에서도 의회 해산, 총리 임명, 비상사태 선포 등의 권한을 갖고 있다. 권한은 제한되어 있지만 무시할 수는 없다.[2]

의회민주주의에서 대통령은 국회의원이나 국회가 설치한 특별위원회에 의해 임명되는 경우가 많다. 그 외에도 오스트리아, 보스니아, 불가리아, 크로아티아, 체코, 핀란드, 아이슬란드, 아일랜

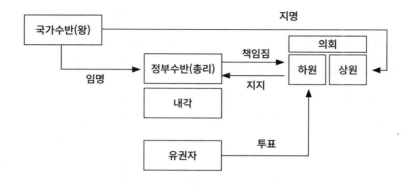

영국과 말레이시아의 의회민주주의 체제

드, 키르기스스탄, 몰도바, 몬테네그로, 북마케도니아, 세르비아,
싱가포르, 슬로바키아, 슬로베니아 등 일부 국가에서는 대통령
선거가 있다. 그러나 이들 국가에서는 총리가 여전히 정부 수반
이다.

내각(cabinet, 캐비닛)이라는 단어는 회의를 개최하는 데 사용되
는 작은 방 '캐빈(cabin)'에서 파생되었다. 하지만 오늘날의 내각
을 수용하기에 이 작은 방은 적합하지 않아 보인다.

내각은 집단 책임을 진다. 이는 모든 장관이 서로 책임을 진다
는 뜻이다. 장관은 다른 장관의 정책에 비판을 표명하거나 반대
할 수 없다. 내각 회의에서 모든 의견 차를 해결해야 한다.[3] 왜냐
하면 한 장관의 실패는 내각 구성원 전체의 실패로 간주되고, 한
장관이 국회의 신뢰를 잃으면 총리와 내각이 사퇴해야 하기 때

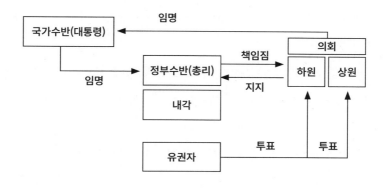

이탈리아의 의회민주주의

문이다.

다수의 지지 상실을 증명하는 한 가지 방법은 불신임 투표이다. 신뢰를 잃은 총리는 직무를 다른 사람에게 넘기거나 선거를 요구할 수 있다.

의회민주주의를 실천하지만 총리실이 없는 국가도 있다. 남아프리카공화국과 보츠와나에서는 대통령이 국가 원수이자 정부 수반이고 의회에 대한 책임을 진다. 그는 불신임 투표를 통해 축출될 수 있다.

미얀마에서는 대통령이 국가 원수이자 정부 수반이다. 그러나 윈 민(Win Myint) 대통령은 자국의 문제를 통제하지 못하는 것처럼 보였다. 국가는 아웅산 수찌 여사가 집권할 수 있도록 '국가고문관'이라는 새로운 직책을 만들었다. 이는 헌법이 외국인과 결혼하는 것을 금지하고 있어 수찌 여사가 대통령이 될 수 없었기 때문이다.

의회민주주의의 핵심은 의회이다. 의회가 가지고 있는 권력은 국가 원수가 총리이든 대통령이든 관계없이 유권자의 위임을 상징한다.

영국은 1688년 명예혁명 이후 의회민주주의를 확립하였다(4장 참조). 프랑스는 1875년 통치하는 왕을 두지 않고 이 제도를 채택한 최초의 국가이다. 그들은 영국식 제도의 장점을 인정했지만 군주제로 복귀하는 것을 원하지 않았다.

4장에서 언급했듯이 영국 의회는 토지를 통제하는 귀족 의회에서 유래되었다. 왕은 귀족들에게 작위와 토지를 부여했고, 왕이 돈이나 군대를 요구하면 귀족들은 의회를 소집하여 왕의 뜻을 승인했다.

영국 의회는 원래 토지를 소유한 귀족과 성직자로만 구성되었다. 곧 부유한 시민과 같은 평민도 포함되었다. 14세기가 시작되면서 영국 의회는 상원(귀족과 성직자)과 하원(평민)으로 나뉘었다.[4]

왕과 의회는 재정 지출과 전쟁 선포 문제에 대해 종종 의견을 달리하며 충돌하였다. 찰스 1세는 의회에 맞서 전쟁을 벌였다는 이유로 처형되었다. 1688년 윌리엄 2세가 즉위하기 전에 의회를 장악하려던 제임스 2세가 명예혁명으로 전복되었을 때 영국 의

영국 왕위에 오르는 윌리엄과 메리(1689)

회는 확실한 승리자였다.

윌리엄은 아내 메리와 함께 통치했고, 1689년에 권리장전에 서명하여 재정 지출과 관련된 문제에서 의회의 우위를 인정하였다. 국왕은 의회의 승인 없이는 법률에 서명할 수 없었다.[5]

1964년에 제정된 '3년 회기법(Triennial Act of 1964)'은 의회의 임기를 3년으로 정하고 의원을 선출하기 위한 선거를 의무화했다. '1716년 9월법(Septennial Act 1716)'에서 임기를 7년으로 늘렸다가 1911년에 5년으로 줄였다. 5년 임기는 그 후 세계 표준이 되었다.[6]

상원의원은 선거의 결과가 아니라 총리의 추천에 따라 왕이나 여왕이 임명한다. 전통적으로 상원의원을 지칭하는 단어 Lord는 과거 영국 귀족을 의미한다. 그들은 평생 상원에 참석할 수 있었으며, 그 직위는 자녀에게 대물림되었다.

영국 상원의원 수는 793명으로, 하원 650명보다 많다. 그중 26명은 영국 국교의 주교로 구성된 성직자 의원들(Lords Spiritual)이다. 나머지는 물려받을 수 있는 작위(공작, 후작, 백작, 자작, 남작)를 보유한 세습 귀족이거나 대부분 전직 의회 의원인 종신 귀족*이다. 종신 귀족들은 죽을 때까지 귀족 청호를 받지만, 그 청호를 물려줄 수는 없었다.

처음에 상원은 하원에서 통과된 법률에 대해 거부권을 행사할 수 있었지만 1911년 통과된 의회법에 따라 그 권리가 박탈되었다. 그 이후로 상원은 의회에서 통과된 법안을 연기할 수는 있었지만, 거부권을 행사할 수는 없었다. 그래서 의회민주주의를 채택한 국가의 상원의원들은 (대통령제 민주주의의 상원의원과 달리) 권한이 없는 것처럼 보인다. 영국이 정한 규칙을 따랐기 때문이다.[7]

의회가 법률에 대한 우선권을 갖고 있음에도 불구하고, 정부의 수장은 여전히 왕이었다. 정부 수반과 국가 원수를 구분하여 수상실을 설치한 것은 1721년이다.

---

* 또는 '당대 귀족(life peers)'이라고 한다.

보통사람의 정치학

윌리엄과 메리에게는 상속인이 없었다. 잉글랜드(잉글랜드와 스코틀랜드를 합쳐 영국이 됨)의 왕위는 앤에게 넘어갔다. 하지만 앤의 아이들은 어린 나이에 죽었고 그녀의 사촌 조지(George)가 1714년에 왕위에 올랐다.

조지는 독일 하노버 출신으로 영어를 할 줄 몰랐다. 그는 수석 재무장관으로 임명된 로버트 월폴(Robert Walpole)에게 의지해야 했다. 영국에는 총리직이 공식적으로 존재하지 않았다. 재무장관을 수상이라 부를 뿐이었다. 정부는 1905년에 공식적으로 총리직을 확립했다.[8]

월폴은 불신임 투표를 거친 최초의 총리가 되었다. 월폴은 살아남았지만 사임하기로 결정했다. 불신임 투표에서 패한 최초의 수상은 1775~1783년 미국 혁명에서 영국이 패배한 이유로 물러난 프레드릭 노스(Frederick North)이다.[9]

윌리엄 피트(William Pitt the Younger)는 영국 역사상, 그리고 세계 역사상 최연소 수상이 되었다. 1783년 수상으로 임명됐을 때 그의 나이는 24세였다. 당시 13세에 대학에 입학할 수 있었다는 점을 고려하면 놀라운 일은 아니다.

영국 식민주의의 결과, 이 제도가 식민지 국가들에 수출되었다. 영국은 독립을 승인하기 전에 식민지가 자치 정부를 꾸려나갈 시간을 주고, 일반적으로 영국의 의회민주주의를 채택하게 하여 독립 과정을 용이하게 하였다.

캐나다 의회 개회식에서 연설하는 엘리자베스 2세 여왕(1957년)

　말라야처럼 군주가 있는 나라에서는 왕이 국가의 원수가 되었다. 인도, 파키스탄 등 군주가 없는 식민지에서는 왕의 자리가 대통령으로 바뀌었다. 영연방 왕국에 남아 있기로 결정한 식민지의 경우 국가 원수는 영국의 왕 또는 여왕이다.

　영국과 같은 의회민주주의 체제를 웨스트민스터 체제(westminster system)라고 하는데, 이는 영국 의회 건물인 웨스트민스터 궁전(Palace of Westminster)에서 유래되었다. 말레이시아는

　　　　　　　　　　　　보통사람의 정치학

웨스트민스터 체제를 채택했다. 따라서 의회 개회식 연설과 같은 많은 관습이 영국에서 유래되었다. 국회 개원 연설(throne speech)에서 영국 여왕은 정부를 '나의 정부'라고 부르고 수상을 '나의 수상'이라고 부른다.

그러나 이것이 마지막 세부 사항까지 모든 측면을 받아들여야 한다는 의미는 아니다. 예를 들어, 의회의 우위는 말레이시아에서 적용되는 원칙이 아니다. 말레이시아 헌법에는 의회가 법을 개정할 수 없다는 조항이 있다. 이는 성문 헌법이 없는 영국과 다른 점이다. 영국 의회는 영국 헌법을 구성하는 모든 법률을 개정할 수 있다.

의회민주주의에서 정부 구성은 의회의 다수를 누가 차지하느냐에 달려 있다. 즉, 의회를 구성하는 의원 수가 바뀌면 정부가 교체된다.

이탈리아와 일본은 20년 동안 무려 10번이나 정부가 바뀌었고, 대부분의 총리는 임기가 2년 미만이었다. 따라서 상황을 안정시키기 위해 예비 내각(섀도 캐비닛, shadow cabinet)을 설치했다. 야당 지도자가 예비 총리가 되는 경우가 많으며, 다른 국회의원들도 예비 장관직을 맡게 된다. 정부가 바뀌면 예비 내각이 그 자리를 채운다. 시간도 절약되고 새 내각을 멋대로 추측할 여지도 없어진다. 그러나 이 시스템은 영국과 같이 성숙한 양당 체제를 갖춘 국가에서만 제대로 작동할 수 있다(14장 참조).

웨스트민스터 스타일의 의회민주주의는 각 부처에 상시 공무원을 두고 있다. 그들은 의회 의원들에 의해 선출되는 게 아니라 공무원 위원회에서 독자적인 선발 과정에 따라 임명한다. 정부가 바뀌거나 정부를 구성할 수 없는 경우에도 부처 업무의 지속성을 보장하기 위해 영국도 19세기 중반에 이 제도를 도입하였다.[10]

그래도 의회민주주의에서 안정을 위한 가장 중요한 요소는 통합의 상징으로 여겨지는 국가 원수이다.

의원들이 정부 구성에 합의하지 못할 경우 국가 원수는 자신의 재량권을 사용해 중재자 역할을 하게 된다. 그는 자신이 보기에 다수의 지지를 받고 있다고 생각되는 인물을 임명할 수 있다. 또한 의회 상임지도자들에게 협상을 통해 단일정부(2019~2020년 이스라엘)를 수립하도록 요청할 수도 있다.

대중에 의해 선출되는 대통령에 비해 국왕은 국가 원수로서의 기능을 더 잘 수행할 수 있다. 일반 국민의 한 사람인 대통령보다 국왕이 더 권위가 있기 때문이다.

만약 대통령이 특정 정당 출신이라면 중립적이지 않은 것으로 비치고, 국민은 대통령의 결정을 받아들이기 어려울 것이다. 비록 특정 정당 당원이 아니더라도 그 사람의 배경 때문에 국민들이 그 결정을 받아들이기 힘들 수도 있다.

반면에 왕은 통일의 상징으로서 정당성과 권위를 가지고 있다. 이것이 월터 배젓(Walter Bagehot)이 『영국 헌정』(1867)에서 내린 결론이다."¹¹ 오직 왕만이 당파의 차이를 해결할 수 있고, 동시에 모든 당파가 그의 결정에 복종할 수 있는 권위를 가질 수 있다.

이는 정부 구성에 있어 종종 교착 상태에 빠지는 벨기에에서 입증된 사실이다. 2010년부터 2011년까지 벨기에는 541일 동안 (2010년 6월 13일 선거 이후 엘리오 디 루포가 2011년 12월 6일 취임할 때까지) 정부 구성에 실패했다. 벨기에는 다민족 국가이다. 공화국에서 이런 상황은 내전으로 이어질 수 있다. 그러나 화합의 상징인 군주의 존재로 인해 벨기에는 최악의 상황을 피하였다.

2020년 말레이시아에서도 국왕이 국가 원수로서, 서로 과반수라 말하며 총리 배출을 주장하는 정당들 사이에서 중재자 역할을 한 일이 있다. 이것이 바로 입헌군주를 두고 있는 의회민주주의의 장점이다. 민주주의가 꽃피울 수 있는 공간을 제공할 뿐만 아니라, 민주주의의 귀중한 보석인 안정성도 제공한다.

8
대통령제 민주주의

대통령제 민주주의에서 대통령은 국가 원수이자 정부 수반이
다. 대통령제의 대통령은 의회가 임명하는 의회민주주의와 달리
국민이 직접 투표로 선출한다. 대통령제 민주주의의 유권자는
종종 의회 또는 국회라 부르는 입법부의 대표와 대통령에게 모
두 투표해야 한다.

대통령이 내각의 수장이기도 한 대통령제 민주주의에서는 총
리실을 두지 않는 경우가 많다. 미국의 국무장관은 외무장관
으로도 활동한다. 하지만 그 자리는 종종 의회민주주의 국가에
서 공무원들의 수석인 정부의 수석 비서관(Chief Secretary to the
Government)이나 내각의 장관(Cabinet Secretary)과 혼동된다.

대통령제 민주주의에 총리직이 존재한다면(예를 들어 한국과 르
완다) 이는 의회민주주의 체제의 총리와 같지 않다. 후자의 총리
는 의회에 대한 책임을 지며 불신임 투표를 받을 수 있다. 반면
대통령제 민주주의에서의 총리는 부통령과 같아서 대통령만이
임명하고 해임할 수 있으며, 의회 탄핵을 통해서도 직위를 박탈

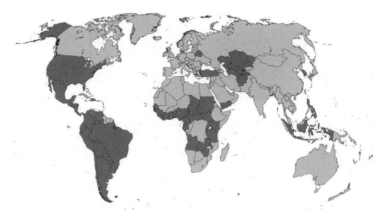

대통령제 민주주의 국가

할 수 있다.

유엔 193개 회원국 중 63개국이 대통령제 민주주의 국가이다. 아프가니스탄, 앙골라, 아르헨티나, 벨라루스, 베냉, 볼리비아, 브라질, 부룬디, 카메룬, 중앙아프리카공화국, 차드, 칠레, 콜롬비아, 코모로, 코스타리카, 코트디부아르, 키프로스, 지부티, 에콰도르, 적도기니, 엘살바도르, 가봉, 감비아, 가나, 과테말라, 기니, 가이아나, 온두라스, 인도네시아, 카자흐스탄, 케냐, 라이베리아, 말라위, 몰디브, 멕시코, 니카라과, 나이지리아, 팔라우, 파나마, 파라과이, 페루, 도미니카공화국, 르완다, 세네갈, 세이셸, 시에라리온, 한국, 남수단, 수단, 타지키스탄, 탄자니아, 필리핀, 토고, 튀르키예, 투르크메니스탄, 우간다, 미국, 우루과이, 우즈베키스탄, 베네수엘라, 예멘, 잠비아, 짐바브웨 등이다.

대통령이 있다고 해서 모든 국가가 대통령제 민주주의 국가로 분류될 수 있는 것은 아니다. 핵심은 입법부로부터 독립된 국가 원수로서의 대통령이다. 중국, 이란 등 국가 주석(대통령)이 있는 권위주의 국가는 대통령제 민주주의 국가라고 볼 수 없다. 중국 은 일당제 국가이고, 이란은 신권정치 국가이다(10장 참조).

미국은 최초의 대통령제 민주주의 국가였다. 독립 후 연방헌법 이 제정되고 1789년에 조지 워싱턴이 초대 대통령, 존 애덤스가 초대 부통령이 되었다. 당시 대통령의 직위는 오늘날과 달리 회 의를 주재하는 의장직의 기능에 더 가까웠다(대통령이라는 단어는 '주재하다 preside'의 어근에서 유래한다).

1787년 헌법이 개정되기 전, 미국은 연방 정부로 구성된 느슨 한 연합체였다. 연방 정부는 연방 의회라고 불리는 주(州)들 간의 회의체였다. 이 회의를 주재하는 사람이 대통령이었다. 이 시기 대부분의 미국인들은 누가 연방 의회의 대통령이었는지조차 기 억하지 못한다.[1]

각 주의 대표들이 새로운 헌법의 필요성을 제기하기 시작하자 보다 강력한 연방 정부의 창설을 지지했던 알렉산더 해밀턴이 강력한 행정부의 설립을 제안했다.[2]

로마와 아테네에서 교훈을 얻은(둘 다 강력한 지도자의 부재로 나 라가 약해졌다) 해밀턴은 공화국의 수장이 4년마다 임기가 끝나기

조지 워싱턴과 알렉산더 해밀턴

때문에 왕은 아니지만 왕의 권력을 가진 정부 지도자가 있어야 한다고 주장했다. 영국 왕실의 특권에서 영감을 받은 대통령의 사면권 등의 특권이 그 예이다.[3]

해밀턴은 개인적으로 워싱턴에게 종신 대통령이 되어야 한다고 설득했다. 그러나 워싱턴은 개인적인 욕심이 없었다. 그는 고향인 버지니아에 살기를 바랐으며, 정확히 두 번의 임기를 마친 후 고향으로 돌아갔다.

워싱턴을 기리기 위해 그의 후임자들은 네 번의 대통령 선거 (1932, 1936, 1940, 1944)에 연속으로 출마해 승리한 프랭클린 델라노 루즈벨트를 제외하고는 두 번 이상 재임하지 않았다. 1947년 워싱턴이 사망한 후 의회는 개인이 두 번 이상 대통령직에 도전하는 것을 금지하는 제22차 헌법 수정안을 승인하였다.

아메리카 대륙의 다른 유럽 식민지들은 독립을 달성한 후 대통령제를 채택하였다. 시몬 볼리바르는 그란 콜롬비아(현재의 콜롬비아, 베네수엘라, 에콰도르, 파나마로 이루어진 공화국)의 초대 대통령으로 임명되어 1819년 독립을 선언했다.

그러나 워싱턴과 달리 볼리바르는 종신 대통령이 되기를 원했

시몬 볼리바르

다. 볼리바르는 라틴 아메리카(아메리카 대륙에서 스페인어나 포르투갈어를 사용하는 국가) 독재자들의 등장에 영감을 주었다.[4]

미국도 1898년부터 1946년까지 식민지였던 필리핀에 대통령제를 수출했다. 인도네시아는 네덜란드의 식민지였음에도 불구하고 이 제도를 채택했다. 인도

보통사람의 정치학

네시아 공화국(Republic of Indonesia)으로 변경되기 전 인도네시아의 초기 국명은 인도네시아 합중국(United States of Indonesia)이었다.[5]

대통령제 민주주의에서는 의회민주주의와 달리 내각이 입법부 의원들로 구성되지 않는다. 또한, 대통령이 입법부 구성원을 내각에 임명하려면 해당 개인이 입법부 직책을 사임해야 한다. 정치인이 아닌 사람도 내각의 구성원이 될 수 있다. 제럴드 포드 대통령은 국제관계학 교수인 헨리 키신저를 국무장관으로 임명했다. 버락 오바마 대통령은 에너지부 장관에 물리학자인 스티븐 추를 임명했다. 인도네시아 조코 위도도(Joko Widodo) 대통령은 고젝(Gojek)* 창업자인 나디엠 마카림을 교육문화부 장관으로 임명해 큰 관심을 끌었다. 이상적으로는 대통령제 민주주의가 가장 능력 중심적인 정부를 수립할 수 있다.

의회민주주의와 달리 대통령의 내각은 의회에 대해 책임을 지지 않으며, 의회 교체로 인해 정부가 해산될 위험도 없다. 대통령과 내각 구성원은 기소되거나 해고되지 않는 한 고정된 임기를 수행한다. 이러한 점에서 대통령제 민주주의는 의회민주주의보다 훨씬 안정적인 체제이다. 그러나 동시에 대통령제 민주주의도 대통령의 권력이 압도적이어서 자칫 독재 정부로 흐를 수 있다

---

* 인도네시아 공유차량 기업으로, 기업가치가 10조 원에 육박하는 유니콘 기업이다.

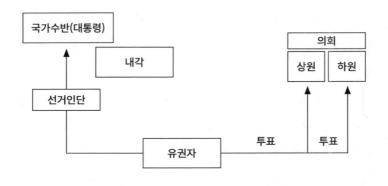

미국의 대통령제 민주주의

는 약점이 있다.

해밀턴이 대통령직을 제안했을 때 그가 가정한 것은 영국의 왕과 같은 것이었다. 따라서 대통령은 상원에서 통과된 법률을 승인할 권한(영국의 왕실 승인과 유사)을 가질 뿐만 아니라 군대의 총사령관이기도 하다.

아프리카, 아시아 등 개발도상국에서는 대통령의 권력이 특히나 매혹적이다. 페르디난드 마르코스(필리핀), 수하르토(인도네시아), 박정희(한국), 로버트 무가베(짐바브웨) 등 오늘날 우리에게 친숙한 독재자들은 대부분 대통령제 민주주의를 채택한 국가에서 나왔다. 의회민주주의에서는 국가 원수가 정부 수반 위에 있어 균형을 잡는 역할을 할 수 있기 때문에 독재자의 지배가 성립되기 어렵다.

따라서 오늘날 대부분의 대통령제 민주주의는 대통령 임기를 제한하고 있다. 멕시코에서는 포르피리오 디아스 대통령이 자신의 임기에 연임과 중임을 허용하는 헌법 개정을 감행, 1876년부터 1911년까지 집권했다. 한국의 박정희 대통령과 전두환 대통령도 비슷한 행보를 보였다. 필리핀(6년)도 마찬가지였다.

동시에, 단임제는 부패로 이어질 수도 있다. 재선을 위한 치적을 생각할 필요가 없기 때문에 대부분의 대통령은 새로운 활력을 불어넣는 정책을 고안할 동기가 떨어진다.

한편, 의회민주주의를 실천하는 국가에서는, 국왕의 권력과 군부에 도전할 수 있는 강력한 총리를 막기 위해 임기 제한을 도입한 태국을 제외하고는, 정부 수반의 임기 제한이 필요하지 않다.

미국처럼 견제와 균형이 강한 대통령제 국가에서는 의회(국회)에서 과반수를 차지하는 정당이 대통령 소속 정당이 아닌 경우 또 다른 문제가 발생한다. 의회가 대통령이 제안한 법안을 거부하거나, 대통령이 의회에서 통과된 법안을 거부할 수 있다. 이런 상황은 대통령 임기 2년 차에 자주 발생한다.

몰디브는 마우문 압둘 가윰(재임 1978~2008)과 압둘라 야민(재임 2013~2018)의 독재 기간을 거친 뒤 대통령제를 의회민주주의로 바꾸려고 했다. 반면 튀르키예는 무스타파 케말 아타튀르크 이래로 유지되어온 의회민주주의에서 대통령제로 전환했다.

미국의 의회 양원에서 대통령직과 다수당을 차지한 정당

	대통령	상원 다수	하원 다수
2009	민주당	민주당	민주당
2011			공화당
2013			
2015		공화당	
2017	공화당		
2018			민주당
2021	민주당	민주당	

튀르키예 의회에서 초대 대통령으로 임명된 아타튀르크는 이후 의회의 다수당 지도자인 이스메트 이뇌뉘를 초대 총리로 임명했다. 아타튀르크는 프랑스의 세속주의를 도입했을 뿐만 아니라(13장 참조) 정치 체제도 따랐다.[6]

이 체제는 레젭 타입 에르도안이 의회제를 대통령제 민주주의로 바꾸는 헌법 개정안을 제출한 2017년까지 유지되었다. 에르도안은 2003년부터 2014년까지 총리직을 역임한 후 2014년 국민에 의해 선출된 최초의 대통령이 되었다. 이러한 변화로 인해 에르도안은 자신의 성향에 따라 튀르키예의 정치 지형을 형성하는 데 더 많은 권한을 갖게 되었다.

키르기스스탄 등의 국가들은 대통령제에서 의회제, 그리고 다시 대통령제로 되돌아왔다. 중앙아시아 국가는 1991년 소련에서 독립한 후 대통령제를 채택했다. 그러나 키르기스스탄의 아스카르 아카예프 대통령(재임 1991~2005)과 쿠르만베크 바키예프 대통령(재임 2005~2010) 등의 독재로 새로운 의회 시스템은 너무 불안정해졌다. 이는 2020년 대규모 폭동으로 이어졌다. 이에 2021년 취임한 사디르 자파로프 대통령은 대통령제 민주주의로의 복귀를 제안했다.

완벽한 정부 시스템은 없다. 따라서 어떤 국가는 너무 강력한 정부와 너무 약한 정부 사이의 균형을 이루기 위해 하이브리드 시스템을 구축하기도 한다.

9
혼합 민주주의

혼합 민주주의는 의회민주주의와 대통령제 민주주의를 융합한 체제이다. 혼합 민주주의의 대표적인 형태는 준대통령제 민주주의이다. 이 제도를 실시하는 국가의 국가 원수는 국민에 의해 선출되며 행정권을 갖는 대통령과(대통령제의 특징) 의회에 대한 책임을 지는 총리이다(의회제의 특징). 행정권은 대통령과 총리가 나누어 가진다. 이 시스템은 이중 집행 시스템으로도 불린다. 대개 대통령이 외교를 담당하고, 내정은 총리가 맡는 경우가 많다. 독일은 제1차 세계대전(1914~1918)에서 패배한 후 준대통령제를 확립했다. 그 이전의 독일은 1871년부터 입헌군주제와 의회민주주의를 시행하는 제국이었다.

영국과 달리 독일 황제는 막강한 권력을 갖고 있었다. 의회의 승인 없이 총리나 제국수상을 임명하고 해임할 수 있었다. 오토 폰 비스마르크(Otto Von Bismarck)는 가장 유명한 총리이자 가장 오랫동안 재임한 인물이다(1871~1890). 독일의 마지막 황제 빌헬름 2세는 1차 세계대전 당시 연합군이 오기 전에 퇴

히틀러 총리와 힌덴부르크 대통령

위하고 네덜란드로 도피했다. 이로써 독일 군주제는 폐지되었
다. 이후 바이마르 헌법으로 알려진 새로운 헌법에 따라 대통령
(reichspräsident)이 국가 원수의 직함으로 정해졌고, 총리직은 그
대로 유지되었다.[2] 제국 시대와는 달리 총리는 의회에 대한 책임
을 졌으며 의회 다수파의 지지가 필요했다. 대통령은 7년 임기로
선출되었다.

독일 의회는 1925년 대통령 직접선거가 실시될 때까지 프리드
리히 에베르트를 대통령으로 임명했다. 이 선거에서 파울 폰 힌
덴부르크가 승리하여 1934년 사망할 때까지 대통령에 재임했다.
이후 제국수상이 된 아돌프 히틀러는 대통령직을 폐지하고 자신
을 전권을 가진 총통(지도자)으로 선언하였다. 힌덴부르크 대통
령은 독일 국민이 투표로 선출한 유일한 국가 원수가 되었다.

바이마르 체제는 대통령과 총리의 권력다툼으로 인해 약하고 혼란스러운 정부의 대명사가 되었지만, 이 체제는 1958년 프랑스에서 부활해 오늘날까지 이어지고 있다. 그리하여 이 시스템은 프랑스와 동의어가 되었다.

1789년부터 1958년까지 프랑스는 많은 정치 제도를 시도했다. 1789년 혁명 이후 입헌군주제를 시도했지만 루이 16세의 처형으로 인해 실패했다. 1792년에는 공화국이 선포되었고, 1799년에는 나폴레옹 보나파르트(나폴레옹 1세로도 알려짐)가 정권을 잡고 1804년 자신을 황제로 선포했다.

1814년 나폴레옹이 다른 유럽 국가들과의 전쟁에서 패배한 후, 루이 14세의 동생이 루이 18세로 즉위했다. 이번에 프랑스는 입헌군주제를 시행하였다. 그러나 얼마 지나지 않아 프랑스인들은 공화국을 그리워하기 시작하였다. 1848년에 다시 한번 혁명이 일어나 왕정이 무너졌고, 프랑스 제2공화국이 수립되었다.

미국에서 실행된 대통령제 민주주의는 제2공화국의 기반이 되었다. 대통령제 민주주의의 안정성과 성공을 보면서 프랑스는 자신들의 대통령을 선택하고 싶어 했다. 나폴레옹의 조카인 루이-나폴레옹 보나파르트(Louis-Napoleon Bonaparte)가 국민 투표에서 74%의 득표율로 승리하여 대통령이 되었다.

프랑스에는 두 번의 혁명, 두 개의 공화국, 두 명의 나폴레옹이 있었다. 1851년 루이 나폴레옹은 자신의 권력을 이용해 의회

나폴레옹 대통령. 이후 나폴레옹 3세 황제가 된다.

를 정지시키고 절대권력을 장악했으며, 스스로를 나폴레옹 3세 황제로 선포했다(그의 사촌이자 나폴레옹 1세의 아들이 나폴레옹 2세이다).

삼촌의 뒤를 이은 나폴레옹 3세는 1870년 전쟁에서 패한 후 퇴위했다. 프랑스는 제3공화국을 세웠으나 결국 영국의 의회민주주의를 채택했다. 그러나 프랑스에는 더 이상 왕이 없었기 때문에 군주를 대신하기 위해 대통령직이 만들어졌다. 귀족은 더 이상 존재하지 않았다. 따라서 귀족원은 의회의 상급 기관인 상원으로 대체되었다.

의회민주주의는 루이 나폴레옹과 같은 독재자의 등장을 막을 수는 있었지만 위태로운 체제였다. 프랑스에서는 의회에서 과반수를 차지할 만큼 강력한 정당이 없었고 선거를 통해 안정적인 정부를 만들어낼 수 없었다. 또한 서로 다른 정당이 상하원을 통제하였다. 제3공화국은 한마디로 엉망이었다.

1871년부터 1940년까지 프랑스 제3공화국의 총리는 87번이나 바뀐 반면, 영국에서는 20번만 바뀌었다. 프랑스 총리는 10개월 이상 버틸 수 없었다. 이는 1940년부터 1944년까지 2차 세계대전 동안 독일이 프랑스를 정복할 수 있었던 이유 중 하나로 여겨진다.

연합군이 프랑스를 독일로부터 해방시킨 후, 동일한 의회민주주의를 바탕으로 1946년 제4공화국이 수립되었다. 불안정한 정치는 1954년 프랑스의 베트남전 패배와 알제리 봉기의 원인이 됐다.

상황이 악화되는 것을 우려한 프랑스 군부는 1958년 피에르 플랑댕 총리가 사임하고 2차 세계대전 영웅인 샤를 드골에게 권력을 넘겨주지 않는다면 쿠데타를 일으키겠다고 위협했다. 드골은 프랑스를 독일의 점령에서 해방시킨 인물이다.

그 후 제4공화국이 제5공화국으로 대체되었다. 드골은 국가원수이자 국방 및 외교 분야의 행정권을 겸임하는 대통령을 선출하는 직접 선거를 하기 위해 새 헌법을 제정하였다. 동시에 대통령은 국회의원 과반수의 지지를 받는 총리와 장관을 임명할

샤를 드골

수 있도록 하였다. 이로써 하이브리드 시스템이 탄생했으며, 이
것이 바로 두 개의 행정부가 있는 준대통령제 시스템이다.[3]

그러나 서로 다른 정당이 대선과 국회의원 선거에서 각각 승
리한다면 이 체제의 약점과 문제점이 드러날 수 있었다. 대통령
이 다른 정당 출신 인사를 총리로 임명해야 하기 때문이다. 집권
자들이 같은 원칙이나 의견을 공유하지 않으면 정부는 갈등을
겪을 것이다. 프랑스인들은 이를 '동거 정부'라고 부르는데, 이
는 1986~1988년, 1993~1995년, 1997~2002년에 여러 차례 발
생했다.

사회당의 프랑수아 미테랑(François Mitterrand)은 1981년부터
1995년까지 대통령직을 맡았고, 1986~1988년, 1993~1995년 공
화국 연합(RR: Rassemblement pour la République)이 의회 선거에서

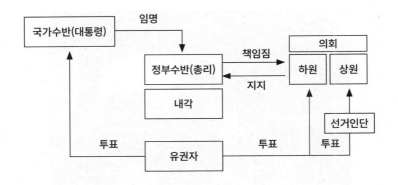

프랑스의 준대통령제 민주주의

승리했을 때 공화국 연합의 자크 시라크(Jacques Chirac)를 총리로 임명해야 했다. 사회당은 좌파 정당이고, 공화국 연합은 우파 정당이기 때문에 정부는 많은 사항에 서로 동의할 수 없었다. 이렇게 이 시스템은 한 가지 문제(불안정한 정부)를 해결할 수 있었지만, 또 다른 문제(분할된 정부)를 만들었다.

바다 건너 미국도 대통령직과 의회 다수를 장악하는 정당이 다른 비슷한 상황에 직면했다. 그러나 대통령이 행정 수반이기도 하기 때문에 문제는 프랑스만큼 심각하지 않았다.

프랑스 정부는 제3, 4공화국 시기 혼란스러웠던 상황을 되풀이하지 않기 위해 헌법을 개정해 대통령 임기를 7년에서 5년으로 단축했다. 2002년부터는 5월 대선 후 한 달 뒤인 6월에 총선이 치러졌다. 국민들은 대선 승자가 총선에서의 당 행보에 영향

미테랑 대통령(중앙)과 시라크 총리(왼쪽)

을 미칠 것으로 기대하였다.[4]

그것은 주효하여 동거 정부는 더 이상 발생하지 않았다. 그러나 자신의 중도 성향을 보여주기 위해(15장 참조) 2017년 대선과 의회 선거에서 모두 승리한 '전진하는 공화국(La République En Marche, 라 레퓌블리크 앙 마르쉬)'의 에마뉘엘 마크롱(Emmanuel Macron)은 공화당(Les Républicains)*의 에두아르 필리프(Edouard Phillippe)를 총리로 임명했다.

준대통령제 민주주의는 새로운 시스템이기 때문에 이를 따르

---

* 프랑스의 드골주의 중도우파 정당.

는 국가는 많지 않다. 아래의 총 28개 국가가 이와 같은 유형이다. 알제리, 아제르바이잔, 부르키나파소, 카보베르데, 콩고공화국, 콩고민주공화국, 이집트, 프랑스, 기니비사우, 아이티, 리투아니아, 마다가스카르, 말리, 모리타니, 몽골, 모잠비크, 나미비아, 니제르, 폴란드, 포르투갈, 루마니아, 러시아, 상투메 프린시페, 스리랑카, 시리아, 동티모르, 튀니지, 우크라이나.

위의 목록 중 10개국은 전 식민종주국의 체제를 따른 옛 프랑스 식민지(알제리, 부르키나파소, 콩고공화국, 아이티, 마다가스카르, 말리, 모리타니, 니제르, 시리아, 튀니지)이다. 7개국(아제르바이잔, 리투아니아, 몽골, 폴란드, 루마니아, 러시아, 우크라이나)은 1990년대 공산주의가 몰락한 후 새로운 체제를 모색하는 구 공산주의 국가들이다. 러시아는 공산주의 시대가 끝난 후 이 시스템을 채택했다. 이 체제에는 두 명의 행정 수반이 있기 때문에 2000~2008년 대통령 임기가 끝난 후 블라디미르 푸틴이 드미트리 메드베데프 대통령 밑에서 총리직을 맡아 정부에 남았다. 한 임기를 마친 후 2012년에 푸틴은 대통령으로 복귀했고, 메드베데프는 다시 총리직을 맡았다. 다양한 국가와 문화에 따라 시스템을 다루는 다양한 방법이 있다.

의회제, 대통령제, 준대통령제 민주주의 외에도 산마리노와 같은 국가는 완전히 다른 시스템을 운영하고 있다. 산마리노의 국가 원수와 정부 수반은 의회가 임명한 2명의 집정관(Captain

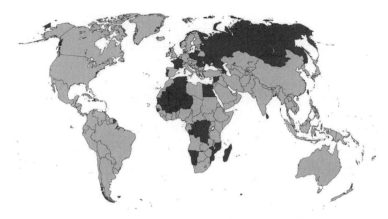

준대통령제 민주주의를 채택한 국가들

Regents)으로, 임기는 6개월이다. 이 시스템은 1243년부터 시행되었으며, 그 뿌리는 고대 로마공화국에 있다(5장 참조). 영국, 미국, 프랑스를 모방한 것은 아니다.

스위스의 연방평의회는 공동으로 정부 역할을 수행하는 7명의 개인으로 구성된다. 그들은 각자 하나의 장관직을 담당하고, 매년 그들 중 한 사람이 이 평의회 의장(대통령)으로 임명된다.

이 시스템은 이사회와 유사한데, 프랑스에서는 1794년부터 1799년까지 5명의 개인이 공동으로 국가 원수와 정부 수반이 되면서 시행되었다.[5]

2014년부터 내전을 벌이고 있는 리비아도 이 시스템을 모방했다. 2016년 유엔의 감시하에 통합정부(GNA)가 출범했는데, 9명의 위원으로 구성된 대통령 위원회가 정부를 이어받았고, 위원회 의장인 파예즈 알 사라즈가 총리로 임명되었다. 그 위에 대통령 은 없다.

보스니아 헤르체고비나도 보스니아 전쟁(1992~1995)이 끝난 후 이러한 집단 정부 또는 국가 원수 체제를 채택했다. 전쟁은 보스니아인, 세르비아인, 크로아티아인 사이의 갈등이었다. 따라 서 어느 한 민족의 지배를 피하기 위해 세 민족의 대표는 '순번제 대통령직'을 구상하였다. 이 체제에서 대통령은 개인이 아닌 하 나의 실체이며, 이들은 8개월 주기로 돌아가면서 대통령직을 맡 는다.

오늘날의 정치 시스템은 영국, 미국, 프랑스에서 시작되었지만 국가는 각자의 이익과 필요를 충족시키기 위해 각자의 틀에 따 라 정부 구조를 개선할 자유를 가지고 있다.

보통사람의 정치학

10
권위주의 정부

비민주적 정부는 흔히 권위주의 정부, 전제정권, 독재정권이라고 불린다. 마지막 두 단어는 한 사람의 통치를 의미하는 반면, 권위주의 정부는 개인, 소규모 집단(군사 정부) 또는 정당의 통치를 의미할 수 있다.

'레짐(regime)'이라는 단어는 중립적이고 '정부'를 의미함에도 불구하고 정당성이 부족한 권위주의 정권을 설명할 때 사용되기도 한다.[1]

오늘날 거의 모든 국가가 자신을 민주주의라고 주장하고 있다. 그러나 2019년 발표된 민주주의 지수*는 54개국을 권위주의 국가로 분류했다. 그중 5개는 절대군주제(에스와티니, 오만, 카타르, 사우디아라비아, 아랍에미리트)이고, 4개는 입헌군주제(바레인, 캄보디아, 요르단, 쿠웨이트), 6개는 일당제 국가(중국, 쿠바, 에리트레아, 북한, 라오스, 베트남)이다.

---

* 영국의 경제 주간지 <이코노미스트>의 계열사인 EIU(Economist Intelligence Unit)가 2006년부터 매년 발표한다.

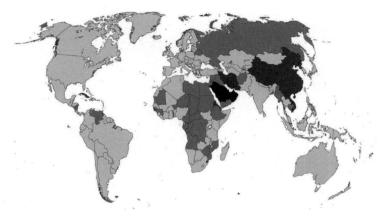

'2019년 민주주의 지수'에 따른 권위주의 정부
(짙은 회색은 일당제 국가와 신권국가, 검은색은 절대군주제)

다른 권위주의 국가들은 서류상으로만 민주주의를 실천하고, 투명한 선거와 정치적 자유가 없기 때문에 비민주적인 것으로 간주되는 공화국이다.

이전에는 말레이시아 정부를 권위주의 국가라고 비난하는 목소리가 많았지만, 2006년부터 EIU가 민주주의 지수를 발표한 이래로 말레이시아는 지금까지 권위주의 국가로 지정되지 않았다. 최악의 경우라 해도 말레이시아는 결함이 있는 민주주의 국가 정도로 분류된다. 말레이시아는 어떤 면에서는 완벽하지는 않지만 그래도 민주주의 국가이다. 가까이에 있는 싱가포르는 말레이시아보다 더 권위주의적인 혼합 정권으로 간주된다. 권위주의 정부는 정치적 자유를 제한하거나, 선거 결과를 조작하거나, 언론을 통제하거나, 폭력을 사용하여 야당을 약화시키는 등 권력을 유지하기 위해 필요한 모든 조치를 취하는 경우가 많다.

동남아에 있는 권위주의 국가의 예로는 베트남, 라오스, 캄보디아, 미얀마 등이 있다. 베트남과 라오스는 일당제 국가로 두 국가에는 베트남 공산당과 라오스 인민혁명당만 존재한다. 당 내부 여론조사가 국가의 방향을 결정한다. 선거는 시행되지 않는다. 이 동남아 2개국 외에 중국, 쿠바, 에리트레아, 북한이 일당제 국가이다.

일당제 국가는 공산주의 사상을 따른다. 6개국 모두에서 핵심은 공산주의 이념을 지지하는 정당이다. 그러나 에리트레아 민주정의인민전선과 북한 노동당은 1990년대에 공산주의 사상을 버렸다.

러시아는 1917년 볼셰비키당이 러시아 정부를 장악하고 프롤레타리아트 독재를 수립하기 위해 당의 통치를 지배하면서 이 모델을 개척했다(18장 참조).

일당제 국가에서는 당 지도자, 흔히 총서기가 사실상 최고 지도자이다. 경우에 따라 국가 원수인 주석이나 법적인 정부 수반인 총리가 있다. 총서기는 보기에는 열등한 지위로 보이지만 공산주의 지휘 계통에서 가장 높은 자리이다. 말레이시아의 정당과 달리 공산당에는 대통령, 부통령이 없다.

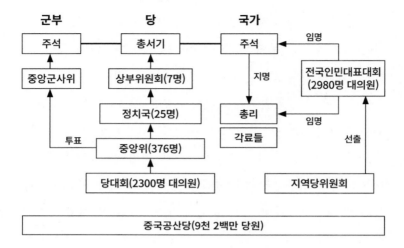

군부	당	국가

군부: 주석 — 중앙군사위
당: 총서기 — 상부위원회(7명) — 정치국(25명) — 중앙위(376명) — 당대회(2300명 대의원)
투표
국가: 주석 — 총리 — 각료들
지명
임명 — 전국인민대표대회(2980명 대의원)
임명
선출 — 지역당위원회

중국공산당(9천 2백만 당원)

중화인민공화국의 정부 구조

중국에서는 시진핑(習近平)이 중국 공산당 총서기이자 국가 주석이다. 국가 원수로서의 주석직은 상징일 뿐이다. 시진핑의 진정한 권력은 중국공산당 중앙위원회 총서기이자 중앙군사위원회 주석이라는 지위에 있다.

1993년 이전에는 총서기가 주석을 맡지 않았다. 1989년 당의 지도부는 당 총서기(자오쯔양), 국가 주석(양상쿤), 중앙군사위원회 주석(덩샤오핑) 사이의 권력 격차로 인해 천안문 사건에 늦게 대응했다고 생각했다. 이후 3개 직위가 하나로 통합돼 장쩌민(재임 1993~2003), 후진타오(재임 2003~2013), 시진핑(재임 2013~현재)에게 이양되었다.

보통사람의 정치학

2018년 전국인민대표대회(국회와 유사하지만 상징적임)는 주석 연임 제한(임기 5년)을 폐지했다. 이는 시진핑이 2023년 이후에도 자신과 당이 적절하다고 판단하는 시점까지 세 직책을 모두 맡을 수 있음을 의미한다.

총선이 없음에도 불구하고 이들 일당제 국가들은 자본가들만을 배려하는 자유민주주의 국가들과 달리, 공산주의는 인민의 이익을 진정으로 배려한다고 생각하기 때문에 여전히 스스로를 '민주주의'라고 주장한다.

미얀마와 캄보디아에서는 선거가 치러지고 있지만 그 선거가 자유롭고 투명하다고 볼 수는 없다. 1991년 캄보디아가 민주화를 채택한 이후 캄보디아 인민당은 모든 선거에서 승리했으며, 훈센은 오늘날까지 총리직을 맡고 있다. 반면 야당은 정부가 자신들의 경선을 막기 위해 총력을 기울이고 있다고 비난했다.

미얀마에서는 1962년부터 군부가 군법에 따라 정부를 통치하고 있다. 2010년 선거가 치러졌음에도 불구하고, 군은 여전히 국방부와 내무부의 권한 통제를 통해 군권을 쥐고 있다. 의회 의석의 25%는 군인에게 할당되어야 한다. 그것은 진정한 의미의 민주주의가 아니다.

권위주의의 가장 극단적인 형태는 전체주의 정부이다. '전체주의'라는 용어는 이탈리아 파시스트 베니토 무솔리니(20장 참조)의 말처럼 국가가 모든 것임을 의미한다. 무솔리니는 1922년부터 1943년까지 이탈리아에서 전체주의 정부를 수립했다. "모든 것은 국가 안에 있고, 국가 외부에는 아무것도 없으며, 국가에 반하는 것은 아무것도 없다."[2]

전체주의 정부는 국민 생활의 모든 측면을 통제한다. 국민에게는 정치적 자유나 언론의 자유가 없을 뿐만 아니라 사상의 자유도 없다. 정부는 국민의 마음을 통제하기 위해 선전과 교육을 실시한다. 더욱이 비밀경찰이 사람들의 활동을 감시하는 것으로 알려져 있다. 지도자에 대한 충성심을 장려하고 지도자의 영광을 지나치게 강조하기 위해 개인숭배가 일상화되어 있다.

공산주의자(18장 참조)나 파시스트들(20장 참조)이 대부분의 전체주의 정부를 창설했다. 조지 오웰의 유명한 소설 『1984』는 전체주의 정부의 모델인 된 독일의 아돌프 히틀러의 통치 (1933~1945)와 러시아의 이오시프 스탈린의 통치(1922~1953)를 보고 전체주의 정부를 묘사했다.[3]

오늘날 북한도 전체주의 국가라고 할 수 있다. 외부 세계로의 접근을 차단하는 것(인터넷 및 기타 연결 없음) 외에, 사람들은 지도자를 숭배하도록 강요하는 선전을 접하고 있다. 1대, 2대 지도자 (김일성·김정일)의 생일은 국가 기념일로 지정되어 있다.

중국과 베트남도 권위주의 국가로 분류된다. 하지만 정치적 자유가 없음에도 불구하고 양국 국민의 생활 방식은, 정부의 권위에 도전하지 않는 한 자유롭고 방해받지 않는다.

보통사람의 정치학

평양에 있는 김일성과 김정일 기념 동상

이란에서는 대통령과 의회(이슬람 자문회의)를 임명하기 위해 4년마다 선거가 실시되지만, 실제 정부 권력은 종신직인 '최고 지도자'의 손에 있다. 이 지도자는 국가 원수이자 최고 사령관이다. 대통령은 권한이 거의 없다.

오늘날 이란에는 대(大) 아야톨라 루홀라 호메이니(1979~1989)와 대(大) 아야톨라 알리 하메네이(1989~), 단 두 명의 최고 지도자만 있다. 대 아야톨라(Grand Ayatollah)는 최고 무즈타히드(파트와*를 발행할 수 있는 사람), 즉 마르자(marja)의 지위에 오른 시아파

---

*   '파트와(fatwa)'는 무슬림들에게 생활과 도덕의 기준이자 샤리아 법원(法源)에 근거한 구체적 생활 지침을 말한다.

호메이니(오른쪽)와 하메네이(왼쪽)

성직자에게 부여되는 칭호이다. 이로 인해 이란은 종교법을 집행
하는 성직자들이 통치하는 신정국가로 알려져 있다.

이란의 신권정치는 무함마드 레자 샤 팔레비를 무너뜨린 1979
년 혁명 이후에 탄생했다. 호메이니는 이란 이슬람공화국을 창설
하고 대 아야톨라 통치의 초석이 된 윌라야트 알 파키(wilayat al-
faqih)* 개념을 도입했다. 시아파의 분파인 열두 이맘파는 시아파

---

* 이것은 하나님께서 제정하고 선지자 무함마드와 그의 후계자들을 통해 사람들에
   게 표현된 일련의 규칙과 명령을 가리킨다.

종주국인 이란의 국교이다. 움마(ummah)*의 지도자는 알리와 그의 후손이다.

12대이자 마지막 이맘인 이맘 마흐디(Imam Mahdi)는 아직 나타나지 않았다. 호메이니는 파키(faqih)**나 성직자들이 지도자의 의무를 맡아야 한다고 주장했다. 그러나 모든 시아파가 이 교리를 따르는 것은 아니다. 이라크의 시아파는 호메이니와 하메네이의 권위를 거부했다.[4]

러시아는 부드러운 권위주의 국가로 분류된다. 겉으로는 정당이 정상적으로 경선을 벌일 수 있고, 대통령과 총리는 헌법에 따라 임기 제한을 준수하는 것처럼 보인다. 그러나 블라디미르 푸틴이 실질적인 지도자이다. '관리된 민주주의(managed democracy)'는 러시아를 설명하는 용어이다.[5]

그뿐만 아니라 2020년 러시아인들은 푸틴이 대통령직을 두 번 더 맡을 수 있도록 헌법을 개정하는 데 투표하였다. 현행 헌법에 따르면 개인은 세 번 연속으로 대통령이 될 수 없다. 푸틴은 두 번의 임기(2000~2004년, 2004~2008년) 동안 크렘린을 차지한 뒤 총리직을 맡았으며(2009~2012년), 다시 두 차례(2012~2018년, 2018~2024년) 대통령이 되었다.

개정된 헌법은 푸틴에게 2036년까지 집권할 수 있는 길을 열

---

*　이슬람의 교단(敎團)이나 공동체를 뜻한다.
**　이슬람 법학자.

었다. 서방과 미국 언론은 푸틴을 권위주의적 지도자라고 비난했지만, 러시아 국민이 푸틴에게 더 많은 권력을 주기로 결정했다는 점은 부인할 수 없다. 그들은 푸틴이 계속 권력을 유지하기를 원했다. 이는 1990년대 민주화 경험에 따른 러시아의 트라우마에서 비롯된 것이다.

공산주의자들의 통치 이후 러시아는 준대통령제 민주주의(대통령과 총리가 이끄는 정부, 9장 참조)를 채택했다. 그러나 보리스 엘친은 약해 보였고, 서둘러 추진된 러시아 경제 개방과 민영화는 1998년 경제 붕괴로 이어졌다. 정부는 부채를 갚을 수 없다고 선언하여 러시아 통화 가치를 바닥으로 떨어뜨렸다. 그 결과 국민들은 기본적인 욕구조차 충족시킬 수 없었고, 공산주의 시대처럼 생필품을 위해 긴 줄을 서야 했다.

동시에 경제는 민영화된 국가 자산을 매입하여 이익을 취한 보리스 베레조프스키와 로만 아브라모비치 같은 올리가르히*(23장 참조)에 의해 통제되었다. 또한 체첸 영토에서 발발한 반군과의 전쟁에서 군대는 어려움에 봉착했다. 이 모든 것은 러시아인들에게 깊은 트라우마를 남겼다.

2000년 옐친이 사임하면서 그의 후임이 된 블라디미르 푸틴은 러시아의 민주화를 뒤집고 정부 권력을 한 곳으로 집중시켰다.

---

* 러시아, 우크라이나 등에서 국유기업의 민영화 등 자본주의를 도입하는 중에 형성된 신흥 재벌 집단이다.

키릴 총대주교(러시아 정교회 수장)와 푸틴 대통령

푸틴 대통령은 올리가르히를 하나씩 제거하고 국가의 부를 창출하기 위해 전략적 경제 부문을 정부의 통제 아래로 되돌려 정부의 자금이 다시는 고갈되지 않도록 하였다.

푸틴은 또한 러시아 전역에 대한 정치적 영향력을 강화하고 체첸 분리주의자들을 물리쳤다. 이러한 노력은 1990년대에 상처받은 러시아 국민의 명예를 회복시켰다. 이로써 20년의 집권에도 그의 인기는 더욱 높아졌다.

반종교적인 공산주의자들의 70년 통치 이후 정교회로 돌아오는 사람들의 영적 쇄신이 일어나는 러시아에서, 푸틴은 세계화의 공격을 받고 있는 것으로 보이는 정교회 가치의 수호자라는 이

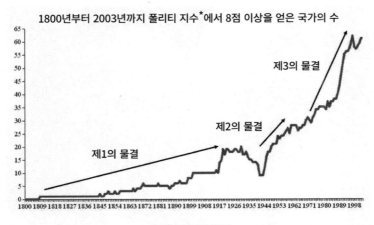

세 번의 민주화 물결

미지를 성공적으로 구축했다. 또한 푸틴 대통령은 러시아 문화와 어긋나는 성소수자(LGBT) 문화를 비판하며 러시아인들 사이에서 인기를 얻었다.

러시아에서 나타나는 민주주의의 후퇴 현상이 비단 러시아만의 문제는 아니다.

역사상 세계 무대에는 세 번의 민주화 물결이 일어났다. 첫 번째 물결은 프랑스와 미국 혁명 이후 1차 세계대전 전까지 발생했으며, 많은 새로운 민주주의 국가를 탄생시켰다.

1922년에는 당시 존재했던 64개국 중 29개국이 민주주의 국

---

* Polity IV Score: 각국의 선거에 대한 평가를 기반으로 -10점부터 10점까지 채점. -10~-6은 독재, -5~5는 무질서, 6~10은 민주주의로 평가한다.

가였다. 그러나 1942년에는 12개국만이 민주주의를 실천하고 있었다. 민주주의를 파시즘으로 대체한 국가에는(20장 참조) 독일과 이탈리아가 있으며, 이들 국가는 경제적 쇠퇴와 걷잡을 수 없는 혼란을 겪었다.

2차 세계대전에서 파시스트가 패배한 후 두 번째 민주화 물결이 일어났고, 1970년대에 많은 국가가 공산주의로 전환하면서 그 물결은 잦아들었다. 일부 국가(태국, 인도네시아 등)는 공산주의자들과 싸우기 위해 권위주의에 의존했다. 1990년대 공산주의 위협이 종식되면서 제3의 민주화 물결이 일어났고, 민주주의 국가의 수가 비민주주의 국가를 앞질렀다.

그러나 2008~2009년 금융위기 이후, 러시아를 포함한 많은 나라들이 민주주의 규범을 거부하고 권위주의로 돌아갔다. 민주주의에서 정치인들 사이의 끊임없는 논쟁과 말다툼은 정부가 위기에 대처하기 위해 신속한 조치를 취하는 것을 어렵게 만든다.

그와 같은 문제는 많은 사람이 권위주의적인 성향을 가진 지도자에게 투표하도록 만든다. 민주주의에는 분명 장점이 있지만, 민주주의의 지지자들은 그것이 안정과 발전을 가져올 수 있는 제도라는 것을 증명할 필요가 있다. 그것은 논쟁과 갈등을 넘어 모든 문화에 부합해야 하며, 모든 사람이 같은 가치관을 받아들이도록 강요해서는 안 된다. 이것을 무시하는 것은 민주주의의 후퇴를 반복하는 일이다.

11
연방정부

누가 권력을 쥐고 있는지(-cracy), 얼마나 많은 사람이 권력을 쥐고 있는지(-archy) 외에, 국가는 권력의 원천에 따라 구별된다.

대부분의 현대 국가는 여러 정치적 실체를 통합한 결과이다. 예를 들어, 말레이시아는 9개의 말레이 왕국(영국이 들어오기 전까지 모두 독립 왕국)과 2개의 해협 정착지, 즉 사라왁과 사바가 합쳐진 말레이 연방으로 구성되어 있다.

미국은 1776년 독립을 선언한 북아메리카의 13개 영국 식민지가 연합한 것이다. 영국은 그레이트 브리튼(잉글랜드와 스코틀랜드의 합병)과 아일랜드(1922년 아일랜드의 일부가 독립한 후 북아일랜드만 남음)의 연합이다.

독일은 1871년 4개 왕국(프로이센, 바이에른, 작센, 뷔르템베르크), 6개 대공국, 5개 공국, 7개 후국(侯國), 3개 자유시로 구성된 25개 국가의 연합을 통해 형성되었다. 이탈리아는 1861년 3개 왕국[사르디니아, 양(兩) 시칠리아, 롬바르디아-베네치아], 대공국(토스카나), 2개 공국(파르마, 모데나)이 통합되어 탄생한 국가이다.

이탈리아, 인도네시아, 일본 그리고 중국과 같은 대부분의 국가는 이전의 소국(小國)들을 복속시킨 후 지방정부로 직접 관리하였다. 이러한 국가를 단일 국가라고 한다. 모든 권력은 수도에 있는 중앙 정부에 집중되어 있다.

말레이시아, 미국 및 독일에서는 이전의 소국들이 그대로 유지되었다. 동시에 이들 국가는 더 높은 수준의 정부를 가지고 있다. 이들 국가에는 연방정부와 주정부라는 두 가지 정부가 있다. 이러한 정부를 가진 국가를 연방국가(federation)라고 한다.

미국을 형성했던 최초의 13개 식민지(코네티컷, 델라웨어, 조지아, 메릴랜드, 매사추세츠, 뉴햄프셔, 뉴저지, 뉴욕, 노스캐롤라이나, 펜실베니아, 로드아일랜드, 사우스캐롤라이나, 버지니아)는 주지사가 이끄는 별개의 독립체이다. 그들은 영국의 통치에 맞서 싸우기 위해 연합했다.

1783년 영국이 미국의 독립을 인정한 후, 미국은 1787년까지 연합국가(confederation)로 남아 있었는데, 그해 각 주에서는 새로운 헌법의 필요성에 대해 논의하기 시작했다. 알렉산더 해밀턴(Alexander Hamilton), 존 제이(John Jay), 제임스 매디슨(James Madison)과 같은 사람들은 강력한 중앙 정부와 더욱 강력한 연합의 필요성을 느꼈다. 그들은 연방주의자로 불린다.

이 생각에 반대하는 그룹은 반(反) 연방주의자(anti federalists)로 불린다. 그들은 강력한 중앙 정부가 자유를 위협할 것이라고 생

왼쪽부터 알렉산더 해밀턴, 존 제이, 제임스 매디슨

각했다. 미국은 연방주의자들의 생각을 받아들였다. 이후 1789
년에 조지 워싱턴이 최초의 연방 대통령으로 임명되었다. 해밀턴
은 최초의 재무장관이 되었다.[1]

1871년부터 1918년까지 독일 제국도 연방국가였다. 프로이센
왕은 연방 차원의 황제가 되었지만 바이에른, 작센, 뷔르템베르
크의 왕과 기타 대공, 공작, 왕자들은 여전히 자신의 국가를 통
치했다.[2]

1차 세계대전 이후 제국을 대체한 바이마르 공화국은 연방 체
제를 이어갔다. 모든 왕국, 대공국, 공국, 후국은 그들만의 정
부가 있는 주(州)로 이름이 변경되었다. 하지만 나치 통치 기간

보통사람의 정치학

독일 연방의 주와
수도(베를린)

(1933~1945)에는 나치가 전권을 장악하려 했기 때문에 연방제가
폐지되었다.

주 정부는 있지만 중앙 정부가 없는 국가를 연합국가라고 한
다. 오늘날에는 그 예를 찾는 것이 쉽지 않지만 역사적으로는 많
았다. 1848년 이전 스위스는 13개의 작은 영토(칸톤, canton)로 구
성된 연방이었다.

독일 제국이 건국되기 전에 게르만 독립체들은 독일 국가연합
(1815~1866)과 북독일 국가연합(1867~1871)을 창설했다. 통일은
오로지 국방의 목적과 수출입에 대한 세금을 합리화하기 위해

이루어진 것이다.

말레이 역사상 연합체는 스리비자야 제국과 대(大) 파타니 연방이 있다. 1773년에 세워진 느그리 슴발란 주는 9개 지역(제라이, 젤레부, 조홀, 클랑, 난닝, 렘바우, 세가마트, 숭가이 우종, 울루 파항)의 연합체였다. 또한 세리 메낭티를 통치하는 군주(Yang di-Pertuan Besar*) 연합도 있었다. 하지만 그 권력은 미국 대통령과 달리 제한적이었다.[3]

유엔 회원국 193개국 중 27개국만이 연방을 이루고 있는 것은 독특한 현상이다. 이러한 연방국가로는 미국, 아르헨티나, 호주, 오스트리아, 벨기에, 보스니아 헤르체고비나, 브라질, 캐나다, 코모로, 아랍에미리트, 에티오피아, 독일, 인도, 이라크, 말레이시아, 멕시코, 미크로네시아, 네팔, 나이지리아, 파키스탄, 세인트키츠네비스, 러시아, 소말리아, 남수단, 수단, 스위스, 베네수엘라가 있다.

이 국가들은 주로 통합을 위한 공통의 이해관계를 이루기 위해 정치 단체를 하나로 묶는 연방 시스템을 채택했다. 그럼에도 불구하고 그들은 각자의 정체성으로 이 제도를 유지한다.

주 또는 연방하의 입법부는 두 개로, 주의 권리를 보호하는 메커니즘 역할을 한다. 거의 모든 연방(코모로, 아랍에미리트, 미크로

---

* 말레이시아 느그리 슴빌란(Negeri Sembilan) 주(州)의 통치자를 지칭하는 말. 얌투안(Yamtuan)이라고도 한다.

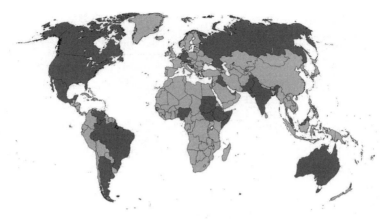

세계의 연방국가들

네시아, 세인트키츠네비스, 베네수엘라 제외)에는 두 개의 입법부가
있다.

　미국과 캐나다에서 상원(upper house)은 세닛(Senate)으로 불린
다. 독일에서는 분데스라트(Bundesrat), 러시아에서는 페더럴 카
운슬(Federal Council)이라고 한다. 말레이시아에서는 데완 네가라
(Dewan Negara, 원로원)라 일컫는다. 이름은 다르지만 모든 상원의
원은 주(州)의 이익을 보호하기 위해 주 의회에 의해 지명된다.

　미국의 상원의원은 오늘날처럼 유권자가 직접 선출하는 것이
아니라 각 주 의회가 지명하는 방식으로 이뤄졌다. 주 간의 평등
을 보장하기 위해 각 주에서는 똑같이 두 명의 상원의원을 연방
상원으로 보냈다. 오늘날 미국은 50개의 주로 구성되어 있기 때

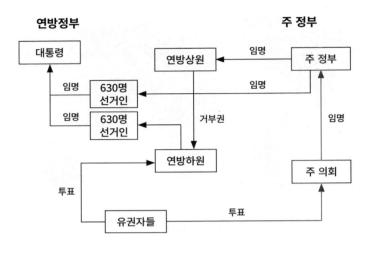

독일의 연방 시스템

문에 연방 상원에는 100명의 상원의원이 있다.

그러나 시간이 지나면서 이러한 다층 시스템은 부패를 조장하는 것으로 여겨졌다. 그리하여 1913년에 상원의원을 선출하기 위한 선거가 실시되었다. 호주의 상원의원도 국민이 직접 선출하지만 독일과 러시아의 경우 주 정부가 지명한다.[4]

말레이시아에는 각 주에서 임명한 26명의 의원(각 주마다 2명) 외에 국왕이 임명하는 의원이 있다. 예전에는 주에서 임명하지 않은 상원의원의 수가 16명으로 주 상원의원보다 적었지만, 현재는 주 상원의원보다 많은 44명으로 늘어났다.

상원은 중요하다. 그것은 일부 사람들이 상상하는 고무도장,

즉 거수기가 아니다. 예를 들어 미국의 상원은 하원에서 통과된 법안을 거부할 권한을 갖고 있다. 하원이 유권자 전체의 이익을 직접 대변한다면, 상원은 주의 이익을 토대로 법안을 평가한다.[5]

(선거가 아닌) 선거인단 투표에 기반한 대통령 선거제도 역시 국가의 이익을 보호한다. 대통령의 승리는 국민 투표 수가 아니라 선거인단의 투표 수에 의해 결정된다.

각 주의 선거인단 수는 하원과 상원의 수에 따라 결정된다. 예를 들어 캘리포니아주는 하원의원이 53명, 상원의원이 2명이므로 55표를 얻게 된다. 알래스카에는 하원의원 1명과 상원의원 2명이 있으므로 3표가 있다. 하원의원은 453명, 상원의원은 100명으로 총 538개의 선거인단이 있다. 선거인단의 과반수(270명)를 얻는 사람이 대통령이 된다.

이러한 시스템의 목적은 작은 주의 목소리가 큰 주에 의해 묵살되지 않도록 하는 것이다. 일반적으로 일반 투표에서 많은 표를 얻은 후보자가 선거인단 투표에서도 다수 표를 획득한다. 그러나 결과가 대중 투표만으로 결정된다고 가정해보자. 이 경우 후보자가 더 큰 주(캘리포니아, 뉴욕, 텍사스, 플로리다)에서만 승리하면 대통령이 되고, 작은 주의 지지는 필요하지 않는 상황이 발생할 수 있다. 이는 연맹 정신에 어긋난다.[6]

연방은 다인종 국가에서 민족 간 관계를 다룰 때, 특히 해당 민족이 서로 다른 주에 거주하는 경우 이점이 있다. 예를 들어, 벨

미국 대선 후보들의 선거인단 수

년도	후보	선거인단 수	우승 주(州)	후보	선거인단 수	우승 주(州)
2000	조지 W. 부시	271	30	앨 고어	266	20
2004	조지 W. 부시	286	31	존 케리	251	19
2008	존 매케인	173	22	버락 오바마	365	28
2012	밋 롬니	206	24	버락 오바마	332	26
2016	도널드 트럼프	304	30	힐러리 클린턴	227	20
2020	도널드 트럼프	232	25	조 바이든	306	25

기에는 네덜란드어를 사용하는 주민들이 거주하는 플랑드르 지역과 프랑스어를 사용하는 주민들이 거주하는 왈롱 지역으로 나누어진다. 보스니아 헤르체고비나는 또 다른 예이다. 이 국가는 보스니아 헤르체고비나 연방(보스니아인과 크로아티아인이 거주함)과 스르프스카공화국(세르비아인이 거주함)으로 구성되어 있다. 연방 시스템은 다양한 지역에 대한 평등을 보장한다. 그렇게 함으로써 인종 갈등을 피할 수 있다.

따라서 인종 갈등을 겪었던 국가들은 연방제도를 해결책으로 보고 있다. 2003년 사담 후세인이 몰락한 후, 이라크는 1921년 건국 이후 국가를 괴롭혔던 수니파, 시아파, 쿠르드족 간의 긴장을 완화하기 위해 연방 체제를 채택했다. 필리핀에서는 특히 2016년 로드리고 두테르테 대통령 재임 기간 동안 국가가 연방 체제를 루손, 비사야, 민다나오 간의 연합으로 바꾸고 싶어 한다는 소문이 나돌았다. 그러나 연방의 안정성은 주(州)와 중앙 정부 간의 권력 균형에 달려 있다. 막강한 중앙 정부는 주의 권한을 약화시키며 압도적인 주의 권력 역시 골치 아픈 일이다.

미국에서는 주권(州權)에 대한 해석 차이로 1861~1865년에 남북전쟁이 일어났다. 남부 주(조지아, 사우스캐롤라이나, 플로리다 등)는 노예 제도를 시행하고 있었다. 이는 남부가 노예를 주요 노동력으로 활용하는 농업 국가(주로 목화)였기 때문이다. 이와 대조적으로, 북부 주(뉴욕, 뉴저지, 매사추세츠 등)는 산업 기반 경제였기 때문에 노예 제도가 자신들에게 도움이 되지 않는다고 보았다.

북부의 정치인과 활동가들은 남부 주에 인류애를 근거로 노예 제도를 폐지할 것을 촉구했다. 에이브러햄 링컨(가장 강력한 노예제 폐지론자 중 한 명)이 1860년 대통령 선거에서 승리했을 때, 남부 주들은 독립을 선언하고 미국 남부연합(Confederate States of America)을 결성했다. 이로써 남북전쟁이 발발했고, 통일에는 5년이 걸렸다. 미국은 결국 노예 제도를 폐지했지만, 남부 주에 사는 아프리카 후손들은 여전히 주의 권리라는 이름으로 차별적인 법률에 직면해야 했다. 이는 민주당이 이끄는 연방 정부가 민권법 (Civil Rights Act)*에 동의한 1964년까지 계속되었다. 이를 이유로 이전에 민주당에 투표했던 남부 주들은 민주당을 포기했고, 공

---

* 미국에서 흑인 차별을 금지하기 위해 1964년 제정된 법안으로, 공공장소 등에서 의 인종 차별을 금지하는 내용을 담고 있다.

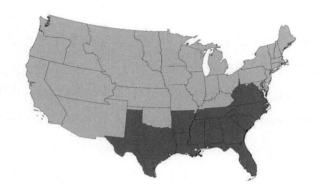

미국 남부연합

화당은 주권(州權) 문제를 등에 업고 남부에 기반을 마련했다.[7]

연합에서는 고유한 정체성과 문화를 지닌 지역에 자율성 (autonomy)이 부여된다. 이 용어는 그리스어 단어에서 유래되었다. 오토스(autos)는 '자기'를 의미하고, 노모스(nomos)는 '법률'을 의미한다. 자치란 다른 지역과 다른 법을 만들 수 있는 권리를 의미한다. 예를 들어 인도네시아의 아체(Acheh)주는 다른 지역과 달리 샤리아법을 채택할 권리가 있다. 연합이든 연방이든, 두 가지 정체성(국가와 주/지역)은 미래에 있을 통합을 방해하지 않도록 주의 깊게 다루어져야 한다.

보통사람의 정치학

12
권력분립

　권력분립은 현대 정치의 핵심 원칙 중 하나로, 좋은 정부의 기준으로 꼽힌다. 이 원칙에 따르면 정부의 3개 정치기관(trias politica)인 입법부, 행정부, 사법부는 서로 다른 인물을 임명하여 분리되어야 한다.

　입법부는 법률을 만들고 통과시키며, 행정부는 법률을 시행하고, 사법부는 법률을 해석한다. 입법부는 의회 또는 국회이다(이것이 대표자를 국회의원이라고도 부르는 이유이다). 행정부는 정부이고, 사법부는 법원이다.

　몽테스키외(Montesquieu, 1689~1755), 프랑스 출신으로 본명이 샤를 루이 드 세콩다(Charles-Louis de Secondat)인 그를 언급하지 않고 이 원리를 논하는 것은 힘들다. 몽테스키외라는 호칭은 그의 가문이 소유한 땅을 가리키는 바론 드 몽테스키외(Baron de Montesquieu)에서 비롯된 봉작명이다.

　귀족 가문에서 태어난 몽테스키외는 읽고 쓰는 데 충분한 시간을 보낼 수 있었다. 그는 1748년에 출판된 유명한 책『법의 정

몽테스키외 남작

신(De l'Esprit des Lois, The Sprit of Laws)』에서 권력분립을 주장했다. 그는 전제 정부를 피하기 위해서는 세 정부 기관이 모두 서로 다른 개인으로 구성되어야 한다고 말했다.

몽테스키외는 같은 사람이 법을 만들고 시행한다면 권력 남용이 초래될 것이라고 말했다. 왜냐하면 자신들에게 유리한 법을 만들 것이기 때문이다. 같은 사람이 국회의원, 행정관, 판사가 되어도 마찬가지다.[1]

몽테스키외의 견해는 경험과 밀접한 관련이 있다. 72년 동안 프랑스를 통치한 루이 14세(재임 1643~1715)의 통치 기간에 태어나고 자란 몽테스키외는 "짐이 곧 국가이다"라고 말하며 정부의 모든 권력을 독점했던 절대통치자에 진절머리가 났다.[2]

그는 1689년 영국에서 채택된 입헌군주제에 깊은 인상을 받았다. 왜냐하면 법을 만들고, 시행하고, 검토하는 권한이 의회, 국왕, 판사에게 분리되어 있었기 때문이다. 각 기관은 서로 균형을 이루고 있었다. 국왕이 전쟁에 필요한 자금 지원을 요청하려면 의회의 승인을 받아야 했다. 판사는 국왕과 의회의 조치가 헌법

보통사람의 정치학

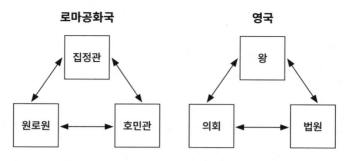

몽테스키외는 로마와 영국 시스템에서 영감을 받았다.

에 부합하는지를 검토했다.[3]

권력분립의 결과는 독재자에게 권력이 집중되는 것을 방지하는 견제와 균형이다. 로마공화국에서도 마찬가지로 집정관, 원로원, 호민관은 서로의 행동과 결정을 거부할 수 있었다.[4]

당시의 많은 학자들처럼 몽테스키외도 로마를 존경했고, 로마의 정치 체제를 최고의 모델로 여겼다. 더욱이 그에게 세 기관은 군주, 귀족, 국민이라는 사회의 세 계층이었다. 정치적 안정은 세 계층이 서로를 견제하고 균형을 이룰 때 확립된다.[5] 귀족이 국민을 지배하면 과두제, 이를 뒤집으면 다수의 폭정, 군주가 나머지 두 계층을 지배하면 전제군주가 된다.[6]

몽테스키외는 영국 의회가 귀족과 국민을 대표하는 상원과 하원으로 구성되어 있기 때문에 영국 시스템에 로마적 요소가 자리 잡고 있다는 것을 발견했다.

흥미로운 점은 몽테스키외가 왕을 행정의 수장으로 보았다는 점이다. 이는 그의 시대에 영국 왕이 막강한 권력을 갖고 있었기 때문이다. 영국의 총리직은 1721년(몽테스키외가 『법의 정신』을 쓰기 27년 전이다)에 신설되었으며 왕의 보좌관으로 여겨졌다. 그러므로 그는 왕을 행정부와 동일시하고 영국의 행정부와 입법부가 서로 다른 정당으로 구성되어 있다고 보았다.

오늘날 영국의 최고 행정관은 총리이며 그는 의회 다수당의 일원이기도 하다. 이런 상황에서는 권력분립이 아닌 권력융합이 이루어진다. 몽테스키외가 이를 알았다면 영국이 권력분립의 좋은 모델이라고 말하지 않았을 것이다.[7]

몽테스키외는 다음과 같이 언급했다. "그러나 만약 군주가 없고 행정권이 입법부에서 선출된 특정 사람들에게 위임된다면 자유는 종말을 맞이하게 될 것이다."[8]

로마 공화정 시스템을 채택한 미국 등의 대통령제 민주주의 국가들은 몽테스키외의 권력분립 사상에 더 가까운 것처럼 보인다. 실제로 제임스 매디슨과 같은 1789년 헌법의 기초자들 중 일부는 몽테스키외의 책을 매우 좋아했다.

미국 정치 체제는 로마와 영국의 기능을 결합한 것이다. 로마와 마찬가지로 모든 법률은 상원과 하원으로 구성된 의회를 통해 통과된다. 대통령은 의회에서 통과된 법안을 거부할 수 있는 권한이 있고, 의회는 대통령의 예산안을 거부할 권한이 있다.

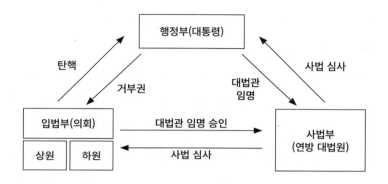

미국 정치의 견제와 균형

또한 영국과 마찬가지로 미국 대법원도 의회와 대통령이 승인한 법률을 검토할 수 있다. 대통령은 대법관을 임명하고(의회 승인이 필요함), 의회는 탄핵 절차를 통해 대법관을 해임할 수 있다.

의회는 또한 대통령이 부패나 반역 등 위법 행위로 유죄 판결을 받은 경우 대통령을 탄핵하고 해임할 수 있다. 세 명의 미국 대통령이 탄핵 절차를 밟았다. 앤드류 존슨(1868년), 빌 클린턴(1998년), 도널드 트럼프(2019년). 그러나 세 사람 모두 혐의에 대해 무죄를 선고받았다.

권력분립과 견제에 약점과 모순이 없는 것은 아니다. 입법부와 행정부가 판사를 임명하고 해임할 수 있는 권한을 갖고 있다는 점을 고려하면 사법부의 독립성은 제한적이다. 행정부가 정치적 성향이 비슷한 판사를 임명해 사법부를 조종할 수도 있다. 미국에서는 진보 성향의 대통령이 진보 성향의 판사를 임명하고, 보수 성향의 대통령은 보수 성향의 판사를 임명한다.

이상적으로는 권력분립, 견제와 균형이 독재자의 등장을 막을 수 있다. 실제로 미국 역사상 독재자가 될 만큼 강력했던 대통령은 없었다. 그러나 다른 문제가 생겨났다. 견제와 균형 메커니즘은 정치 목적을 위해 조작되며, 입법부와 행정부는 서로 거부권을 행사하는 다른 정당으로 구성된다. 미국의 정치는 거부권 정치(vetocracy)*라고 불리는데, 정치인의 업무가 오로지 법률 거부권을 행사하는 것처럼 보이기 때문이다.[9]

이것은 미국 정부가 빈번하게 폐쇄(셧다운)하는 원인이 되기도 한다. 의회는 예산 승인을 거부하고, 정부는 예산이 배정되지 않아 업무를 정지한다. 빌 클린턴 대통령 재임 기간에 두 번(1995년 11월과 12월), 버락 오바마 재임 기간에 한 번(2013년 10월), 트럼프 대통령 재임 기간에 두 번(2018년 1월과 12월)의 셧다운이 있었다. 코로나19 팬데믹이 격화되는 와중에도 트럼프와 의회는 줄다리기를 벌여 국민이 필요로 하는 긴급자금 승인을 지연시켰다.

영국에서는 이런 상황이 일어나지 않는다. 왜냐하면 같은 정당

---

*　스탠퍼드대학교의 교수인 프랜시스 후쿠야마가 미국의 양당 정치를 비판하며 만든 용어. 상대 정파의 정책과 주장을 모조리 거부하는 극단적인 파당 정치를 의미한다.

이 입법부와 행정부를 통제하기 때문이다. 상정되는 모든 법안은 거의 확실하게 통과된다. 실패하면 정부는 과반수를 잃은 것이므로 해산해야 한다.

한편, 미국의 정치학 교수 출신인 우드로 윌슨은 1885년에 영국식 체제 채택을 제안하는 『의회정부론(Congressional Government)』이라는 책을 썼다. 그 후 윌슨은 1913년부터 1921년까지 미국 대통령이 되었다.

대통령 재임 기간 중이던 1919년 우드로 윌슨은 자신이 직접 협상한 조약, 즉 1차 세계대전이 끝난 후 세계 평화를 보장하기 위해 국제 연맹 설립을 목표로 한 베르사유 조약이 상원에 의해 거부됨으로써 미국 정치 체제의 희생자가 되었다. 당시 상원은 공화당이 장악하고 있었다. 미국의 국제 연맹 가입이 실패하면서 국제 연맹은 제대로 기능할 수 없게 되었고 이는 2차 세계대전이 발발한 원인 중 하나로 여겨진다.

몽테스키외는 권력 집중이 억압적인 정부로 이어질 수 있음을 우려했다. 그러나 어떤 상황에서는 공익을 보호하기 위해 권력 집중이 필요하다.

13

국가와 종교의 분리

국가와 종교의 분리는 현대 정치에서 호평을 받고 있다. 오늘날 세계에서 국교(國敎)를 갖고 있는 나라는 40개가 채 안 된다. 국교를 갖고 있는 대부분의 국가는 말레이시아를 포함한 이슬람 국가들이다.

일부 국가는 특정 종교를 지원하고 특별한 지위로 승격시킨다.

공식 종교를 갖고 있는 국가들

예를 들어 태국, 라오스, 미얀마는 불교에 특별한 지위를 부여했지만, 공식 종교로 인정하지는 않았다.

인류 역사 대부분에서 종교는 국가 행정의 중추적인 역할을 담당했다. 종교는 사람들에게 선함을 가르쳐서 사람들을 징계하는 것(이를 통해 공공 질서를 확립함) 외에도 통치자와 법률에 합법성을 부여했다. 이는 왕국의 통치에 대한 복종을 보장하는 데에도 매우 중요했다.

모든 고대 제국은 그 법이 신에게서 나왔다고 말한다. 예를 들어, 유명한 함무라비 법전은 태양신 샤마시(Shamash)가 내려주었다고 한다. 사람들은 인간이 만든 법보다 신의 법을 더 두려워한다. 신의 형벌에 대한 두려움은 혼자 있을 때에도 법에 대한 인간의 의무를 보장한다.[1]

함무라비와 샤마시

대부분의 국가는 헌법에서 세속성을 강조한다. '세속적(secular)'이라는 단어는 "세상을 많이 아는(worldly)" 것을 의미한다. 세속 정부는 종교적인 문제보다 사회적인 일을 우선시한다.[2]

세속주의를 고수하는 사람들이 반드시 반종교적인 성향이거나 무신론자는 아니지만, 정치에서 종교의 권위를 거부하는 경향이 더 크다.

현대 정치의 많은 원칙과 마찬가지로 세속주의도 유럽에서 유래했다. 이 개념의 도입은 두 가지 역사적 발전, 16세기 초 종교개혁과 르네상스와 밀접하게 연관되어 있다.

종교개혁은 중세 시대 유럽 정치를 지배했던 가톨릭의 권위를 쇠퇴시켰다. 종교개혁 이전에는 로마 가톨릭 교회의 지도자인 교황이 유럽 왕들의 지지를 받는 최고 권위자였다.

그 후 독일의 마르틴 루터(1483~1546), 프랑스의 장 칼뱅(1509~1564)과 같은 개혁주의자들이 하나님 앞에서 인간의 평등과 성경 해석의 자유를 가르쳤다. 이는 교황의 권위에 도전한 것이었다. 이미 가톨릭 교회의 권력에 불만을 품은 많은 유럽 왕들은 신흥 개신교를 받아들이고 교황과의 관계를 끊었다. 이로써 종교와 권위 사이의 분리가 시작되었다.[3]

교황이 더 이상 최고 권위자가 아니게 되자 왕은 이제 로마 가톨릭 교회의 손아귀에서 벗어나 그 나라 교회의 지도자 역할을 맡았다. 예를 들어, 영국의 헨리 8세 왕은 1533년에 영국에서 가톨릭을 버리고 영국 교회를 그의 권위 아래 두었다. 다른 왕국들도 이를 따라 중세 시대에는 존재하지 않았던 국가 교회를 세웠다.[4]

한편, 이탈리아에서 시작된 르네상스 운동은 아테네와 로마 사상에 대한 관심을 다시 불러일으켰다. 그것들은 대부분 기독교의 가르침에 맞지 않는 이교 문화이기 때문에 가톨릭 교회에 의해 금지되었었다. 아테네와 로마의 사상은 인본주의의 길을 열었다. 종교적인 가르침 대신 과학과 논리가 인간의 삶을 이끌어야 한다고 보았다.

그러므로 이 두 가지 사상(세속적인 일에 있어서는 국가가 더 높은 권위를 갖고 있으며, 사회의 일은 합리적 원칙에 따라 결정되어야 한다)은 오늘날 대부분의 나라들이 따르는 세속 통치의 기초가 되었다.

미국은 역사상 최초의 세속 국가이다. 미국 혁명 이후 몇몇 주는 헌법을 개정하여 국가와 종교의 분리를 공개적으로 선언했다. 예수와 관련된 모든 기적을 생략한 '제퍼슨 성경(Jefferson's Bible)'을 쓴 제3대 대통령 토머스 제퍼슨을 비롯하여 미국 건국의 아버지들은 대부분 인본주의자들이었다.[5]

독립선언서에는 '신'이라는 단어가 있지만 이는 기독교에서의 하나님을 가리키지 않는다. 그것은 합리적 이해에 따른 자연의 신(Nature's God)을 말하며, 우주에 창조주는 존재한다고 생각하지만 가톨릭이든 개신교든 교회가 확립한 종교적 교리는 거부하는 이신론(deism)*을 담고 있다.[6]

미국의 세속주의는 수동적이다. 정부는 사람들이 자신의 신앙

---

* 하나님이 우주를 창조하긴 했지만 관여는 하지 않고, 우주는 자체의 법칙에 따라 움직인다고 보는 사상.

을 실천하는 것을 반대하지 않지만, 동시에 어떤 종교도 장려하지 않는다. 초대 대통령 조지 워싱턴은 자신의 기독교 신앙을 보여주기 위해 성경에 맹세했다.

그래도 미국 사회는 여전히 종교적이다. 미국인 모두가 제퍼슨과 같은 생각을 갖고 있는 것은 아니다. 그들은 대부분 종교에서 생활 방식을 찾는다. 초기 미국인들은 자유롭게 신앙을 실천하기 위해 유럽에서 도망쳐 온 개신교인들이었다. 종교는 여전히 미국 정치에서 큰 역할을 하고 있다. 미국 국기에 대한 맹세에 나오는 "하나님 아래 하나의 국가"와 같은 말이 미국이 반종교가 아닌 세속주의임을 보여준다.

한편, 프랑스는 라이시테(Laïcité)라 불리는 세속주의가 더욱 엄격한 국가이다. 라이시테는 성직자가 아닌 평신도라는 단어에서 파생되었다. 가톨릭 교회에 성직자가 존재한다는 사실은 별도의 성직자 계급이 존재하지 않는 미국 개신교에 비해 프랑스의 반종교 정서가 더 높은 이유다.

프랑스의 성직자들은 대중으로부터 분리되었을 뿐만 아니라 제1신분으로, 사회의 가장 높은 계층에 자리 잡고 있었다. 그다음으로 제2신분(귀족)과 제3신분(중산층과 하층민을 포함하는 평민)이 뒤따랐다. 제1신분은 단 한 방울의 땀도 흘리지 않았지만 작물 생산량의 10%에 대한 권리를 가졌다. 프랑스인들은 그들을 기생충으로 보았고, 반성직주의 정서가 높았다.[7]

1880년대부터 프랑스 공립학교에서 십자가와 같은 종교적 상징물이 철거되었다.

가톨릭 교회는 1789년 프랑스 혁명이 일어날 때까지 프랑스인의 삶을 지배하였다. 혁명 기간 동안 성직자와 교회는 공격을 받았고 그들의 재산은 몰수되었다. 급진적인 혁명 지도자 막시밀리앙 로베스피에르는 프랑스의 새로운 종교 '최고 존재에 대한 숭배(The Cult of the Supreme Being)'로 기독교를 대체하려고 하였다.[8]

급진파가 축출된 후 가톨릭 교회의 지위가 회복되었으나 이전과 같은 특권은 없어졌다. 1905년 사회주의자 에밀 콩브(Émile Combes) 휘하의 프랑스 정부는 가톨릭 교회를 국가 기관으로부터 분리하는 법안(la séparation des Églises et de l'État)을 통과시켰다. 이후 프랑스 공화국은 어떤 종교적 숭배도 인정하지 않고, 종교에 비용을 지불하거나 보조금을 지급하지 않았다. 공공장소와 국가 기관에 종교적 상징을 보여주는 것도 금지되었다.[9]

프랑스 외에 튀르키예도 강경 세속주의의 영향을 받았다. 튀르키예어로 세속주의는 '라이클리크(laiklik)'인데, 이는 '라이시테(laïcité)'라는 프랑스어에서 따온 것이다.

튀르키예 공화국의 창시자인 무스타파 케말 아타튀르크가 친프랑스주의자였기 때문에 이는 우연이 아니다. 그는 의회민주주의를 모방하는 것 외에도 이슬람 전통성으로 인해 낙후된 튀르키예를 변화시키기 위해 라이시테 개념과 유사한 라이크(laik)를 실시했다. 즉, 아타튀르크는 오스만 칼리프국의 직위인 샤이흐 알 이슬람[*](교황과 동일시됨)을 폐지하고 디야넷(diyanet)[**]을 설립하여 종교를 국가 권한에 두고 이슬람을 현대화하려 했다.[10]

아타튀르크가 죽은 후에도 그의 이념을 지지하는 사람들(케말주의자로 불림)은 대학과 의회를 포함한 정부 건물에서 터번과 히잡 같은 종교적인 의복을 금지하면서 라이크를 옹호했다.

세속주의의 물결은 튀니지와 같은 다른 이슬람 국가의 해안까지 도달하였다. 하비브 부르기바(Habib Bourguiba)는 튀니지의 아타튀르크로 불리는 튀니지 초대 대통령이다. 파키스탄은 처음에

---

[*]   shaykh al-Islam: '이슬람의 장로(샤이흐)'를 의미한다.
[**]   튀르키예어로 '경건, 종교'라는 의미이다.

공화인민당(CHP)의 로고 앞에 선 아타튀르크 대통령. 여섯 개의 화살표는 공화주의, 민족주의, 시민권, 국가, 혁명주의, 세속주의를 상징한다.

는 세속 국가였지만 1958년에 국명을 파키스탄이슬람공화국으로 바꾸고 이슬람을 국교로 인정했다.

대부분의 무슬림에게 국가와 종교를 분리하는 세속주의는 낯선 개념이다. 따라서 이집트의 하산 알 반나(Hassan al-Banna)가 창설한 무슬림 형제단과 튀르키예의 네흐메틴 에르바칸(Necmettin Erbakan)이 창설한 '국가 전망'*같이 현대 정치에 이슬람 원칙을 다시 세우려는 운동이 등장했다. 초기 무슬림 형제단은 세속적이고 친영국적인 푸아드 왕(재위 1922~1936)과 파루크 왕(재위 1936~1952)에 반대했다. 무슬림 형제단은 세속 민족주의자인 가말 압델 나세르(Gamal Abdel Nasser)가 이끄는 군대에 의해

---

* 튀르키예의 이슬람 이데올로기 및 정치운동.

파루크 왕이 축출된 후 금지되었다. 이후 무슬림 형제단의 구성원들은 사우디아라비아에서 보호를 받았으며 시리아를 포함한 여러 국가 정치에 참여했다. 이는 무슬림 형제단과 세속적 민족주의 이념을 지닌 바트당* 소속의 하페즈 알아사드 시리아 대통령 사이의 갈등으로 이어졌다.

한편 에르바칸은 1970년 국민질서당**을 창당했고, 이 정당은 1995년 선거에서 튀르키예 최대 정당인 복지당***으로 확대되었다. 이 정당은 1996년 정부를 성공적으로 구성했다.

그러나 총리직을 맡은 지 1년 후 케말주의 군부는 에르바칸에게 사임을 요구했다. 복지당은 금지되었고 일부 회원은 에르바칸과 행복당****을 설립했다. 대조적으로 레제프 타이이프 에르도안과 압둘라 귈과 같은 다른 사람들은 정의개발당(AKP)을 창당하여 2002년 선거에서 승리했다.

정의개발당은 스스로를 보수적 민주주의로 여겼으며, 케말주의자들의 압력을 불러일으키는 이슬람주의 꼬리표를 피했다. 한편 AKP의 통치 18년 동안 그들은 튀르키예의 얼굴을 세속 국가

---

* 아랍 정당의 하나로, 아랍 통일과 사회주의 국가 건설을 주장한다.

** 국민질서당(National Order Party)은 1970년에 창당되어 1971년 헌법재판소에 의해 해산된 튀르키예의 이슬람주의 정당이다.

*** 복지당은 튀르키예의 이슬람주의 정당이다.

**** 행복당은 튀르키예의 극우 정당이다. 튀르키예의 세속화에 반대하며, 튀르키예가 사우디아라비아와 같은 이슬람 근본주의 국가가 되는 것을 목표로 삼고 있다.

에서 이슬람 정체성을 지닌 국가로 바꾸는 데 성공했다. 그러나 헌법은 여전히 튀르키예를 세속공화국으로 규정하고 있다.

프랑스는 세속주의를 엄격히 적용하여 이슬람 교도들(특히 신규 이민자들)이 공공장소에서 히잡 착용과 같은 종교적 상징물을 사용하지 못하도록 하였다. 이에 따라 이슬람교도들의 권리가 짓밟힌다는 논란을 촉발시켰다.

프랑스식 세속주의의 해석에는 잡지 『샤를리 엡도(Charlie Hebdo)』*가 만화를 통해 종교를 풍자한 것과 같은 자유도 포함된다. 이는 프랑스인과 이슬람 시민, 그중에서도 보수적인 이슬람 국가에서 온 이민자들 사이에 긴장을 야기했다.

역사적으로 공공장소에서 종교를 숨기려는 시도는 심각하고 극단적인 반응을 불러일으켰다. 다른 국가는 더 이상 프랑스식 세속주의를 실천하지 않지만, 프랑스에서는 여전히 고유의 정체성으로 기능한다.

---

* 프랑스의 좌파 성향 주간지. 각종 사회문화적 이슈에 대한 성역 없는 풍자로 유명하다.

14
정당

정당은 같은 정치적 목적을 달성하기 위해 함께 움직이는 사람들의 집단이다. 파티(party, 정당을 의미)라는 단어는 부분(section)을 뜻하는 라틴어 'part'에서 유래했다.[1]

민주주의 사회에서 정당이 해야 할 가장 중요한 일은 선거에 출마할 후보자를 발굴하는 것이다. 정당이 선거에서 승리하여 정부를 구성하면 당이 추구하는 목표가 정부가 시행하는 정책에 반영될 것이다.

그러나 사실 사람들은 정당 없이도 정치에 참여할 수 있다. 대부분의 국가 헌법에는 '정당'이라는 단어가 언급되어 있지 않다. 의회민주주의 헌법은 정부를 구성하는 데 필요한 국회의원이 동일한 정당 출신이어야 한다고 명시하지 않는다.

하지만 정당의 존재는 민주적 과정을 용이하게 하는 데 도움이 된다. 정치인들이 모두 독립적인 개인이라면 움직이고 결정을 내리기 위해 다른 국회의원과 협상하는 것이 어려울 것이다. 정당은 문제를 일괄적으로 지지하거나 반대함으로써 이 과정을 단축

보통사람의 정치학

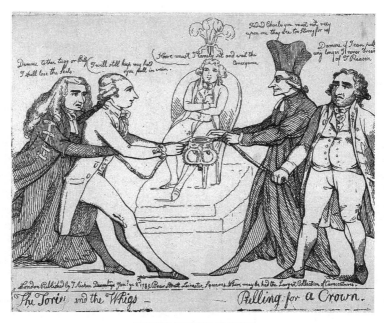

토리당과 휘그당의 캐리커처

시킨다.

정당은 종종 특정 이데올로기(관념의 집합)를 나타낸다. 정책이 없는 정당은 정당이라기보다는 분파, 즉 공유된 이익을 바탕으로 연합하여 특정 인물에게 충성하는 집단에 가깝다.

현대사에서 최초의 정당은 영국의 휘그당과 토리당이다. 두 정당은 영국 내전(1642~1651) 당시의 반군주제와 친군주제 세력에서 유래한다. 휘그당과 토리당이라는 명칭은 반대 집단을 비방하던 말에서 비롯되었다. 반군주제 지지자들은 친군주제 사람들

을 아일랜드어로 산적을 의미하는 토라이(tórai)라고 불렀다. 친
군주제 사람들은 반군주제 사람들을 휘가모어(whiggamore)라고
불렀는데, 이는 스코틀랜드어로 암말 몰이꾼(whig a mare)을 의미
한다.[2]

정당의 수는 민주주의의 수준을 나타낸다. 한 나라에 정당이
많을수록 그 나라는 더 민주적이다. 인도네시아의 신질서시대
(1966~1998)에는 단 3개의 정당, 골카르, 통합개발당, 인도네시아
민주당만이 선거에 참가할 수 있었다. 수하르토[*]가 몰락한 후 첫
번째 선거에서는 48개 정당이 경쟁을 벌였다.

정당이 없는 국가는 절대군주제를 시행하는 국가와 소수의 작
은 태평양 섬 국가(투발루, 미크로네시아, 나우루, 팔라우)이다. 반면
중국, 쿠바, 에리트레아, 라오스, 북한, 베트남에서는 단일 정당
만이 허용된다. 정당의 수에 따라 국가의 정당 제도가 결정되고,
이는 결국 정부의 안정성에 영향을 미친다.

정당제도에는 지배정당제(dominant-party system), 양당제(two-
party system), 다당제(multi-party system)의 세 가지 종류가 있다.

지배정당제는 일당제(one-party system)와는 다르다. 전자는 여
당 이외의 다수 정당이 존재한다. 하지만 여당이 너무 압도적이
어서 다른 정당의 존재감을 위축시킨다.

---

*   인도네시아의 제2대 대통령이자 독재자. 1968~1998년까지 집권했다.

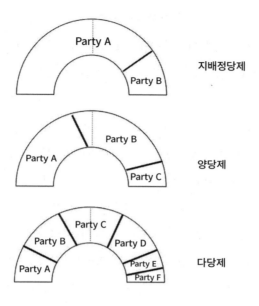

지배정당제

양당제

다당제

지배정당제, 양당제, 다당제의 정당 구성

　지배정당제를 갖춘 국가에서는 주요 정당이 선거에서 편안하게 승리하며 일반적으로 3분의 2의 다수를 차지한다. 국회에 300석이 있다면 3분의 2인 200석을 한 정당이 차지한다. 많은 국가의 헌법에서는 국회의원의 3분의 2가 찬성한다면 정부의 헌법 개정을 허용한다. 지배정당제를 갖춘 국가의 예로 싱가포르를 들 수 있다. 인민행동당(PAP)은 영국 식민지였던 1959년부터 싱가포르를 통치해왔다.

　말레이시아로부터 독립한 이후 처음 4번의 선거(1968년, 1972년,

싱가포르 선거 결과

년도	의석	과반 득표	PAP	BS → WP	SDP	SPP → SDA
1968	58	30	58	0	-	-
1972	65	33	65	0	-	-
1976	69	35	69	0	-	-
1980	75	38	75	0	-	-
1984	79	40	77	1	1	-
1988	81	41	80	0	1	-
1991	81	41	77	1	3	-
1997	83	42	81	1	0	1
2001	84	43	82	1	0	1
2006	84	43	82	1	0	1
2011	87	44	81	6	0	0
2015	89	45	83	6	0	0
2020	93	47	83	10	0	0

PAP: 인민행동당, BS: 사회주의 전선, WP: 노동당, SDP: 싱가포르 민주당,
SPP: 싱가포르 인민당, SDA: 싱가포르 민주동맹

1976년, 1980년)에서 PAP는 모든 의석을 휩쓸어 반대 없는 의회를 만들었다. 1981년에는 노동당의 제야레트남(Jeyaretnam)이 보궐 선거에서 승리하면서 싱가포르 최초의 야당 지도자가 탄생했다.

싱가포르에서 PAP의 영향력은 오늘날에도 여전히 강력하다. 2020년 최근 선거에서 PAP는 93석 중 83석을 차지했다. 반면 노동당은 10석만 얻을 수 있었다.

일본 정치는 1955년부터 1993년까지 자유민주당(LDP, 자민당)

이 장악했다. 55년 동안 일본사회당(JSP, 사회당)이 얻은 최대 야당 의석은 자민당이 얻은 의석보다 항상 적었다. 이를 일본의 '55년 체제(one-and-a-half party system)'*로 부른다.

이러한 상황은 1993년 자민당이 정부 구성에서 과반수를 잃을 때까지 유지되었다. 이로 인해 일본신생당(JRP, 신생당)을 창당한 오자와 이치로를 비롯해 많은 자민당 의원들이 당을 탈퇴하고 새 당을 창당했다. 호소카와 모리히로가 일본신당(JNP)을 창당했고, 다케무라 마사요시가 '신당 사키가케(NPH)'로 자민당의 표를 빼앗았다.

제40회 중의원은 오자와 덕분에 신생당(55석), 일본신당(35석), 신당 사키가케(13석), 사회당(70석), 민주사회당(15석), 사회민주당(4석), 공명당(51석)으로 구성되었다. 여전히 자민당(223석)이 다수였고 소수의 공산당(15석)이 존재했다. 그 후 호소카와 모리히로가 총리로 임명되었다.

동시에 오자와는 신생당 의원들이 부총리, 재무장관, 국방장관, 국제통상장관 등 가장 중요한 직책을 맡도록 했다. 그러나 이로 인해 신생당과 사회당 간에 충돌이 발생하였다. 후자를 이끌었던 무라야마 도미이치는 자신의 당원들이 소외되고 있다고 생각했다.

---

* '55년 체제'는 일본에서 1955년 이후 여당인 자유민주당과 야당인 일본사회당의 양대 정당 구조가 형성된 체제를 말한다.

1990년대 일본 중의원 선거 결과

년도	1990	1993	년도	1996
의석	512	511	의석	500
과반수	257	256	과반수	251
자민당(LDP)	275	223	자민당(LDP)	239
사회당(JSP)	136	70	사회민주당(SDP)	15
			민주당	52
신당 사키가케(NPH)	-	13	신당 사키가케(NPH)	2
민주사회당(DSP)	14	15		
일본신당(JNP)	-	13	신진당(新進党)	156
일본신생당(JRP)	-	55		
공명당(KMT)	45	51	공명당(KMT)	-
일본 공산당(JCP)	16	15	일본 공산당(JCP)	26
정부 구성	LDP	JNP-JRP-NPH-JSP-DSP-KMP	정부 구성	LDP-SDP-NPH

사회당과 사키가케당은 연합을 떠나 1994년 6월 자민당과 함께 새 정부를 구성했다. 무라야마 도이미치가 총리가 되었다. 1996년 무라야마가 사임한 후 자민당이 집권했다. 자민당-사회당-신당 사키가케 관계는 보다 안정적인 자민당-공명당 연합으로 대체되어 자민당이 2005년 총선에서 3분의 2의 다수를 차지하게 되었다.

그러나 당내 갈등과 2008~2009년 금융위기로 인해 자민당은 2009년 선거에서 민주당(DPJ)에 패했다. 민주당은 사회당과 신

2000년 이후 일본 중의원 선거 결과

년도	2000	2003	2005	2009	2012	2014	2017
의석	480	480	480	480	480	475	465
과반수	241	241	241	241	241	238	233
자민당(LDP)	233	237	296	119	294	291	284
공명당(KMT)	31	34	31	21	31	35	29
민주당(DPJ)→ 입헌민주당(CDP)	127	177	113	308	57	73	55
사회민주당(SDP)	19	6	7	7	2	2	2
정부 구성	LDP-KMT	LDP-KMT	LDP-KMT	DPJ-SDP	LDP-KMT	LDP-KMT	LDP-KMT

당 사키가케 연합의 일원이었다. 그러나 민주당 정권의 나쁜 평판으로 인해 2012년 자민당이 3분의 2의 다수를 차지하며 다시 집권하게 되었다. 아베 신조는 2014년과 2017년에 다수의 의석 수를 성공적으로 유지하였다.

말레이시아 역시 동맹당(Alliance)과 국민전선(Barisan Nasional, BN)에 의한 지배정당제가 지속되었다. 차이점은 두 정당이 연립 정당이라는 것이다.

동맹당은 1959년, 1964년, 1995년에 3분의 2의 의석을 얻었다. 1969년 총선에서 과반을 차지하지 못한 동맹당은 국민전선으로 바뀌었다. 이 새로운 연합은 1974년과 그 이후의 선거에서 과반 수를 얻었다. 그러나 국민전선은 2008년 222석 중 140석(148석 필요)을 획득하면서 과반 의석을 차지하지 못했다.

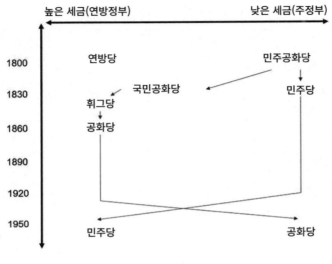

높은 세금(연방정부)　　　　　　　　　낮은 세금(주정부)

1800	연방당　　　　　　　　　민주공화당
1830	국민공화당 ← 　　　민주당
	휘그당
1860	공화당
1890	
1920	
1950	민주당　　　　　　　　　공화당

미국 양당 체제의 발전

　양당 체제에는 두 개의 지배 정당이 존재한다. A당이 이기지 않는다면 당연히 B당이 이길 것이다. 왜냐하면 다른 정당들은 두 정당과 경쟁하기에는 규모가 너무 작기 때문이다.

　민주당과 공화당이 1856년 이래로 국가 정치를 장악해온 미국이 이 체제의 가장 좋은 예이다.

　미국의 양당 체제는 독립 이후부터 이미 시작되었다. 최초의 두 정당은 연방당과 민주공화당이었다. 각 정당은 연방 체제의 지지자와 반대자로부터 비롯되었다. 연방당은 강력한 중앙 정부와 높은 세금 부과를 원했다. 민주공화당은 주의 권리를 보호하

기를 원했고, 연방 정부가 부과하는 세금에 반대했다.[3]

연방당이 해산된 후 민주공화당은 연방주의계 공화당(휘그당이 됨)과 반연방주의계인 민주당으로 분열되었다. 1854년 휘그당은 다른 정당들과 합병하여 공화당이 되었다. 그 이후로 민주당과 공화당은 오늘날까지 미국 정치를 장악하고 있다.

두 정당 외에 미국의 다른 정당으로는 자유당, 녹색당, 헌법당 등이 있다. 그러나 이들 정당의 영향력은 거의 존재하지 않는 것처럼 약하다. 자유당은 하원에서 단 한 석만 가지고 있다. 자유당의 대통령 후보인 조 요르겐센의 2020년 대통령 선거 득표율은 고작 1.2%였다.

이러한 제3당들은 언론 보도가 부족하기 때문에 큰 관심을 끌지 못한다. 제3당은 종종 투표 분산으로 이어졌다. 1968년 대선에서 민권법(11장 참조)의 시행으로 민주당에서 분열된 미국독립당이 창당되면서 민주당 후보는 공화당의 리처드 닉슨에게 패했다.

1992년 대선에 출마했던 백만장자 로스 페로는 조지 H. W. 부시의 자유 무역 정책을 비판했는데 이후에 개혁당을 창당했다. 페로는 북미자유무역협정(NAFTA)에 서명한 부시 대통령과 민주당 후보 빌 클린턴의 토론에 초청을 받았다.

그리고 대선의 결과는 페로가 공화당 표를 나누어 가져(페로가 19%의 득표율을 얻은 반면 부시는 37%만 얻었다) 클린턴이 43%의 득표율을 얻는 것이었다.[4]

왼쪽부터 조지 H. W. 부시, 로스 페로, 빌 클린턴

이 경험에서 교훈을 얻어 민주당과 공화당은 더 이상 제3당이 언론의 관심을 받는 것을 허락하지 않는다.

영국에서는 휘그당과 토리당으로 시작된 양당 체제가 자유당과 보수당으로 발전했다. 1차 세계대전 이후 노동당은 자유당을 대신해 오늘날까지 영국 정치를 지배하는 주요 정당 중 하나로 자리매김했다. 자유당은 (노동당과 보수당보다 의석이 적었음에도 불구하고) 제3의 정당으로 남아 있었고, 1988년 사회민주당(SDP)과 합병하여 자유민주당(LDP)이 되었다.

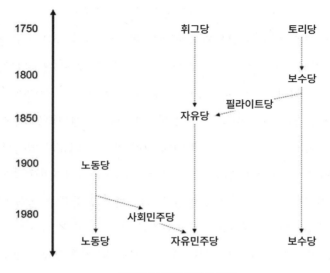

영국의 두 주요 정당의 발전

  미국과 달리 영국은 자유민주당 등 제3세력에게 아직 기회가 있다. 노동당과 보수당이 모두 과반수를 확보하지 못할 때 그들은 절대 다수당이 없는 의회의 킹메이커가 된다.

  이들 군소 정당은 연립 정부를 구성할 수도 있고, 신임과 공급 (confidence and supply)* 파트너가 되어 신임투표와 예산안 제출 시 지지를 보낼 수 있다. 그래서 '신임 공급'이라고 불린다. 신임과 공급 파트너는 정부에 속하지 않으며, 위에서 언급한 사안 이외

---

*   소수당이 신임이나 예산안 같은 주요 정책을 지지하고 지배당은 소수당의 특정 정책을 지원하는 것.

의 다른 정부 정책에 대해서 자유롭게 반대할 수 있다.[5]

첫 사례는 2010년 선거에서 있었는데, 당시 보수당과 노동당이 306석과 258석을 얻었지만 과반수에 필요한 326석을 확보하지는 못하였다. 보수당은 자유민주당과 연립 정부를 수립했고, 자유민주당의 지도자인 닉.클레그가 부총리로 임명되었다. 이 자리는 공석인 경우가 많으며 대개 연합 정당의 대표가 맡는다. 1942년 2차 세계대전 발발 후 노동당 출신의 클레멘트 애클리가 영국 역사상 최초로 노동당과 보수당이 연합 정당을 구성한 내각의 부총리에 임명되었다.

2017년에도 보수당은 과반 의석 확보에 실패했다. 이번에는 보수당 지도자 테레사 메이가 북아일랜드 민주연합당(DUP)과 신임 공급 협정을 체결해 과반의석을 확보했다(보수당은 317석, DUP는 10석). 민주연합당은 내각 구성원이 아니었으며 테레사 메이가 협상한 브렉시트 합의에 반대했다. 의회도 이 합의를 거부했다. 그러나 야당이 불신임안을 제출하자 민주연합당은 메이에게 잔류에 필요한 투표권을 행사함으로써 메이를 지지했다.

그러나 브렉시트 합의가 통과되지 않아 메이 총리는 총리직에서 사임하였다. 보리스 존슨이 그녀를 대신했다. 존슨의 리더십 하에서 보수당은 1983년(마가렛 대처가 이끌던 397석) 이후 가장 많은 의석을 얻었다. 강력하고 명확한 권한 덕분에 존슨 정부는 2020년 브렉시트 협상을 완료할 수 있었다.

호주, 캐나다, 뉴질랜드에서도 순수한 양당 체제가 시행되고 있다. 호주에서는 자유국민당이 아니라면 노동당이 정부를 구성할 것이다. 캐나다에는 자유당과 보수당이 있고, 뉴질랜드는 노동당과 국민당이 있다.

한편, 독일의 가장 크고 가장 지배적인 두 정당은 기독민주당(CDU)과 사회민주당(SPD)이다. 그러나 대부분의 경우 군소 정당의 지지 없이는 정부를 구성할 수 없었다. 2013년 기독민주당과 사회민주당은 군소 정당들의 지지를 얻지 못해 대연정을 형성했다.

인도에서도 비슷한 사례를 볼 수 있다. 인도국민회의(INC)와

2002년 이후 독일 선거의 결과

년도	2002	2005	2009	2013	2017
의석	603	614	622	631	709
과반수	302	308	312	316	355
기독민주당(CDU)+ 기독교사회연합(CSU)	248	226	239	311	246
사회민주당(SPD)	251	222	146	193	153
자유민주당(FDP)	47	61	93	0	80
녹색당(Green)	55	51	68	63	67
민주사회당(PDS) → 좌파당	2	54	76	64	69
독일을 위한 대안(AfD)	-	-	-	-	94
정부 구성	SPD- Green	CDU-CSU- SPD	CDU-FDP	CDU-SPD	CDU-SPD

인도인민당(BJP)은 전통적으로 가장 큰 정당이지만 통합진보동맹(INC가 이끈다)이나 전국민주동맹(BJP가 이끈다) 같은 외부 군소정당 없이는 스스로 정부를 구성할 수 없었다. 그러나 지난 두 번의 선거에서 통합진보동맹의 저조한 성과로 인도는 지배정당 체제의 길을 걸었다.

독일과 인도의 체제는 두 개의 지배적인 정당이 있는 다당제라고 부를 수도 있다. 그 외에 '순수한' 다당제도 있다.

다당제는 세 개 이상의 정당이 동등한 수준의 지지를 받는 것을 의미한다. 이탈리아, 일본, 인도네시아 등이 이런 체제를 가진 나라이다.

2018년 이탈리아 총선에서는 중도우파 연합, 오성운동당(Movimento 5 Stelle), 중도좌파 연합이 각각 265석, 227석, 122석을 차지했다. 필요한 316석의 과반수를 누구도 확보하지 못했다. 오랜 협상 끝에 124석을 차지한 레가당(Lega Party)이 중도우파 연립에서 탈퇴해 오성운동당과 함께 정부를 구성했다. 그러나 레가당과 오성운동당은 이념과 목적이 달랐기 때문에 2019년 정부가 분리됐다. 레가당은 정부에서 쫓겨났고, 오성운동당은 중도좌파 연합에서 112석을 가진 민주당과 함께 정부를 구성했다.

한편, 2019년 인도네시아 총선에서는 9개의 정당이 하원의 의석을 차지했다. 575석 중에서, 민주투쟁당(PDI-P)이 128석을 차

1998년 이후 인도네시아 하원 선거 결과

연도	1999	2004	2009	2014	2019
의석	462	550	560	560	575
과반수	232	276	281	288	288
민주투쟁당(PDI-P)	153	109	94	109	128
골카르	120	128	106	91	85
통합개발당(PPP)	58	58	38	39	19
국민각성(PKB)	51	52	28	47	58
국민권한(PAN)	34	53	46	49	44
초승달과 별의 당(PBB)	13	11	-	-	-
번영하는 정의(PKS)	-	45	57	40	50
민주당	-	55	148	61	54
하누라당	-	-	17	-	-
대(大)인도네시아당	-	-	26	73	78
국민민주당	-	-	-	35	59

지했고, 골카르(85석), 대(大)인도네시아당(78석), 국민민주당(59석), 국민각성(58석), 민주당(54석), 번영하는 정의(50석), 국민권한(44석), 통합개발당(19석)이 그 뒤를 이었다. 인도네시아는 대통령제 민주주의 국가이기 때문에 다당제를 가진 의회민주주의 국가들(일본과 이탈리아)보다 더 안정적인 정부를 가진다.

인도네시아의 선거 규칙에 따르면, 하원에서 20%의 의석을 가진 정당만이 대통령 후보를 낼 수 있다. 만약 20%(112석)의 요건을 충족시키는 단일 정당이 없다면, 각 정당들은 대통령 후보를 지명하기 위해 합쳐야 한다. 2009년, 민주투쟁당과 대인도네시아당은 통합하여 민주당이 지명한 수실로 밤방 유도요노에 대항하여 메가와티 수카르노푸트리(대통령 후보)와 프라보워 수비안토(부통령 후보)를 지명했다. 그러나 2014년과 2019년에는 민주투쟁당의 후보(조코위)가 민주당이 지지한 대인도네시아당 후보(프라보워)에 대항했다.

정당제도는 선거제도와 직접적인 연관이 있다. 단순다수제(first-past-the-post, FPTP)를 시행하는 국가는 일반적으로 지배정당 또는 양당 시스템을 갖는 반면, 비례대표(Proportional Representation, PR)를 사용하는 국가는 다당제를 가질 확률이 높다.

말레이시아는 단순다수제 투표제도를 시행한다. 예를 들어 A당 후보가 52%, B당 후보가 48%를 얻게 되었다고 하면, 패배한 후보의 표는 사표(死票)가 된다. 이 제도는 승자독식(winner-takes-all)이라고도 하는데, 승자가 전체 국회의원 222석 중 A당에서 계속 나타날 경우 B당은 많은 의석을 확보하지 못할 가능성이 크다.

1993년 이전에는 미국, 영국, 말레이시아, 싱가포르, 일본이 모두 단순다수제 투표제도를 시행했다. 이 시스템은 지배정당제나 양당제를 촉진한다. 그러나 단순다수제를 시행하는 인도는 다당제 체제를 갖고 있다.

비례대표 시스템에서 유권자는 후보자가 아닌 정당에 투표한다. 투표 용지에는 두 정당만 있다. 획득한 투표 비율에 따라 의석이 할당된다. 총 의석 수가 222석인 상황에서 A당이 전체 득표율의 52%를 얻었고, B당은 나머지 48%를 받았다면, A당 115석, B당 107석으로 나누어 가지게 된다. 미리 정해진 후보자 명부에 따라 의석이 채워질 것이다.

비례대표 시스템은 민주적인 것으로 간주되지만 정치 행위자들은 압도적 다수를 확보한 정부를 구성하기가 어렵다는 것을 깨달을 것이다. 세 개 이상의 정당이 있는 상황에서 115석 대 107석을 가진 두 정당이 경쟁한다면 교착 상태가 예상된다.

벨기에와 이스라엘은 이 시스템을 시행하는 국가 중 하나이다. 양국은 교착 상태의 문제에 익숙해져야만 했다. 벨기에는 비례대표 시스템으로 하원 150석에 11개 정당이 의석을 확보할 수 있었고 541일 동안 교착 상태가 발생했다(7장 참조).

이스라엘은 역사상 120석 중 61석 이상의 과반을 차지한 정당이 없다. 이스라엘은 2019년 4월, 2019년 9월, 2020년 5월 선거 이후 승자가 나오지 않은 채 400일 동안 정부 없이 유지되었다. 이스라엘의 양대 정당은 베냐민 네타냐후가 이끄는 리쿠드와 베니 간츠가 이끄는 카홀 라반인데, 모두 61석을 확보하는 데 실패했다.

2015년 리쿠드는 모든 우파 정당(리쿠드, 연합토라유대교, 유대인

2015년 이후 이스라엘의 선거 결과

연도	2015	2019/04	2019/09	2020
의석	120	120	120	120
과반수	61	61	61	61
리쿠드(Likud)	30	35	32	36
연합토라유대교 (United Torah Judaism)	6	8	7	7
유대인의 집 → 우익 정당연합 → 야미나(Yamina)당	8	5	7	6
샤스(Shas)	7	8	9	9
쿨라누(Kulanu)	10	4	-	-
노동당	24	6	6	7
메레츠(Meretz)*	5	4	5	
카홀 라반(Blue and White)	-	35	33	33
하다쉬-탈알(Hadash-Taal)	13	6	13	15
라암-발라드(Raam-Balad)		4		
이스라엘 베이테이누 (Yisrael Beiteinu)	6	5	8	7

의 집*, 샤스**)과 중도 정당(쿨라누)***으로 정부를 구성하여 과반수
61석을 차지했다. 그러나 2019년 4월 선거에서는 60석만 얻었다.

네타냐후와 간츠는 협상 끝에 2020년 5월 마침내 단일 정부
를 구성했다. 그 정부는 2020년 12월에 해산되었고, 다음 선거는
2021년 3월에 치러졌다.

---

* 이스라엘의 정통 유대교, 종교적 시온주의자 및 극우 정당이다.
** 이스라엘의 보수 정당으로, 1984년 설립되었다.
*** 이스라엘의 사회자유주의 정당으로, 2014년 설립되었다.
**** 이스라엘 좌익정당.

단순다수제와 비례대표제 외에 연동형 비례대표제(Mixed Member Proportional, MMP)로 알려진 혼합제도(hybrid system)가 있다. 유권자에게는 후보와 정당 모두를 선택할 수 있는 투표권이 주어진다. 지역구에서 후보가 승리하지 않는 한 투표율에 따라 5% 이상의 투표율을 가진 정당에 의석이 할당된다.

연동형 비례대표제는 바이마르 공화국이 끝난 독일에도 도입되었다. 비례대표 시스템은 공화국을 혼란에 빠뜨렸다. 불안정한 정부를 낳았고, 나치의 부상을 허용했다(20장 참조). 연동형 비례대표제의 목적은 소규모 정당을 제거하는 동시에 비례대표 원칙을 보존하는 것이었다.

바이마르 시대에는 15개 정당(1928년)까지 허용됐지만, 창당 이후 의석을 확보한 정당은 많아야 8개 정당이었고 정부 구성은 더욱 경직되었다.

뉴질랜드 역시 노동당과 국민당이라는 두 개의 지배적인 정당을 탄생시킨 단순다수제에 지친 후 1996년 선거부터 연동형 비례대표 제도를 도입했다. 그 이후로 선거에서 과

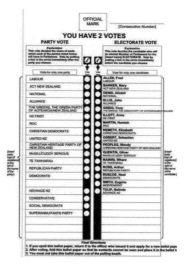

뉴질랜드 투표 용지

반수를 얻은 정당이 없었기 때문에 2017년에는 정부를 구성하기 위해 저신다 아던(Jacinda Ardern)이 이끄는 노동당(중도좌파 정당)이 뉴질랜드 퍼스트당(우익정당)과 합병해야 했다. 2020년에 노동당이 120석 중 65석을 차지하며 21세기 들어 처음으로 과반수를 확보했다.

다당제는 민주적이지만 불안정하다고 여겨지며, 지배정당제는 안정적이지만 민주적이지 않다. 양당제는 안정성과 예측 가능성을 제공하지만 사회의 양극화를 낳게 된다. 각 정당의 지지자들은 정치를 흑백의 렌즈로 보는 경향이 있다.

정당은 표를 얻기 위해 언제나 협력할 준비가 되어 있기 때문에 다당제 체제에는 이원론적 사고가 존재하지 않는다. 이런 시스템을 갖춘 나라의 사람들은 정치에 대해 냉소적인 경향이 있다.

예측하기 어려운 당파정치를 보면 당파정치를 정당 없는 기술주의 정부로 바꿔야 한다는 목소리도 나온다. 그러나 당파를 만드는 것은 인간의 본성이다. 정당이 없더라도 정치인들은 모여서 파벌을 형성할 것이다. 문제는 정당제도에 있는 것이 아니다. 문제는 정당에 대한 광신적인 태도와 정치보다 더 중요한 다른 것을 잊어버리는 그들에게 있다.

15

정치 이념

정치 이념은 정치에서 달성해야 하는 목표에 대한 일련의 생각, 가치 및 원칙이다. 정부의 제도와 시스템은 도구일 뿐이고, 이념은 국가의 정치를 형성하는 핵심이다. 현대 정치를 이해하려면 먼저 정치 이념을 이해해야 한다.

자유주의, 사회주의, 무정부주의, 포퓰리즘 등과 같은 특정 이념에 대한 명칭은 일반적으로 이즘(-ism)으로 끝난다. 그 어원은 보통 가르침이나 사상을 가리키는 그리스어 '이스모스(ismos)'라는 단어에서 찾을 수 있다. 아랍어에서는 이야(-iyya)로 번역된다. 자유주의는 리브랄리야(libraliyya), 사회주의는 이쉬티라키야(ishtirakiyya), 무정부주의는 포다위야(fawdawiyya)이다. 일본어에서는 슈기(主義)를 붙여, 지유슈기(자유주의), 샤카이슈기(사회주의)로 번역된다.

정치인이나 정당의 이념은 그들의 정책에 영향을 미친다. 경제를 관리함에 있어서 사회주의자들은 평등한 경제를 확립하는 정책을 선호하는 경향이 있다. 대조적으로, 자유주의자들은 경제에 대한 정부 개입을 덜 선호하는 경향이 있다(경제에 대한 정부 개입을 더 선호하는 미국의 자유주의자들은 예외이다). 이념의 종류가 많기 때문에 서방 언론에서는 이해를 돕기 위해 이념을 좌파와 우파로 분류한다. 좌파는 종종 사회주의, 공산주의, 무정부주의와 연관되는 반면, 우파는 일반적으로 보수주의, 민족주의, 파시즘을 지칭한다.

좌파와 우파라는 용어는 1789년 프랑스 혁명 이후 프랑스 정치에서 유래되었다. 국민대표자들은 혁명가들이 설립한 입법부에서 자신의 소속 모임(club)에 따라 자리를 잡았다. 클럽은 서로 다른 이념을 지닌 정당과 유사했다. 입헌군주제를 세우려는 푀양파(Feuillant Club)*는 오른쪽에 앉고, 공화제를 희망한 자코뱅파는 왼쪽에 앉았다.[1] 프랑스인들은 라 드롸트(la droite, 오른쪽)와 라 고쉬(la gauche, 왼쪽)를 정치에 적용하기 시작했다. 좌파는 정치에서 보다 급격한 변화를 원하는 급진파를 가리키는 반면, 우파는 (느리고 온건한 변화를 바라는) 보수파를 가리킨다.

중앙에 앉은 대표자들은 클럽이 없었다. 그들은 마레(Marais)라고 불렸고 중도주의자로 여겨졌다. 자코뱅파에는 다양한 그룹이 있었다. 지롱드파는 루이 16세의 처형에 반대하고 시장경제를 지

---

* 헌법의 벗 결사단(Société des Amis de la Constitution), 프랑스어 별칭 클뢰브 데 푀양(Club des Feuillants)은 프랑스 혁명기에 등장한 정치적 당파의 하나로, 입헌군주제를 지지하는 정파의 조합이다.

보통사람의 정치학

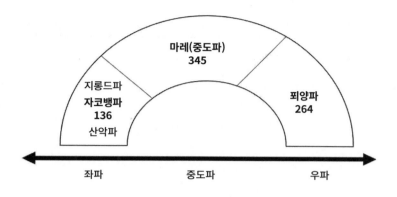

마레(중도파)
345

지롱드파
자코뱅파
136
산악파

푀양파
264

좌파　　　　중도파　　　　우파

프랑스 의회에서의 정치 클럽(1791~1792)

지한 온건파 공화주의자였다. 반면 산악파(몽타냐르, Montagnard)
는 국왕의 처형을 주장하며 평등을 위해 싸웠다. 그들 모두 중도
좌파로 분류될 수 있다.[2]

중도우파도 마찬가지다. 이는 변화에 열려 있는 보수주의자
(17장 참조)와 입헌군주제를 원했던 푀양파를 가리킨다. 극우세
력은 혁명에 반대하고 절대군주제의 복귀를 염원하는 초민족주
의자였다. 색의 연속성을 보여주는 스펙트럼과 마찬가지로 좌우
분류는 단편적으로 나눌 수 없다. 이를 잘 보여주는 것이 정치적
스펙트럼 또는 이념 스펙트럼이다.

오늘날의 맥락에서 공산주의, 아나키즘과 같은 이데올로기는
경제적, 사회적 평등을 위해 싸운 산악파와 유사하기 때문에 좌
파라고 불린다. 반면에 민주적 사회주의와 현대 자유주의, 즉 좌

좌파	중도좌파	중도파	중도우파	우파
공산주의	민주 사회주의	우파 자유주의 (고전적 자유주의)	보수주의	파시즘
무정부주의	좌파 자유주의 (현대 자유주의)		민족주의	민족 사회주의

일반적인 이념 스펙트럼

파 자유주의는 지롱드파와 매우 흡사하다. 지롱드파가 사회적 평등과 보다 균형 잡힌 부의 분배를 위해 싸웠지만 완전한 평등까지는 아니었다는 점에서 차이가 있다.

보수주의는 전통을 수호하려는 푀이양파의 사상을 계승하면서도 새로워지는 것을 지지했다. 파시즘과 나치즘(20장 참조) 같은 반동적 이데올로기는 극우로 간주된다.

고전적 자유주의는 분류하기 어려운 이데올로기이다. 많은 보수 정당과 정치인들은 고전적 자유주의경제(16장 참조) 쪽에 기울어져 있으며, 이로 인해 그들은 스펙트럼의 우측에 서게 된다. 그들은 동시에 사회적 자유를 선호했고, 이는 그들을 스펙트럼의 반대편에 있게 한다. 그들은 종종 프랑스의 '전진하는 공화국(LREM, La République en marche)', 영국의 자유민주당과 같이 중도주의자로 불린다. 미국에서는 백만장자 로스 페로가 1990년대에 창당한 개혁당(Reform Party)을 중도 정당으로 볼 수 있다. 페로는 긴축과 이민 제한(미국의 보수 또는 우익 입장)을 위해 캠페인을 벌였다. 도널드 트럼프는 1999년부터 2001년까지 이 당의 당원이었다. 그리고 이러한 생각은 그에게 흔적을 남겼다.

1990년대에 본격화되었던 환경주의 역시 분류하기 어렵다. 일반적으로 효율적인 자연 보존은 민주 사회주의자들과 좌파 자유주의 입장인 자유시장의 제한과 병행하기 때문에 중도좌파 사상으로 인식된다.

서구 언론과 학계는 이슬람을 정치에 접목시키려는 움직임을 이슬람주의(Islamism)로 간주한다. 무슬림 형제단과 13장에 언급된 복지당과 정의개발당은 '이슬람주의 정당'으로 간주된다. 그들은 종종 중도우파나 극우파로 분류되지만, 그 명칭은 이러한 운동에 적합하지 않다.

말레이시아에서는 대부분의 정당이 중도좌파, 중도파, 중도우파이다. 1980년대 이전에는 말레이국민당(PKMM), 말레이시아인민당, 말레이시아노동당 등 많은 좌파 정당이 사회주의 경제 구현을 모색하였다(18장 참조). 통일말레이국민조직(UMNO)에도 사회주의자들이 있었다. 그러나 1980년대 이후 좌파 세력은 쇠퇴했다. 최근에는 거의 모든 정당이 시장경제를 지지하고 일부 정당은 정부 개입을 선호한다(현대 자유주의 접근 방식). 일부 정당은 정부 개입을 철회해야 한다는 주장을 하고 있다(고전적 자유주의 또는 신자유주의 접근 방식). 인종 문제에 대한 정책에서 보면 평등을 강조하는 정당은 중도좌파로, 인종 간 차이를 옹호하는 정당

정치적 스펙트럼에 따라 분류한 정당들

국가	좌파	중도좌파	중도	중도우파	우파
미국	-	민주당 녹색당	-	공화당	-
영국	-	노동당	자유민주당	보수당	영국 독립당
독일	-	사민당 좌파당 녹색당	자유민주당	기독교 민주연합	독일 대안당
일본	일본 공산당	민진당	공명당	자유민주당	희망당

은 중도우파로 분류할 수 있다.

인터넷에 있는 수많은 정치 성향 테스트('World's Smallest Political Quiz*와 같은)는 데이비드 놀란(David Nolan)이 1969년에 만든 놀란 차트에서 유래되었다.[3] 놀란은 모든 측면, 특히 경제적 자유를 지지한 자유주의자였다. 그는 권위주의적인 자유에 대한 한계를 보았다. 이것이 바로 놀란이 공산주의자와 파시스트를—비록 두 이데올로기는 완전히 다르지만—같은 범주(국가주의)에 넣은 이유이다. 자유주의적인 그의 성향은 그로 하여금 자유주의 이념을 최우선에 두게 만들었다.

단순한 이론 이상으로, 이데올로기는 지지자들의 사회 경제적 배경을 보여준다. 종종 중산층은 안정과 경제적 자유를 제공하는(부자에게 유리한) 중도우파 이데올로기로 기울어진다. 동시에,

---

*   10개의 짧은 질문을 통해 자신의 성치 성향을 알아볼 수 있는 테스트이다.

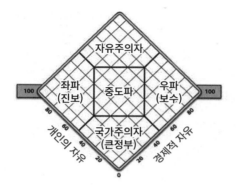

놀란의 차트

도시 빈민이나 재산이 없는 젊은이들은 부의 평등한 분배를 약
속하는 중도좌파 이데올로기에 매력을 느낀다. 이념만을 강조하
는 정치인은 계층 간 차이를 강조해 사회를 분열시키고 계층 갈
등을 초래할 가능성이 크다. 일부 국가에서는 통합을 위해 공식
적 또는 국가적 이념(민족주의 이념으로 오해하지 말 것)을 확립한다.
예를 들어, 수카르노 시대(1945~1967)에 도입된 인도네시아의 판
차실라(5대 원칙을 의미)는 민족주의자, 종교주의자, 공산주의자라
는 세 가지 주요 정치 집단을 통합하는 것을 목표로 했다.

　말레이시아는 5.13사태* 이후 루쿤 느가라(Rukun Negara), 즉
'국가 이념'**을 도입했다. 인도네시아의 정당은 정치 담론과 판차

---

* 　 1969년 말레이시아 총선 결과를 둘러싸고 말레이인과 화교가 충돌한 사건. 화교
　 　 계 야당의 승리 행진에 자극받은 말레이인들의 습격으로 유혈 사태가 벌어졌다.
** 　 말레이시아의 인종 간 조화를 중시한 국가 이념.

실라를 관련시키는 반면, 루쿤 느가라는 정치에 이용되지 않는 다는 것이 차이점이다.[4]

미국에는 '미국의 신조(American Creed)'*가 있지만 판차실라 또는 루쿤 느가라와는 달리 확정적인 단일 버전은 없다. 대부분의 사람들은 1776년 독립 선언문에 언급된 생명, 자유, 행복 추구를 개인주의, 법 앞의 평등과 함께 미국인들의 공통된 신념의 일부로 동의한다. 미국의 신조는 보수적이거나 자유주의적인 이데올로기를 아우르며, 이원론적인 미국 사회를 통합하는 요소로 작용한다.[5]

공식적인 이념은 공산당이 설립한 일당제 국가에도 존재한다. 종교와 마찬가지로 시민들은 과거와 현재 지도자들의 생각을 배워야 한다. 이는 극단적인 민족주의 이념의 한 예이다.

이념은 우리가 집착하거나 맹목적으로 받아들일 필요가 없는 지침일 뿐이다. 이념에 집착하는 사람을 이념가라고 한다. 이념가는 좋은 정치인이 될 수 없다. 하나의 이념은 사회의 모든 계층을 대표할 수 없다. 농촌 사람들은 주로 보수주의자인 반면, 도시 사람들은 대체로 진보주의자일 가능성이 높다. 지도자가 자신의 이념에 집착하면 국민을 분열시킬 것이다. 최선은 모든 이념을 조화시켜 공동선을 위한 만남의 장소를 찾는 것이다.

---

* 토머스 제퍼슨이 처음 공식화하고 많은 사람들이 정교화했다. 미국 정체성에는 자유, 평등, 정의 및 인간성이 포함되어야 한다는 생각이 담겨 있다.

16
자유주의

많은 사람들이 자유주의를 무한한 자유를 위해 싸우는 이념으로 인식한다. 이 생각은 자유주의를 독립적이라는 뜻으로 해석하는 데 기반을 두고 있다.

실제로 자유주의는 개인의 자유를 강조한다. 이는 정부와 국가 권력으로부터의 자유이다. 인간은 앞서 언급한 정부와 국가의 통제에서 자유롭지만 여전히 사회 속에 살고 있다.

자유주의는 자본주의가 부상하던 16~17세기 영국과 프랑스에서 탄생했다.

자본주의는 부르주아지로 알려진 중산계급의 시민이 토지와 같은 경제적 자원을 사유화하고 이러한 자원을 소유하는 경제 시스템이다. 자본주의 이전에는 귀족들이 토지를 소유했고 부(富)는 그들의 손에 집중되었다.[1]

자본주의를 통해 재산과 부가 부르주아지의 손으로 옮겨갔다. 18세기 산업혁명은 상품의 대량 생산을 가능하게 했고, 이는 해당 계층을 더욱 풍요롭게 했다.

그러나 이 부르주아 계급에게는 여전히 정치적 권리가 부족했다. 영국에서는 그들의 대표가 상원이 아닌 하원에 자리를 잡았다. 프랑스의 부르주아는 성직자(제1신분)와 귀족(제2신분)에 비해 낮은 계급인 제3신분에 속해 있었다.

부르주아지는 당시 영국과 프랑스 왕들이 시행한, 하나 또는 몇몇 회사의 무역만 허용하여 독점을 창출케 한 중상주의 정책에 만족하지 않았다. 정부는 수입품에 높은 관세를 부과했다. 이 정책은 정부 수입을 증가시켜 부르주아지를 간접적으로 위협했다.[2]

그러므로 정부와 국왕이 경제에 개입해서는 안 되며, 동시에 귀족의 특권을 축소하거나 폐지해야 한다는 일련의 철학이 필요했다. 그 이데올로기가 자유주의였다.

3장에서 언급한 사회계약 이론가 존 로크는 자유주의 지지자였다. 로크의 이론에 따르면 정부는 사람들에 의해 자발적으로 설립되며, 사람들은 이 권리를 침해하는 정부를 전복할 권리가 있다. 즉, 왕과 귀족은 국민을 억압할 권리가 없다. 모든 인간은 평등하게 태어나고 동일한 정치적 권리를 갖는다. 국민이 구성하고 국민이 위임한 정부는 국민의 동의 없이는 통치할 수 없다.[3]

경제학에서는 애덤 스미스가 정부 개입을 경멸하고 이를 시장의 효율성에 반하는 것으로 간주했다. 그는 저서 『국부론』(1776)에서 정부는 사유재산을 보호하는 규정을 강화하고 나머지는 시장의 힘에 맡기는 등 최소한의 역할만 해야 한다고 말했다.

보통사람의 정치학

이러한 접근 방식은 프랑스어로 '할 수 있도록 허용하다'를 의미하는 '레세페르(laissez-faire, 자유방임주의)'로도 불린다. 스미스는 정부가 모두의 이익을 위한다는 명목으로 시장에 계속 개입하지만, 실제 시장은 마치 보이지 않는 손에 이끌리는 것처럼 정부 없이 더 좋아진다고 보았다.[4]

사회적 측면을 보면, 존 스튜어트 밀(John Stuart Mill)은 『자유론(On Liberty)』(1859)에서 정부는 다른 사람에게 해를 끼치지 않는 문제에는 개입할 필요가 없다고 주장했다. 사적인 영역에서 생각하고 말하고 행동하는 것에는 정부의 개입이 필요하지 않다. 그러므로 인간에게는 자유롭게 생각하고, 말하고, 행동할 권리가 있어야 한다. 밀의 사상은 오늘날 대부분의 국가에서 모든 기본권의 기초가 되었다.[5]

로크, 스미스, 밀의 사상은 고전적 자유주의의 토대가 되었다. 고전적 자유주의자들이 생각하는 이상적인 정부는 경찰, 소방관, 사법부 등 필수 서비스를 제공하는 최소한의 정부다. 그 이상은 필요 없다. 작은 정부는 큰 예산이 필요하지 않기 때문에 국민들이 무거운 세금을 부담할 필요가 없다. 부르주아지가 원하는 것이 바로 이것이었다.[6]

고전적 자유주의자들의 사상은 영국 국왕의 절대 권력에 반대했던 휘그당의 근간이다. 에드먼드 버크(17장 참조)와 같은 휘그당은 민주주의에 회의적이었지만, 당 내의 급진주의자들은 정치

왼쪽부터 존 로크, 애덤 스미스, 존 스튜어트 밀

나 민주주의에 참여할 대중의 권리를 위해 싸우려고 했다.[7]

보수당의 로버트 필 총리도 고전적 자유주의의 영향을 받아, 수입 농산물에 높은 세금을 부과해 지역 농민을 보호했던 곡물법을 폐지했다. 이는 당원들의 반대에 부딪혔고 필은 사임 후 탈당하였다. 휘그당과 필라이트당(필을 지지한 보수파)은 1859년에 자유당을 창설했다.[8]

자유당은 1859~1866년, 1868~1874년, 1880~1885년, 1886년(7개월), 1892~1895년, 1905~1922년에 정부를 구성, 영국의 정치를 지배했다. 윌리엄 이워트 글래드스턴(William Ewart Gladstone)은 네 차례(1868~1874, 1880~1885, 1886, 1892~1894) 총리를 역임했다. 그는 경제와 사회에 대한 정부의 통제를 줄이는 방

식으로 영국을 통치했고 사람들이 서로를 도울 수 있는 매개체로서 종교를 장려했다.

1860년대 국회의원이었던 액턴 경(Lord Acton)은 자유당 의원이었다. "권력은 부패하기 쉽고, 절대 권력은 필히 부패한다"는 그의 명언은 정부 권력을 신뢰하지 않는 고전적 자유주의를 보여준다.

그러나 사람들은 작은 정부에도 문제가 있다는 것을 깨닫기 시작했다. 자유시장경제는 소득 격차, 빈곤, 환경 오염을 초래했다. 따라서 정부가 정치와 경제에서 더 큰 역할을 해야 한다고 생각한 토머스 힐 그린(Thomas Hill Green)과 레너드 홉하우스(Leonard Hobhouse) 같은 새로운 자유주의자들이 등장했다.[9]

이들은 고전적 자유주의가 더 이상 적합하지 않다고 주장했다. 개인이 먹을 음식이나 살 집을 마련할 수 없다면 자유롭다고 말할 수 없다는 것이다. 이처럼 개인의 자유를 보장하기 위해 정부가 개입하는 경우도 있다.

그린은 고전적 자유주의자들이 주장하는 자유는 '무언가로부터의 자유(억압으로부터의 자유, 간섭으로부터의 자유)'인 소극적 자유라고 생각했다. 이에 비해 새로운 자유주의자들이 추구하는 자유는 적극적 자유, 즉 '무언가에 대한 자유'이다.[10]

새로운 자유주의자들은 개인의 문제를 해결하기 위해 대규모 정부 개입이 필요하다고 생각했다. 그들의 생각은 시어도어 루

토머스 힐 그린과 레너드 홉하우스

즈벨트 대통령(재임 1901~1909)에게 영향을 미쳐 아동 노동을 금
지하고 아이들의 의무 교육을 시행하는 등의 조치를 취하도록
했다.[11]

　1929년 세계를 강타한 대공황 역시 많은 자유주의자들로 하여
금 고전적 자유주의를 포기하게 만들었다. 영국의 유명 경제학
자이자 자유당 소속인 존 메이너드 케인스(John Maynard Keynes)
는 정부가 경제 안정을 위해 보다 적극적으로 시장에 접근해야
한다고 제안했다. 그는 세계가 애덤 스미스의 '보이지 않는 손'을
기다리고만 있는다면 자본주의 경제는 붕괴될 것이라 생각했다.

　케인스의 생각에 따라 프랭클린 루즈벨트 대통령(민주당 소속)

은 미국 경제에 대한 정부의 역
할을 확대하는 뉴딜 정책을 도입
했다. 그는 12년(1933~1945) 동
안 대통령이었고, 민주당은 1933
년부터 1953년까지, 1955년부터
1981년까지 의회를 장악하여 민
주당을 현대 자유주의의 대명사
로 만들었다.

대공황 당시 실직자와 노숙자가
무료 배식을 기다리는 모습

이 현대 자유주의 정부는 1960년대에 메디케어(Medicare) 및 메
디케이드(Medicaid)와 같은 의료 프로그램에 자금을 지원하기 위
해 높은 세금을 부과했다. 이러한 접근 방식은 보수주의자와 자
유주의자로 진화한 고전적 자유주의 지지자들의 반대에 직면하
였다.

보수적인 로널드 레이건(재임 1981~1989) 정권하에서는 복지 예
산과 함께 세금도 인하됐다. 이러한 경제적 접근 방식을 신자유
주의(neoliberalism)라고도 부른다. 뉴(new)는 기존 것과 다른 완
전히 새로운 것을 의미하는 반면, 접두사 네오(neo-)는 '최근의,
수정된 것'을 의미한다.

레이건의 성공으로 인해 빌 클린턴을 비롯한 많은 민주당원들
은 이전 세대의 민주당원들에 비해 시장 친화적인 정책을 시행
했다. 그러나 일반적으로 미국의 민주당과 자유주의자들을 보면

프랭클린 루즈벨트 대통령

더 많은 복지와 경제에 대한 정부 개입을 원하는 현대 자유주의
자들이 떠오른다.[12]

미국과 영국 이외의 지역에서는 호주의 자유당이 고전적인 자
유주의 사상을 갖고 있다. 이 때문에 사람들은 '자유'라는 이름에
도 불구하고 왜 그들이 종종 보수 정당으로 간주되는지 혼란스
러워한다. 유럽에서 가장 성공적인 고전적 자유당은 자유민주당
(FDP)으로, 2차 세계대전 이후 1990년대까지 독일에서 세 번째로
큰 정당이 되었다.

프랑스의 전진하는 공화국은 에마뉘엘 마크롱이 2016년 창당

한 고전적 자유주의 정당이다. 그러나 마크롱은 사회당(좌파 진영)의 사회 자유주의와 공화당(우파 진영)의 경제 자유주의를 결합시켰기 때문에 자신을 중도주의자라고 부른다.

현대 자유주의자는 유럽에서 그다지 눈에 띄지 않는다. 왜냐하면 그들의 사상이 사회주의자 및 민주적 사회주의자와 상충되기 때문이다. 예를 들어, 영국에서는 복지국가를 지향하는 노동당의 부상 이후 현대 자유주의적 접근 방식을 취하는 자유당이 급락했다. 자유당은 1988년에 사회민주당과 합병하여 자유민주당이 되었다. 2019년 12월의 영국 선거에서 자유민주당은 하원 의석 650석 중 11석만을 확보할 수 있었다.

1960년대 이후, 자유주의적 접근 방식은 성소수자(LGBT)*와 기타 소수자의 사회적 평등과도 연관되어 왔다. 현대 자유주의자들은 이에 반대하지 않는다. 심지어 상대적으로 고전적인 자유주의자들도 이러한 발전을 환영하는데, 이는 존 스튜어트 밀이 지지하는 무위해성의 원칙(no-harm principle)과 유사하기 때문이다. 그들에게 마약 복용과 동성 관계는 다른 사람에게 해를 끼치지 않는 한 정부 개입이 필요하지 않은 사적인 일이다.

사회의 자유를 옹호하는 고전적 자유주의자들은 스스로를 자유지상주의자(libertarian)라고 부르며, 경제에 대해서는 진보적이

---

* 성소수자 중 레즈비언(Lesbian), 게이(Gay), 양성애자(Bisexual), 트랜스젠더(Transgender)를 합하여 부르는 단어.

지만 사회 문제에 대해서는 보수적인 보수주의자들과 구별한다. 자유지상주의자 중에는 1971년 자유지상당(Libetarian Party)을 창당한 사람도 있다. 자유지상주의 원칙으로 유명한 론 폴(Ron Paul)과 그의 아들 랜드 폴(Land Paul) 등 일부는 공화당에 남아 있다.

간단히 말해서 자유주의는 정부로부터 개인의 자유와 평등을 수호하는 이념이다. 일부 자유주의자들은 성소수자 커뮤니티와 소수 집단을 지지하지만 동시에 자본주의에 반대한다. 그들은 사회적 자유주의자라고만 불릴 수 있다. 그들은 정치적, 경제적 자유주의자가 아니다.

다른 사람에게 자신의 자유 기준을 받아들이도록 강요하는 사람들도 있다. 이런 행동은 고전적 자유주의든 현대 자유주의든 자유주의의 기본 개념에 위배된다.

17
보수주의

어떤 사람은 '보수적'이라는 단어에 낡고, 낙후되고, 시골스럽고, 진보에 반대하는 개인이나 집단을 떠올릴 것이다.

실제로 영어에서 보수적이라는 단어는 보호하고, 보존한다는 뜻의 'conserve'에서 유래했으며, 진보에 반대한다는 의미를 담고 있지 않다. '반동적(reactionary)'이라는 단어가 진보에 반대하는 태도를 가리킨다.

1765년부터 1794년까지 영국 의회 의원이었던 에드먼드 버크 (1729~1797)는 현대 정치에서 보수 이데올로기의 창시자로 평가된다.[1] 아이러니한 점은 버크가 자유주의 휘그당의 일원이었다는 사실이다. 그는 경제학의 자유주의자인 애덤 스미스의 친구이기도 했다. 미국 혁명이 시작되자 버크는 반군 편에 서서 당시 영국의 정책이 영국계 미국인의 권리를 탄압한다고 비판했다.

버크를 자유주의자에서 보수주의자로 변화시킨 것은 1789년 프랑스 혁명이었다. 제3신분은 루이 16세의 절대적 통치에 맞서 일어났다. 이는 인간과 시민의 권리를 선언하고 귀족과 성직자의

에드먼드 버크

권리를 폐지하여 모든 프랑스 시민을 정치적 측면에서 평등하게 만들었다.

영국의 많은 사람이 혁명의 성공에 환호했다. 프랑스는 아직 군주제를 폐지하지 않았기 때문에 영국의 많은 사람은 혁명가들이 입헌군주제를 수립할 것이라고 생각했다. 반왕실주의자 휘그당에게 프랑스의 성공은 도덕적 승리였다.

그러나 버크는 이에 동의하지 않았다. 혁명이 있은 지 1년 후, 버크는 프랑스 혁명에 반대하는 『프랑스 혁명에 대한 성찰』을 출판했다. 책의 부제인 '그 사건과 관련된 런던의 특정 사회의 진행에 관하여'는 프랑스 혁명을 칭찬한 '혁명 협회' 같은 단체를 겨냥한 것이다.[2]

버크는 미국과 프랑스의 혁명이 서로 달랐다고 생각했다. 미국 혁명(과 1688년 영국 명예혁명)은 상속된 권리, 즉 개인의 권리나 재산에 관한 권리 등 영국 역사상 오랫동안 존재해온 권리인 '영국인의 권리'를 옹호하는 운동이었다.[3]

명예혁명은 제임스 2세가 한계를 뛰어넘는 행동을 벌이자 그를 왕좌에서 끌어내린 시민혁명이다. 영국인들이 식민지였던 미국인들에게 동의 없이 많은 세금을 부과하자, 미국인이 일어나 미국 혁명을 일으켰다. 버크는 두 혁명이 새로운 것을 창조하려는 것이 아니라 기존 권리를 방어하려는 데 목적이 있다고 보았다.

반면에 프랑스 혁명은 인간의 권리를 위해 싸웠는데, 이는 버크에게 루소와 같은 철학자들에 의해 꾸며진 일에 불과했다. 그에게 있어 혁명가들이 주장한 평등은 추상적이고 전례가 없는 개념이었다. 프랑스 혁명은 실험과 같은 것이었다.[4]

버크에게 있어서 국가의 행정은 실험으로 만들어질 수 없는 것이었다. 경험이 필요한 일이었다. 개인의 경험은 제한되어 있기 때문에 우리에게는 '전통 형태의 과거 경험', 즉 버크가 '잠재된 지혜'라고 부른 것이 필요했다. 현명한 철학자의 아이디어는 조상들의 집단적 지혜를 결코 능가할 수 없다는 것이다.[5]

버크는 또한 군주제, 종교, 사회 계층, 예술과 같은 전통의 기능을 인간 본성을 길들이는 것으로 보았다. 지능이 높은 인간은 합리적으로 행동하기 위해 종교가 필요하지 않을 수 있지만, 종교는 대부분의 사람들에게 그들의 행동을 제한하는 기능을 한다. 버크는 프랑스 혁명 중 많은 사람이 아무것도 두려워하지 않고 과감히 행동했기 때문에 종교에 대한 공격이 사회적 지도를 파괴하고 폭력을 조장한다고 보았다.

버크에게 혁명은 사회의 질서를 파괴하는 것이다. 국가와 사회의 건설은 해체하고 재조립할 수 있는 레고 블록이 아니다. 사회는 천과 같다. 한번 찢어지면 돌아갈 수 없다. 다시 꿰맬 수는 있지만 고친 흔적은 여전히 남는다. 따라서 '사회 구조'에 대해 이야기하는 보수주의자들은 이 개념을 창안한 버크에게 감사해야 할 것이다.[6]

그러나 많은 휘그당원들은 버크의 책이 출판된 이후 버크와의 우정을 끊었다. 그들은 그가 토리당으로부터 급여를 받고 있다고 비난했다. 많은 지식인들이 버크를 조롱한 토머스 페인의 『인간의 권리(Rights of Man)』(1791) 같은 책을 출판함으로써 버크의 책에 대응했다. 공화국 사상의 지지자였던 토머스 페인은 프랑스 혁명에 감격하였고 버크에게 반박한 뒤 그곳으로 이주했다.

실제로 버크가 예측했듯이 프랑스 혁명은 다른 길을 택했다. 급진주의자들이 정부를 장악했다. 루이 16세는 1792년에 왕좌에서 물러났고 1793년에 사형을 선고받았다. 그 후 급진주의자들은 공포정치를 행하면서 반대하는 사람들을 붙잡아 죽였다. 심지어 토머스 페인도 투옥되었다.

버크의 사상은 휘그당원들 사이에서 환영받지 못했지만, 토리당은 이를 흡수했다. 21세 이상의 모든 남성에게 투표권을 요구하는 급진파의 요구에 직면한 휘그당 정부는 1832년 개혁법을 통과시켰다. 보수당인 토리당은 더욱 신중했다. 1834년 토리당은 보수당으로 당명을 바꾸었고, 휘그당은 1859년 급진당과 합

병하여 자유당이 되었다.[7]

보수당은 휘그당과 자유당이 서둘러 추진하는 개혁에 반대한 것 외에, 심각한 소득격차를 초래하고 사회 안정을 위협할 수 있다고 판단한 자유시장경제에도 반대했다.

1868년과 1874~1880년에 총리가 된 보수당 지도자 벤자민 디즈레일리(Benjamin Disraeli)는 이러한 접근법을 '일국 보수주의(One Nation Conservatism)'[*]라고 불렀다. 그는 통제되지 않는 시장이 두 국가, 즉 부자 국가와 가난한 국가를 창출할 것이라고 생각했다. 따라서 보수당의 의무는 누구도 소외되지 않도록 보호 및 복지 정책을 수립하는 것이었다.[8]

벤자민 디즈레일리

자유당이 노동당으로 교체된 후 보수당은 경제에 대한 노동당 정부의 과도한 통제에 맞서 보다 친시장적인 접근 방식을 취했다. 그러나 일반적으로 보수당은 1948년 노동당이 만든 무

---

[*]   영국의 보수당에서 탄생한 개념으로 진보적 보수주의, 가부장적 보수주의와 연관이 있으며 보수주의 기조를 유지하면서도 노동, 사회 복지에 관심을 가지는 등 사회적, 경제적으로 온건하고 개혁적 성향을 보인다.

왼쪽부터 마가렛 대처, 밀턴 프리드먼, 프리드리히 하이에크

료 의료 서비스나 국민보건서비스(NHS)와 같은 복지 정책은 수용하였다.

키스 조셉(Keith Joseph)과 그의 제자 마가렛 대처(Margaret Thatcher) 같은 보수당원들에 의해 보다 급진적인 접근 방식이 도입된 것은 1970년대였다. 그들은 영국의 프리드리히 하이에크(오스트리아 출신)와 미국의 밀턴 프리드먼이 대중화한 신자유주의 경제 정책의 영향을 받았다.[9]

마가렛 대처는 1979년부터 1990년까지 영국의 총리였다. 이 시기 정부는 세금과 정부 지출을 줄이고 브리티시 텔레콤(British

Telecom)과 영국항공(British Airways) 같은 정부 기관을 민영화하고 사업 요건을 완화하는 등 공격적인 신자유주의 정책을 시행하였다.

대처 수상의 정책은 1970년대 영국이 불황에서 벗어나는 데 도움이 되었지만 오늘날에는 그러한 정책이 많은 사람에게 역효과를 주었다 생각하기 때문에 감히 자신을 대처주의자라고 밝히는 보수당원은 많지 않다. 반면 최근에 집권한 세 명의 보수당 총리, 데이비드 캐머런(재임 2010~2016), 테레사 메이(재임 2016~2019), 보리스 존슨(재임 2019~2022)은 모두 국민을 돌보는 '일국 보수주의자'를 자칭했다.

종교 문제에 있어서 보수당은 국교 폐지조례 반대론(Antidisesta blishmentarianism)의 입장을 취했다. 이 매우 긴 영어 단어는 영국 성공회를 영국의 공식적인 국교에서 폐지하려는 시도에 대한 반대를 의미한다. 휘그당, 자유당, 노동당은 국가와 교회를 분리하는 방법으로 해체를 지지했다. 반면에 보수주의자들은 성공회의 공식적인 지위를 전통적인 기관으로 보호해야 한다고 생각했다.

대서양 건너편에는 보수주의가 존재하지 않았다. 미국은 고전적 자유주의 원칙 위에 세워졌다. 1776년 독립선언서는 존 로크의 철학을 재해석한 것이다.

미국의 양대 정당인 연방당과 민주공화당은 정부에 대한 입장에서만 크고 작은 차이가 있었다. 유일한 차이점은 정부의 권력에 관한 것이었고, 보존해야 할 군주제나 공식 종교는 없었다.

보수주의가 뉴딜 정책에 대한 반작용으로 등장한 것은 1930년 대였다(16장 참조). 민주당과 공화당의 작은 정부 지지자들은 연방 정부의 힘이 커지면 미국의 국가 지위가 위협받을 것이라고 보았다. 그래서 1937년에 그들은 뉴딜 정책에 반대하고 루즈벨트에게 원래의 작은 정부로 돌아갈 것을 촉구하는 '보수당 선언'을 발표했다.[10]

1933년부터 1947년까지, 1949년부터 1953년까지, 1955년부터 1981년 로널드 레이건이 이끄는 공화당이 대통령직과 의회 다수당을 차지할 때까지 민주당과 당이 주도한 현대 자유주의가 미국 정치를 지배했다.

로널드 레이건은 "정부는 우리 문제의 해결책이 아니라, 문제 자체다"라고 말하며 작은 정부를 대중화했다. 영국 대처 정권처럼 세금, 복지 지출, 시장에 대한 규제가 모두 축소됐다. 그러나 미국의 큰 정부 지지자인 보수주의자들은 대서양 건너편에 있는 일국 보수주의자만큼 영향력이 없었다.

그 외에도 미국의 보수주의자들은 주(州)의 권리를 지지하고 남부 주들이 1964년 아프리카계에 대한 차별을 종식시키려는 연방 정부의 결정을 거부할 권리를 옹호했다. 비록 인종차별주의였지만 공화당은 주의 권리가 작은 정부의 전통과 병행한다고 여겼다.

로널드 레이건과 프리드리히 하이에크

사회에 도전을 안겨준 성소수자와 급진적 페미니즘의 부상은 미국 기독교인들 사이에 반발을 불러일으켰다. 미국 기독교인은 동성 결혼과 낙태가 신의 가르침에 어긋난다고 생각했다. 민주당의 현대 자유주의자들이 이러한 운동을 지지하자 보수 기독교인들은 차츰 공화당을 지지했다.

공화당 출신의 드와이트 아이젠하워 대통령(재임 1953~1961)은 유명한 기독교 복음주의 목사인 빌리 그레이엄의 제안으로 "우리는 하나님을 믿는다(In God We Trust)"라는 문장을 미국의 공식 모토로 삼았고, 충성 서약에 "하나님 아래 하나의 국가(One Nation under God)"라는 문장을 넣었다.

현대 자유주의는 소수 집단의 감성을 배려하는 정치적 올바름 문화와도 연결된다. 예를 들어, '메리 크리스마스(Merry Christmas)'는 기독교 신앙을 강요하는 것으로 간주되어 권장되지 않고, 다른 연말연시 인사말(Season's Greetings)로 대체되어야 한다고 생각한다. 이러한 문제는 자유주의가 극도로 반종교적이고 반전통적이라는 보수주의자들의 기존 인식을 확고히 했다.

그러나 영국과 미국 이외의 지역에서는 작은 정부, 자유 경제, 종교 의식을 결합한 보수주의를 찾아보기 어렵다. 예를 들어, 영국 이외의 유럽에서는 기독교 민주주의의 보수주의가 고전적인 자유주의 사상인 작은 정부와 자유 경제에 반대되는 경우가 많다. 예를 들어 독일의 기독민주연합(Christian Democratic Union)과 같은 보수 정당은 독일에서 더 많은 정부 개입을 허용하는 사회적 시장경제를 지지한다. 이 보수주의자들은 규제되지 않은 시장을 사회의 질서와 도덕성을 위협하는 것으로 간주한다.

그래서 보수주의는 국가마다 다르다. 모든 나라에는 각자 보존해야 할 것이 있다. 이들의 공통점은 급격한 사회 변화에 대한 저항이다. 간단히 말해서 보수주의자는 정치적 안정과 공공질서를 우선시하며 전통을 평화와 질서 확립의 열쇠로 여긴다.

자신의 종교적 신념을 지키는 모든 개인이 정치적으로 보수주의자인 것은 아니다. 어떤 경우에 일부 종교인들은 반(反)종교로 여겨지고 화합과 공공질서를 위협하는 급격한 변화를 만드는 전통적 제도에 반대하기도 한다. 이 모든 것이 보수주의의 실질적인 정의와 맞지 않는다.

18
사회주의

사회적(Social)이라는 단어는 사회(Society)를 의미하므로 사회주의는 사회를 최우선으로 생각하는 것을 의미한다. 개인을 우선시하는 자유주의와는 다르다.

사회주의는 자유주의자들과 그들이 지지하는 자본주의 경제를 반대하는 것에서 탄생했다. 자본주의 체제에서 생산 요소(토지, 자본 등)는 개인에게 속한다. 개인은 부를 축적하고, 공장을 짓고, 노동자를 고용하여 상품을 생산할 수 있다. 상품이 판매된 후 자본가는 자신이 투자한 돈보다 더 큰 이익을 누리게 된다.

이것이 오늘날 우리가 경험하고 있는 시스템이다. 자본주의의 역사는 사실 짧다. 16장에서 언급한 바와 같이 자본주의는 16세기 초에 등장하여 18세기 산업혁명과 자유정치의 승리 이후 주류를 이루었다.

그러나 자본주의는 특히 노동자들에게 문제가 있을 수 있다. 그들은 적은 급여를 받는 대가로 오랜 시간 일해야 하는 경우가 많다.

이로 인해 19세기 초 스스로를 사회주의자라고 부르는 사람들이 탄생하게 되었다. 그중에 프랑스의 앙리 드 생시몽(Henri de Saint-Simon)과 샤를 푸리에(Charles Fourier), 영국의 로버트 오웬(Robert Owen)이 있었다.[1]

위의 세 사람은 자본주의 문제를 해결하는 방법에 대한 자신만의 견해를 가지고 있었다. 생시몽은 정부가 생산 수단을 통제할 것을 제안했다. 푸리에와 오웬은 모두가 토지를 소유하는 작은 공동체가 되도록 사회를 재편성해야 한다고 강조했다. 공동체 구성원들은 서로 협력하여 상품을 생산해야 하며, 그 결과물에서 나오는 수익은 공동체가 균등하게 나누어야 한다.

오웬은 1825년 미국 인디애나에 '뉴 하모니' 공동체를 설립함

'뉴 하모니' 공동체

으로써 이 아이디어가 효과적이라는 것을 증명하고자 했다. 아이러니하게도 공동체 구성원들 간의 관계는 전혀 조화롭지 않았다. 내부 다툼으로 인해 실험은 2년 만에 중단되었다.[2]

오웬의 실패는 독일의 칼 마르크스와 프리드리히 엥겔스의 사상을 바탕으로 한 더욱 급진적인 사회주의나 공산주의의 등장으로 이어졌다.

마르크스는 예나대학교에서 박사학위를 취득한 저널리스트였다. 훌륭한 자격에도 불구하고 언론인으로만 활동했던 그는 자본주의 체제에 분노했고, 친한 친구 엥겔스와 함께 체제를 비판하는 책을 많이 썼다.

마르크스는 자본주의에 대한 신랄한 공격 외에도 오웬과 같은 사람들을 '유토피아 사회주의자'라고 불렀다. 유토피아(Utopia)는 1516년에 출판된 토마스 모어(Thomas More)의 소설 제목으로, 사유재산 없이 살아가는 사회와 시민들이 함께 부를 창출하는 이야기를 담고 있다. 듣기에는 좋은 것 같지만 그런 곳은 존재한 적이 없는 것 같다. 실제로 유토피아(Utopia)는 '아무 데도 없는(Nowhere)'을 의미한다. 마르크스에게 유토피아 사회주의자들은 존재하지 않는 것을 꿈꾸는 사람이다. 그러므로 그들이 제시하는 해결책은 자본주의 문제의 핵심을 극복하는 데 적합하지 않다.[3]

반면, 마르크스는 자신의 사회주의적 접근 방식을 역사에 대한

'과학적' 이해에 바탕을 둔 과학적 사회주의라고 했다. 마르크스에 따르면, 경제 진화의 역사와 인간 정치의 역사는 생산수단을 소유한 계급과 비소유 계급의 투쟁의 결과였다.[4]

태초의 인간은 계급구조가 없는 사회(2장에서 언급한 수렵·채집 사회)에서 살았고, 다른 인간을 노예로 삼으면서 생산수단의 소유자인 주인 계급과 비소유자인 노예 계급이 생겨났다.

계급 간 갈등이 일어날 때마다 새로운 경제 체제가 탄생하고, 경제를 지키기 위한 새로운 정치 체제가 형성될 것이다. 국가는 소유 계급의 재산을 보전하기 위해 설립된 기관이다.

고대(예를 들어 로마 제국 시대)의 주인과 노예 사이의 갈등은 중세 시대의 봉건제를 낳았는데, 여기서 귀족은 소유 계급으로, 농노는 비소유 계급으로 알려져 있다. 농노는 노예보다 더 많은 자유를 누렸지만 여전히 억압받았다. 봉건주의의 몰락은 부르주아지와 프롤레타리아트(무산자 계급)를 형성시킨 자본주의를 낳았다.

마르크스는 이 두 계급 사이의 투쟁을 피할 수 없다고 확신했다. 그는 프롤레타리아트가 자본가로부터 생산 수단을 인수한 후 사회주의 경제가 세워질 것이고 공산주의 사회로 이행되도록 프롤레타리아 독재를 수립해야 한다고 보았다.

공산주의자(communist)라는 단어는 코뮌(commune)에서 유래했는데, 이는 모든 구성원이 토지와 자원을 공유하면서 재산을 나

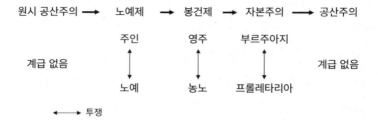

마르크스의 역사인식

누어 분배받는 작은 공동체를 의미한다. 마르크스는 원시 공산주의가 인간의 본래 상태라고 생각했다. 공산주의 사회에는 나라도 없고 어떤 종류의 억압도 없다.

오웬도 같은 생각을 갖고 있었지만 마르크스는 오웬의 방식에 동의하지 않았다. 실험이나 정책으로는 평등한 사회를 이룰 수 없고 혁명을 통해서만 달성될 수 있다. 프롤레타리아는 일어나 부르주아지를 타도해야 한다. 이것이 자본주의 체제를 극복하기 위해 "만국의 노동자여, 단결하라!"라는 외침으로 끝나는『공산당 선언』(1848)에서 마르크스와 엥겔스가 던진 메시지이다.

그리고 노동자들이 그 외침에 호응하였다. 국제노동자연합(제1인터내셔널)은 전 세계의 노동자들이 어떻게 자유주의자들과 보수주의자들로부터 권력을 탈취할 수 있는지 논의하기 위해 1864년에 설립되었다.

그러나 혁명이 시작되기 전에 제1인터내셔널은 마르크스와 미

칼 마르크스와 미하일 바쿠닌

하일 바쿠닌 같은 무정부주의자들 사이의 갈등으로 해체되었다. 바쿠닌은 프롤레타리아트 독재 개념에 의문을 제기했다. 그는 독재 정부라면 어떤 형태라도 억압을 낳을 것이라고 말했다. 억압을 없애려면 국가를 완전히 말살해야 한다. 제1인터내셔널은 1876년에 해체되었고, 마르크스는 1883년 런던에서 사망했다. 이후 그의 사상을 따르는 사회주의자들을 마르크스주의자라 일컫는다.[5]

마르크스주의자에는 두 종류가 있다. 자본주의에 맞선 폭력적 투쟁이 필요하다고 생각하는 정통 마르크스주의자와 사회주의, 공산주의 사회 건설이 평화적인 방법으로 달성될 수 있다고 생

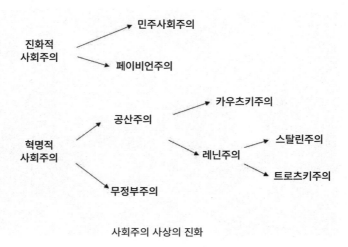

진화적
사회주의 → 민주사회주의
→ 페이비언주의

혁명적
사회주의 → 공산주의 → 카우츠키주의
→ 레닌주의 → 스탈린주의
→ 트로츠키주의
→ 무정부주의

사회주의 사상의 진화

각하는 에두아르드 베른슈타인과 같은 수정주의자가 그것이다.[6]

수정주의자들은 선거에 참여하는 것이 권력을 잡는 훨씬 쉬운 방법이며, 선거에서 승리하자마자 사회주의 정책을 시행할 수 있다고 본다. 그들은 민주사회주의자 또는 사회민주주의자라고도 불린다. 독일 사회민주당(SPD, 사민당)은 독일 선거에 참여한 최초의 민주사회주의 정당 중 하나이다.[7]

당시 독일 총리 오토 폰 비스마르크는 사민당을 위협적인 존재로 여겼고 견제를 위해 일요일 휴가 의무화, 근로자 건강보험 등 다양한 복지 프로그램을 만들었다. 흥미롭게도 비스마르크 덕분에 사회보장기구와 고용주 보호기금이 생겼다.[8]

최근에는 민주사회주의자들은 사회주의자로, 혁명을 믿는 정

보통사람의 정치학

통 마르크스주의자들은 공산주의자로 인식되지만 둘 다 같은 뿌리에서 유래했다.

1917년 11월, 블라디미르 레닌이 이끄는 러시아의 공산주의자들(볼셰비키)은 러시아공화국(1917년 3월 러시아 제국이 멸망한 후 설립)을 전복시켰다. 레닌은 1922년 공산주의자들과 나머지 공화주의자들 사이에 일어난 5년간의 내전이 끝난 후 세계 최초의 공산주의 국가인 소비에트사회주의공화국연방(소련)을 건설했다. 레닌은 프롤레타리아트 독재라는 마르크스 사상을 구현하는 것이 필요하다고 생각했기 때문에 일당제를 시행했다.[9]

레닌은 1924년에 사망하였다. 이오시프 스탈린은 그를 대체하

1920년의 레닌

여 지도자가 되었고 1928년에 최초의 5개년 계획을 시작했다. 정부는 모든 생산수단(토지, 공장, 기계)을 통제했으며, 모든 시민은 노동에 기여해야 했다. 더 이상 자본가들이 가만히 앉아 자본으로 노동자들을 억압하는 일은 없어졌다.

그러나 다른 관점에서 보면 소련 정부는 새로운 '자본주의'였다. 그렇기 때문에 엠마 골드만 같은 무정부주의자들은 소련이 코뮌의 기준에 맞지 않는다는 이유로 공산주의 국가가 아닌 국가 자본주의라고 비판했다.

스탈린은 전 세계 공산당(말레이 공산당 포함)이 공산주의 정부를 수립하여 마르크스가 바라던 '세계 노동자 혁명'을 실현하기 위해 무기를 들고 공산주의 인터내셔널(코민테른)을 창설하기도 했다.

따라서 많은 국가는 공산당을 기존 사회 제도에 대한 위협으로 간주하여 금지했다. 공산주의 지지자들은 주로 노동자와 농부 사이에서 찾을 수 있었다. 망치와 낫은 공산주의를 상징하는 두 개의 기호이고, 지식인들은 그것이 두 집단을 상징한다고 생각했다.

일본이나 인도 같은 나라에서는 공산당이 무장투쟁을 포기한 지금도 여전히 선거에 도전할 수 있다. 현재 일본 공산당은 일본 국회의원 의석 465석 중 12석을 차지하고 있다. 인도 공산당은 1957년 초 케랄라에서 정부를 구성하였다. 이 당은 현재 케랄라

주 지사직을 맡고 있다.

전성기(1980년대 초)에는 마르크스-레닌주의를 공식 이념으로 삼은 26개 공산주의 국가들이 있었다: 아프가니스탄, 알바니아, 앙골라, 벨로루시, 베냉, 불가리아, 캄보디아, 중국, 콩고, 쿠바, 체코슬로바키아, 동독, 에티오피아, 그레나다, 헝가리, 라오스, 몽골, 모잠비크, 폴란드, 루마니아, 소말리아, 남베트남, 소련, 우크라이나, 베트남, 유고슬라비아. 북한은 여전히 공산주의 국가로 여겨지지만 1974년 마르크스-레닌주의를 버리고 김일성의 주체사상을 받아들였다.

그 외에도 많은 나라들이 마르크스의 가르침을 따르지 않았음에도 불구하고 사회주의를 자처했다. 예를 들어, 가말 압델 나세르(Gamal Abdel Nasser, 재임 1953~1970) 치하의 이집트와 무아마르 카다피(Muammar Gaddafi, 재임 1969~2011) 치하의 리비아. 카다피 정권하에서 리비아의 정식 이름은 사회주의 인민 리비아 아랍 자마히리야였다.

그들이 말하는 사회주의는 아랍 사회주의와 아랍 민족주의에 더 가깝다. 경제적인 측면에서는 민생을 돌보았지만, 자본주의를 버리고 계급 없는 사회를 만들려는 의도는 없었다.

인도네시아에서는 수카르노가 '마르하엔주의'라는 사회주의 이념을 도입했다. 마르하엔(Marhaen)은 수카르노가 반둥에서 만난 소규모 경작지를 가진 농부의 이름으로, 수카르노는 그를 상

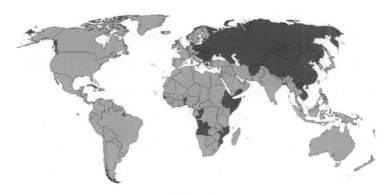

1980년의 공산주의 국가들

징으로 삼았다. 그럼에도 불구하고 수카르노는 사유재산 폐지를
언급한 적이 없었다. 마르하엔주의는 나세르나 카다피 같은 사
회주의 민족주의와 더 가깝다. 그러나 이는 인민당과 말레이시아
마르하엔당을 창당한 아마드 보에스타맘(Ahmad Boestamam)과
같은 말레이 사회주의자들에게 영향을 미쳤다.

자유민주주의 국가들, 특히 민주사회주의 국가들도 경제정
책에 사회주의 사상을 흡수하고 있다. 영국에는 페이비언 협회
(Fabian Society)라는 조직이 있다. 이 조직의 이름은 적의 전술을
지연시키거나 천천히 물리치는 것으로 유명한 로마 장군 파비
우스(Fabius)의 이름을 따서 명명되었다. 페이비언 협회의 목적은
마르크스가 가르친 것처럼 혁명이 아닌 민주적 수단을 통해 영
국을 점진적으로 사회주의 국가로 변화시키는 것이다.

인도네시아 국민당(수카르노당)과 말레이시아 인민당의 상징인 가우르(들소)

페이비언 협회는 1900년 노동당 창당 후 1920년대부터 영국의 양대 정당인 자유당과 보수당을 대체하는 역할을 했다. 클레멘트 애틀리(Clement Attlee, 재임 1945~1951)하에서 노동당 정부는 모든 영국 국민에게 동등하게 무료 의약품을 제공하는 국민보건서비스(NHS)를 도입했다.

인도 최초의 총리인 자와할랄 네루(Jawaharlal Nehru)도 런던에서 공부하는 동안 페이비언 사회주의를 접했다. 네루는 1951년에 첫 번째 5개년 계획을 도입하여 소련을 모방했다. 이 계획은 소련만큼 극단적이지는 않지만 여전히 경제를 계획할 수 있는 것으로 가정하고 있으며, 이는 정부 개입 없는 시장 성장을 추구하는 자유주의 사상과 상충된다.[10]

싱가포르에서 인민행동당(PAP)은 처음에는 페이비언 정당이었으나 실용주의자인 리콴유(Lee Kuan Yew) 총리 밑에서 점차 자본주의 친화적인 정당으로 바뀌었다. 리콴유 총리에게 불만을 품은 사람들은 그를 떠나 사회주의전선을 창설했다. 인민행동당은 1976년 사회주의 인터내셔널에서 쫓겨났다.[11]

사회주의전선은 노동당에 합병되었다. 제임스 푸투치아리와 같이 말레이시아로 이주한 일부 사회주의전선 구성원은 1970년 툰 압둘 라작이 시작한 신경제 정책에 기여했다. 툰 압둘 라작 총리는 영국에 있는 동안 노동당에 가입하여 페이비언 사상을 접했다. 통일말레이국민조직(UMNO)에서 사회주의 사상은 '세 명의 압둘'(압둘라 마지드, 압둘 사마드 이스마일, 압둘라 아마드)과 같은 많은 좌파 진영 민족주의자들에게 영향을 미쳤다.[12]

스웨덴, 노르웨이 등 북유럽 국가들은 국민의 삶의 질을 향상시킨 성공적인 민주사회주의의 사례로 여겨진다. 정부는 요람에서 무덤까지, 국민에게 모든 복지 서비스를 제공한다.

그러나 이들 국가의 세금은 정부 지출을 부담해야 하기 때문에 높다. 게다가 이 국가들은 최근 1980년대 영국과 미국에서 시작된 신자유주의 흐름에 맞춰 민영화를 시작했다.

동시에, 공산주의 국가는 1980년대 경제 불황에 직면하여 정당성의 위기를 겪었다. 이로 인해 1985년 소련의 지도자가 된 미하일 고르바초프는 소련 경제에 대한 정부 통제와 다른 공산주의 국가에 대한 정치적 통제를 완화하려는 페레스트로이카

보통사람의 정치학

체 게바라의 이미지

(perestroika)를 도입했다.

이 정책으로 폴란드는 1989년 6월 공산주의 국가에서 처음으로 선거를 치를 수 있었고, 이 선거에서 비공산당이 승리했다. 이 사건으로 동독(공산주의 정부) 주민들이 베를린 장벽 근처에 모여 서독(자유민주주의 정부)으로 넘어갈 것을 요청했고 이는 동독에 충격파를 던졌다.

동독 정부는 장벽 개방을 허용했고, 이는 동유럽 전역에 연쇄적인 영향을 일으켰다. 공산주의 국가들은 하나씩 무너졌고, 소련의 통치는 1991년 12월에 끝났다. 소련은 오늘날의 러시아를 포함해 15개 국가로 나누어졌다. 말레이공산당을 비롯한 많은 공산주의 게릴라들은 공산주의자들의 강력한 후원을 잃고 무장투쟁을 끝냈다.

오늘날 여전히 마르크스주의, 레닌주의를 고수하는 국가는 중국, 베트남, 라오스, 쿠바 4개국뿐이다. 그러나 중국과 베트남 경제는 공산주의 경제 논리와 거리가 멀다. 1978년 중국은 시장경제를 도입했고, 1986년 베트남이 뒤를 이었다.

이 나라들은 지금도 정부가 경제의 방향을 통제하지만, 사적 소유를 기반으로 하여 노동자들의 땀방울로 살아가는 수억 명의 백만장자들을 배출하였다. 중국은 이 체제를 중국 특색의 사회주의라고 부르며 옹호한다.

그러나 사회주의가 그 영향력을 완전히 잃지는 않았다. 1990년대 사회주의자들은 세계화에 대한 저명한 비판자가 되었다. 인도와 필리핀 같은 나라에서는 지금도 공산게릴라가 중앙 정부를 상대로 활발히 싸우고 있다. 에르네스토 체 게바라(1959년 쿠바에 공산주의 국가를 수립한 아르헨티나 공산주의자)와 같은 사회주의자 또는 공산주의 인물은 여전히 멋진 상징으로 여겨진다.

부의 격차가 있는 한, 계급 없는 사회를 그리는 사회주의와 공산주의 사상은 유토피아를 꿈꾸고 있는 사람들의 마음에 영향을 미칠 것이다.

19

민족주의

　민족주의는 민족이라는 개념을 앞세우는 이념이다. 민족주의와 애국심은 다른 것일까? 그렇다. 비록 민족주의자가 애국자인 경우가 많으나 모든 애국자가 민족주의자는 아니다. patriotism(애국심)이라는 단어는 조국을 뜻하는 프랑스어 파트리(patrie)에서 유래됐다. 이는 일반적으로 조국에 대해 느끼는 사랑을 의미한다.

　국가의 정체성에는 두 가지 형태가 있다. 하나는 민족성(민족국가)에 기반을 두고 다른 하나는 시민권(시민국가)에 기반을 둔다.[1] 민족[그리스어 에트노스(Ethnos)에서 유래]은 동일한 후손, 언어 또는 종교를 공유하는 사람들을 의미한다. 그리스 역사가 헤로도토스는 그 시대의 그리스 민족을 같은 혈통, 같은 언어, 공통 숭배, 관습으로 이루어진 집단으로 묘사하였다.[2]

　민족 정체성이 실존하는지 구성된 것인지에 대해서는 학문적 논쟁이 있다. 구성주의자들은 '말레이인'이라는 인종 구분은 식민주의자와 말레이 민족주의자가 그들의 정치적 목적을 위해 정

한 것으로 본다.[3]

한편, 역사의 오랜 기간 동안 민족의 이름은 수시로 바뀌었으나 연속성은 있다. 한민족이라는 말은 20세기에 사용된 것이지만, 20세기 이전 한반도에 살던 사람들에게 민족의식이 없었다는 뜻은 아니다.

고대에는 대부분의 국가가 같은 민족으로 구성되었으나 제국이 생겨나면서 서로 다른 민족이 같은 정치 체제 안에 통합되었다.

20세기 유럽에서는 민족의식이 외세의 통치에서 민족을 해방시키거나 같은 민족이 세운 여러 국가를 통합하여 민족국가를 세우려는 민족주의 운동을 탄생시켰다. 따라서 오늘날 스위스(독일어, 프랑스어, 이탈리아어, 로만슈어 사용자로 구성)와 벨기에(프랑스어 및 네덜란드어 사용자로 구성)

오늘날 유럽 국가의 국경은 언어 국경과
평행한다.

를 제외한 유럽 국가는 동일 언어를 사용하는 사람들로 구성되어 있다.

최초의 민족주의 운동은 그리스 독립 전쟁(1821~1829)이다. 이때 그리스인들은 15세기에 그리스를 정복한 오스만 제국으로부터 자유를 원했다. 1830년과

보통사람의 정치학

1848년에 유럽 민족주의자들은 대륙에서 많은 혁명과 반란을 일으켰다. 이탈리아 반도에서 이탈리아 민족주의자들은 오스트리아의 합스부르크-로렌이 통치하는 롬바르디아-베네치아 왕국과 토스카나 왕국에 맞서 반란을 일으켰다. 그들은 이탈리아인들이 통치하는 통일된 이탈리아 국가를 건설하기를 원했다.

한편 독일에서는 민족주의자들이 독일어를 사용하는 모든 국가를 하나로 통합할 것을 요구했다. 당시 독일에는 프로이센, 오스트리아, 바이에른, 하노버 등 39개 국가가 있었다. 대부분의 독일 민족주의자들은 러시아 제국이나 프랑스 같은 이웃 국가들과 경쟁하기 위해 이 국가들이 하나의 더 큰 국가로 합병되어야 한다고 보았다.

국민국가들의 봄(Springtime of Nations)으로 알려진 이 기간은 유럽에서 민족주의가 부상한 시기이다. 2010년대 초 아랍의 봉기는 민족주의에 관한 것이 아니지만 아랍의 봄이라고 불린다 (24장 참조).[4]

1861년 피에몬테 사르데냐 왕국의 주도하에 통일된 이탈리아 국가가 성립되었다. 1871년에는 오스트리아와 리히텐슈타인을 제외한 모든 독일 국가가 통일되었다. 오스트리아가 제외되었을 때 리히텐슈타인은 다른 독일 국가와 위치상 분리되어 있어 독일에 합병될 수도 없었다. 이탈리아와 독일은 모두 민족국가이다. 다인종으로 구성된 시민국가와 달리 민족성을 바탕으로 국가를

독일 민족주의자들의 봉기(1848년)

세웠으며, 이 국가의 정체성은 공통의 민족성에 기초하고 있다.

미국은 시민국가의 대표적인 나라로 다양한 배경, 인종, 혈통을 지닌 유럽 정착민과 이민자들이 세운 국가이다. 정착민들은 17세기에 아메리카로 진출하여 아메리카 원주민과 전쟁을 벌이고, 식민지를 건설했다. 그들 대부분은 영국 출신이었고, 북아메리카에 뉴네덜란드를 건설했던 네덜란드인들은 영국의 지배를 받다가 독립한 후 미국 건국에 합류했다. 미국 이민자란 독일, 아일랜드, 이탈리아, 멕시코, 중국 등을 포함하여 미국 건국 이후

하노버 왕국
프로이센 왕국
바이에른 왕국
뷔르템베르크 왕국
오스트리아-헝가리 제국
피에몬테-사르데냐 왕국
교황령
양시칠리아 왕국

독일

이탈리아

독일과 이탈리아 통일 전후의 유럽 모습

늦게 들어온 집단을 말한다.

이 정착민과 이민자들은 자신들의 민족성을 유지했다. 아이젠하워(Eisenhower) 또는 트럼프(Trump)와 같은 성은 그들이 독일 출신임을 나타낸다. 케네디(Kennedy)나 바이든(Biden)은 아일랜드 출신이고, 모건(Morgan)은 웨일스 출신이다. 그들의 배경에도 불구하고 그들은 모두 미국인이며, 서류상으로 동등한 권리를 부여받는다.

캐나다에도 거의 비슷한 역사가 있다. 캐나다에서 중요한 두 민족은 영국인와 프랑스인이다. 캐나다 총리 쥐스탱 트뤼도(Justin Trudeau)는 프랑스 혈통이다. 오늘날에도 두 민족이 주요 계층에 자리 잡고 있지만 그들은 캐나다를 영국이나 프랑스라고 명시한 적이 없다.

시민국가에 공식문화가 없다는 뜻은 아니다. 캐나다는 영어와 프랑스어를 공식 언어로 삼았다. 미국에는 공식 언어가 없지만 모든 업무에 영어가 사용된다.

국가(nation)라는 단어는 말레이어로 'bangsa(방사, 인종이라는 뜻)'로 번역될 수 있는데, 이는 약간의 혼란을 야기할 수 있다. 방사라는 단어에는 광범위한 의미가 있다. 민족(말레이인, 중국인 등)을 지칭하는 것 외에 '방사 조호르(bangsa Johor)'와 같이 다른 집단을 가리킬 수도 있다. 따라서 쿠 케이 킴(Khoo Kay Kim) 같은 학자들은 방사라는 단어를 '방사 말레이시아(시민국가 개념)'에만 사용할 것을 제안했다. 한편, 말레이인, 중국인, 인도인, 이반족, 비아유족, 멜라유족, 카다잔두순족, 무룻족, 바자우족 등은 민족으로 간주되어야 한다.

1차 세계대전은 많은 민족국가가 등장하는 촉매제가 되었다. 이 전쟁으로 인해 다민족 제국이었던 오스트리아-헝가리 제국과 오스만 제국이 몰락하게 되었다. 또한, 윌슨 대통령은 해당 제국 내의 민족들이 민족국가를 설립할 수 있도록 국가 자결권을 부여할 것을 촉구했다.[5] 그 결과 오스트리아-헝가리는 오스트리아, 헝가리, 체코슬로바키아, 유고슬라비아로 분리되었다. 오스만 제국도 같은 운명에 직면했다. 오스만 제국은 튀르키예, 아르메니아, 아랍 땅(팔레스타인, 시리아, 이라크가 됨)으로 나누어졌다. 쿠르드족은 세브르 조약을 통해 자신들의 조국을 약속받았으나 튀르키예에서 이 조약을 거부한 무스타파 케말 아타튀르크가 정권

보통사람의 정치학

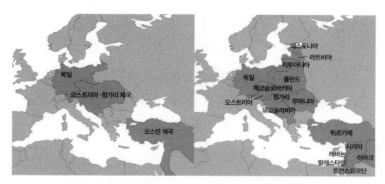

오스트리아-헝가리 제국과 오스만 제국의 붕괴

을 잡은 탓에 그들의 독립은 실현되지 않았다.

1차대전에서 승리한 영국, 프랑스, 일본의 식민지에는 민족자결의 원칙이 적용되지 않았고 반란이 뒤따랐다. 1차 세계대전이 끝나자마자 아일랜드 민족주의자들은 무기를 들고 영국으로부터의 독립을 요구했고, 1922년 아일랜드 자유국을 건국했다.

일제강점기에 한국의 민족주의자들은 1919년 3월 1일 독립을 선언하고 1910년부터 그들을 식민지로 삼았던 일본에 대한 해방을 요구했다. 일제가 이를 좌절시켰음에도 불구하고 많은 민족주의자들은 중국으로 망명하여 상하이에 대한민국 임시정부를 세웠다.

2차 세계대전 동안 미국은 독일, 이탈리아, 일본이 통치하는 국가들의 국권을 보장하는 대서양 헌장을 통해 다시 한번 민족자

결권을 요구했다. 영국과 프랑스 식민지의 민족주의자들도 이 요청에 반응했다. 두 나라 모두 흐름을 막을 수 없었다. 식민지들이 하나씩 독립을 얻었고 유엔에 가입했다.[6]

비유럽인들에게 민족 개념은 낯설다. 그들은 독립하면서 식민주의자들이 그린 국경을 물려받았고 같은 국경 안에 사는 다른 민족들과 함께 생활하는 데 어려움을 겪고 있다. 아프리카의 많은 국가는 서로 적대적인 부족들로 구성되어 있다. 그 결과는 끝나지 않는 내전으로 이어졌다.

다민족 국가들은 인종 갈등을 피하기 위해 연합주의적 접근 방식을 취했다. 그 예로 1943년에 프랑스로부터 독립한 레바논을 들 수 있다. 레바논의 대통령은 마론파 기독교인이 맡아야 하고, 총리는 수니파가, 국회 의장은 시아파가 맡는다. 국회의원 의석 또한 인종 구성에 따라 배분된다. 전체 99석 중 54석은 기독교인이 차지하고, 나머지 45석은 수니파, 시아파, 드루즈파가 차지한다.[7]

말레이시아도 1957년부터 1969년까지 연합주의 통치를 채택했다. 이는 국민전선(Barisan Nasional)으로 발전하여 1970년부터 2018년까지 통치했다. 레바논처럼 엄격하지는 않지만 내각의 민족 대표성은 인종 비율에 따라 이루어진다. 총리직은 항상 다수 민족인 말레이계에게 주어진다. 장관직에는 중국계 말레이인이 두 번째로 많고, 인도계와 사바 및 사라왁 출신의 민족이 그 뒤를 따른다. 비록 이것이 말레이시아 국가 발전의 걸림돌로 여겨지지만, 이러한 접근 방식이 60년 이상의 민족 화합을 보장해왔다.

다른 민족들도 함께 모여 동화나 통합을 통해 국가를 세울 수 있다. 동화는 소수민족이 다수의 정체성과 문화를 받아들일 때 발생한다. 이는 미국, 태국, 인도네시아에서 볼 수 있다. 첫 번째로 언급된 미국은 자발적 동화의 사례이고, 태국과 인도네시아는 강제 동화의 사례이다.

태국에서는 1938년부터 1944년까지 총리를 역임한 쁠랙 피분 송크람이 동화 정책을 도입했다. 그는 태국의 정체성을 바탕으로 민족국가를 건설하고자 한 태국 민족주의자였다. 그래서 그는 1939년에 국명을 시암(Siam)에서 태국(Thailand)으로 바꾸었다.[8]

중국인과 말레이인을 포함한 비태국 민족은 강제로 태국식 이름으로 바꿔야 했고, 모국어로 말하는 것이 허용되지 않았다. 탁신(Thaksin)과 잉락 친나왓(Yingluck Shinawatra)*의 조상은 쿠(Khu) 가문의 중국인 이민자였지만, 그들의 후손들은 피분송크람 시대에 시나와트라(Sinawatra)라는 이름을 채택하도록 강요받았다.

수하르토 정권(1966~1998)은 중국인을 대상으로 한 동화 정책을 도입했다. 정부는 그들을 공산주의자의 사냥개라고 비난했

---

* 탁신 친나왓은 태국의 기업인이자 정치인으로 제 55·56대 총리를 역임했다. 잉락 친나왓은 탁신 전 총리의 여동생이자 태국 최초의 여성 총리이다. 제 61대 총리를 역임했다.

동화 및 통합(Berry 모델에서 수정)[10]

	원래의 정체성 보존	원래의 정체성 비보존
다수 문화에 대한 적응	통합	동화
다수 문화에 대한 비적응	분리	사회에서의 소외

다. 중국인들은 강제로 인도네시아식 이름을 사용하게 되었다 (대부분 자바식 이름). 수하르토 시대 인도네시아 최고 부자였던 리엠 시에 리옹(Liem Sioe Liong)도 이름을 수도노 살림(Sudono Salim)으로 바꾸었다. 중국인은 만다린어를 배울 수 없었고, 중국 축제를 개최하는 것도 금지되었다.[9] 정부가 지역 사회에 자유를 돌려준 것은 수하르토 몰락 이후였다. 압두라만 와힛(Abdurrahman Wahid, 재임 1999~2001) 대통령 내각에는 퀵 키안 기(Kwik Kian Gie)라는 중국계 출신의 경제부 장관이 있었다.

강제 동화는 소수자들이 각자의 정체성을 유지할 권리를 포함하는 인권 개념에 부합하지 않는다. 또한 동화는 민족 갈등의 최종 해결책이 아니다. 강제 동화는 분리주의자들이 태국 남부에 기반을 마련한 원인이 되었다. 인도네시아 이름을 사용했음에도 불구하고, 인도네시아에 거주하는 중국인은 1998년 5월 폭력의 표적이 되었다.

통합이라는 접근법을 시행하는 국가의 민족들은 자신의 정체성을 유지하는 동시에, '하나의 공통된 정체성'을 국가 정체성으

보통사람의 정치학

통합을 반대하는 이슬람 국가(흑인 민족주의자) 지지자들

로 받아들여야 한다.

미국은 통합을 통해 건설된 국가이다. 다양한 민족, 언어, 문화로 구성되어 있지만 최초 정착민인 영국인이 지배적인 문화를 형성했고, 나머지가 그 뒤를 이었다. 따라서 1950년대부터 1970년대까지 미국에는 흑인 민족주의가 존재했다. 이 움직임은 아프리카계 미국인을 고유한 정체성을 가진 민족으로 보고 인종차별에 대한 해결책으로 독립 국가를 건설하고자 했던 말콤 엑스에 의해 시작되었다.[11]

말콤 엑스는 미국 헌법 내에서 아프리카 민족의 평등한 권리를 위해 싸운 마틴 루터 킹 목사를 거부하고 비판했다. 하얀 피부의 지배자가 헌법 초안을 작성했기 때문에 이 모든 것은 말콤 엑스에게 무의미했다. 말콤은 자신의 성인 'Little'을 없앴다(X로 대체).

그는 그 이름이 강요된 것이라고 생각했다.

말레이시아도 통합 접근법을 채택하고 있다. 그러나 최근에는 말레이어, 말레이 왕의 지위, 이슬람을 국가의 정체성으로 보는 합의에 이의를 제기하는 사람들이 늘어나고 있다. 많은 말레이시아 사람들이 지배 문화가 없는 시민국가 건설을 꿈꾼다. 지배적인 문화는 분열로 이어지기 쉽기 때문이다. 게다가 오늘날 말레이시아는 이미 통합보다는 분리에 더 가까워졌다. 공통된 정체성이 없는(일부는 이를 받아들이지만 많은 이들은 거부한다) 말레이시아는 앞으로 민족이 없는 국가가 될 것이다.

일본, 한국 등 선진국의 성공 이면에는 성공의 촉매이자 원동력이 된 각자의 국가적 정체성에 대한 자부심이 있다. 박정희 시대(1961~1979)에는 조선시대 경복궁의 가장 큰 문인 광화문을 중건하고, 이순신 장군 동상 같은 조선시대(1392~1910) 기념물을 조성하였다. 이는 국민들에게 왕조 시대에 대한 향수를 불러일으키기 위한 것이 아니라, 한국 민족이 역사를 지닌 민족이라는 인식을 높이기 위함이었다.

사람들은 여전히 '말레이시아인의 나라(Bangsa Malaysia)'가 무엇인지에 대해 논쟁을 벌이고 있지만, 정치연합(consociationalism)은 민족 간의 신뢰를 유지하고 발전시키는 가장 좋은 방법이다. 정치 연합에서 벗어났던 짧은 기간의 정치 실험은 그것이 민족 사이의 뿌리 깊은 불신과 갈등을 일깨운다는 것을 입증했다.

20
파시즘

파시즘은 20세기 초 유럽에서 탄생한 반동적, 후진적 이데올로기이다. 자유주의, 보수주의, 사회주의에 반대한다.

파시즘(fascism)이라는 단어는 고대 로마공화국에서 사용된 '파스케스(fasces)'*라는 단어에서 유래되었다. 파스케스는 묶음으로 묶인 막대와 도끼날로 만들어졌다. 오직 고위 정치인만이 파스케스를 지닐 수 있었고 릭토르(Lictor)**로 알려진 경호원들도 휴대하였다. 경호 대상의 직위에 따라 릭토르의 수가 늘어났다. 집정관은 12명의 릭토르를 갖고, 독재관은 24명의 릭토르를 가졌다.[1]

1921년 이탈리아 국민파시스트당 창설자인 베니토 무솔리니(Benito Mussolini)가 파스케스를 당의 상징으로 채택했다. 무솔리니에 따르면, 파스케스는 '단결을 통한 힘'을 나타낸다. 나무 묶음은 쉽게 부러지지 않는다. 나무 묶음은 국민을 상징하고, 도끼는 지도자의 힘과 권위를 상징한다.[2]

---

* 라틴어로 '묶음'이란 뜻.
** 고대 로마의 고위 행정관들을 경호하는 임무를 맡은 하급 공무원.

이탈리아 파시즘의 상징

강력한 규칙과 공통 목표로 국민을 통합하는 집단국가를 지향하는 무솔리니의 이상적인 국가관을 설명하는 데 있어 파스케스보다 더 정확한 것은 없다.

1917년 공산주의자들이 러시아를 장악한 후, 이탈리아를 포함한 다른 유럽 국가의 사회주의자들과 노동자들은 이 기회를 이용해 폭동과 파업을 벌였다. 1918~1920년은 폭동과 파업으로 혼란이 닥쳐 비엔니오 로소(Biennio Rosso, 붉은 2년)라 부르기도 한다. 자유주의와 보수 정치인들은 이 상황에 대처하기에는 너무 나약했다.[3]

이와 같은 위기에 무솔리니와 그의 파시스트 정당이 등장했다. 그는 자신만이 이탈리아에 안정을 가져올 수 있다고 주장했다. 그는 폭도들을 공격하고 해산시키기 위해 블랙셔츠(Blackshirts)*를 창설했다. 모든 자본가와 지주들은 그를 구세주로 여겼다.

1922년 무솔리니와 그의 추종자들은 총리 루이지 팍타가 이끄는 자유주의 정부를 장악하기 위해 로마(이탈리아의 수도)로 행진했다. 국왕 비토리오 에마누엘레 3세는 학살을 피하기 위해 무솔

---

* 이탈리아 파시스트 당원이나 정치적 신념의 상징으로 검은색 셔츠를 입는 사람을 지칭한다.

카이사르(시저) 동상 옆에 있는 베니토 무솔리니

리니를 총리로 임명했다. 1925년 무솔리니는 절대 권력을 가진 독재자가 되었다.

무솔리니에게는 엄청난 야망이 있었다. 그는 새로운 로마 제국을 재건하기를 원했다. 그는 자유민주주의가 이탈리아인의 영혼에 적합하지 않다고 생각했다. 그는 전통적인 악수(부르주아 문화로 간주된다)를 로마식 경례로 대체했다.[4]

무솔리니의 성공에서 영감을 받은 오스트리아 출신의 한 독일 남자는 그와 같이 되고 싶어 했다. 그 사람이 바로 아돌프 히틀러(Adolf Hitler)다.

이탈리아와 마찬가지로 독일도 제1차 세계대전 이후 혼란에

독일의 초인플레이션으로 인해 지폐는
목재와 석탄보다 가치가 없어졌다.

빠졌다. 1918년 11월 11일 독일이 항복했고, 빌헬름 2세 국왕도 퇴위했다. 기회를 본 공산주의자들은 전국적으로 혁명을 일으켰다. 독일 사회는 혼란에 빠졌다.

게다가 독일은 승전국에게 높은 배상금을 지불해야 하는 베르사유 조약을 받아들여야만 했다. 마비된 경제와 부채 압박으로 1921년부터 1923년까지 초(超)인플레이션이 발생했다.

새로 설립된 바이마르 공화국은 상황을 극복하기에는 너무 약했다. 1919년부터 1922년까지 7명의 총리가 바이마르 정부를 이끌었으나 강력한 과반수를 확보한 정당이 없어 어느 누구도 1년을 버티지 못했다.

히틀러는 무솔리니처럼 정권을 장악하려 했다. 1923년 11월, 히틀러는 추종자들을 데리고 뮌헨의 맥주 홀인 뷔르거브로이켈러를 포위했다. 그는 바이에른 총리를 납치할 계획을 세웠다. 그러나 그들의 시도는 실패했고, 히틀러는 무솔리니처럼 될 수 없었다. 대신 그는 9개월 동안 감옥에 갇혔다.

감옥에 갇힌 후 히틀러는 법적 수단을 통해 권력을 얻으려고

보통사람의 정치학

노력했다. 그는 사회주의와 자유자본주의의 대안으로 국가사회
주의를 지지하는 국가사회주의 독일노동자당(NSDAP, 나치)을 설
립했다.

이탈리아의 파시스트와 마찬가지로 나치도 자유주의와 사회
주의 경제 체제를 거부했다. 파시스트들은 노동자의 운명에 영향
을 미치고 부의 격차를 만들어 사회를 분열시키는 자유자본주의
를 경멸했다. 그러나 그들은 또한 본질적으로 자본가와 반국가
주의에 영향을 미치는 사회주의도 싫어했다(사회주의의 최종 목표
는 국가를 없애버리는 것이다).

파시스트 경제는 정부가 경제의 모든 부문을 통제하는 조합주
의 경제이다. 각 부문은 기업의 모방이다. 파업과 노조는 금지되
고 노동자의 복지는 오로지 정부가 책임진다. 고용주와 근로자
는 한 가족이며, 둘 다 자신의 노동을 통해 국가에 기여한다.[5]

오늘날에는 자본주의가 도입되고 정부의 경제 개입이 정상적
인 생각처럼 보이지만, 전통적으로 정부는 경제 문제에 관여하
지 않았다. 경제에 대한 정부 통제는 소련에서 파시즘과 계획 경
제가 등장한 후에야 받아들여졌다. 1929년에 시작된 대공황은
국가사회주의 독일노동자당의 인기를 급상승시켰다. 독일 국민
들은 사회민주당(SPD), 독일국가인민당(DNVP), 중앙당 등 주요
정당의 진보적이고 보수적인 정치인들에게 여전히 실망하고 있
었다.

1928~1933년 독일 선거 결과(굵은 글씨는 최대 정당)

연도	1928	1930	1932/07	1932/11	1933/05
의석	491	577	608	584	647
과반수	246	289	305	293	324
사회민주당(SPD)	**153**	**143**	133	121	120
독일국가인민당(DNVP)	73	41	37	51	52
중앙당(Zentrum)	61	68	75	70	73
독일공산당(KPD)	54	77	89	100	81
나치당	12	107	**230**	**196**	**288**

동시에 공산주의자들의 부상은 자본가들에게 잠 못 이루는 밤을 안겨주었고 그들은 히틀러를 해결책으로 여겼다. 1932년 7월 선거에서 나치당은 최대 정당으로 등장했지만 과반수를 확보하는 데 실패했다. 11월에 다시 선거가 열렸지만 나치당은 정부를 구성할 만큼 충분한 과반수를 확보하는 데 실패했다. 중앙당의 프란츠 폰 파펜 수상은 1933년 1월 나치당과 중앙당 사이에 연합 정부를 구성하였고 파울 폰 힌덴부르크 대통령에게 히틀러를 수상으로 임명할 것을 제안했다. 파펜 수상은 나치당을 억제할 계획을 세웠다. 독일노동자당에는 장관이 세 명밖에 없었지만 중앙당에는 여덟 명이 있었다. 파펜 수상은 앞으로 두 달 안에 히틀러를 속여 나치당을 제거할 수 있을 것이라고 확신했다.[6]

그러나 1933년 2월 독일 국가의회 의사당에 화재가 발생했다. 히틀러는 공산주의자들을 방화자로 지목했다. 그는 3월 공산당

히틀러의 첫 번째 내각(맨 오른쪽은 파펜 수상)

과 사회주의 정당 의원들을 체포할 수 있는 독재권을 그에게 부여하는 비상 사태법을 통과시켰다. 1934년 8월 힌덴부르크가 사망한 후, 히틀러는 대통령직을 폐지하고 자신을 총통(지도자)으로 선언했다. 그때는 누구도 그를 막을 수 없었다.

이탈리아의 파시스트와 마찬가지로 히틀러도 정치적 적을 공격하기 위해 준군사조직이자 브라운셔츠(Brownshirts)로 알려진 돌격대(SA)와 친위대(SS)를 보유했다. 비밀경찰 게슈타포는 국민을 감시하기 위해 창설됐다. 파시스트 통치하에서는 언론의 자유가 없었다. 최고지도자에게 전적으로 의존하는 나라, 총체적으로 단결하는 나라를 세우는 것이 목표였다. 파시스트 통치는 전

파시스트들은 통일성과 국가에 대한 절대적인 복종을 강조한다.

체주의 통치로도 일컬어진다(10장 참조).

히틀러는 철강 재벌인 프리츠 티센과 구스타프 크루프 같은 자본가들의 지원을 얻기 위해 에른스트 룀과 다른 돌격대 회원들을 체포하고 형을 선고했다. 그들은 1934년 장검의 밤(Night of the Long Knives)*에 더욱 사회주의적이고, 자본주의에 비판적인 입장을 취하였다. 그러나 그는 지지를 확고히 하자마자 티센과 다른 자본가들의 자산을 국유화했다.[7]

오스트리아(조국전선당), 헝가리(화살십자당), 루마니아(철근위대),

---

* 1934년 6월 30일 아돌프 히틀러가 돌격대 참모장 에른스트 룀(Ernst Röhm)과 반(反) 히틀러 세력을 숙청한 사건을 말한다.

스페인(팔랑헤), 그리스(요안니스 메탁사스 중장 지휘 아래)에서도 파시스트 정부가 구성됐다. 영국과 프랑스에서도 파시스트 정당이 결성됐다. 보수당과 노동당에 모두 합류한 오스왈드 모슬리는 1932년 영국 파시스트 연합(BUF)을 창립했다. 프랑스에서는 전 공산당원이었던 자크 도리오가 프랑스인민당(PPF)을 창당했다.

그가 추종하던 이탈리아인과 마찬가지로, 히틀러는 위대한 독일 제국의 재건을 꿈꿨다. 그는 신성로마제국을 제1제국, 1871년부터 1918년까지의 독일제국을 제2제국, 나치 치하의 독일제국을 제3제국으로 여겼다. 히틀러는 기독교 이전의 고대 독일 신화를 언급했고, 고대 이교도 독일에서 발견된 만 자(卍字) 문양을 자신의 이념 이행의 상징으로 삼았다.[8]

히틀러에게 독일 국민은 아리아인 중에서도 가장 위대하고 순수한 민족이다. 그는 그들이 세계를 지배하고 유대인, 슬라브족 등 '열등 인종'으로 간주되는 민족을 몰살시키는 주인 종족이 될 운명이라고 생각했다.[9]

제1차 세계대전으로 바닥에 떨어진 민족의 존엄을 회복하기 위해 히틀러와 무솔리니는 1939년 제2차 세계대전을 도발했다. 동아시아 패권국을 노리던 일본은 독일, 이탈리아에 합류했다.

파시스트의 위협은 자유민주주의 국가(영국, 프랑스, 미국)와 공산주의 국가(소련)를 하나의 동맹으로 통합하게 했다. 그 결과 이탈리아는 1945년 4월 28일 항복했고, 히틀러는 반파시스트 세

앞줄 왼쪽부터 베니토 무솔리니, 아돌프 히틀러, 비토리오 에마누엘레 3세

력이 독일 수도 베를린에 진입한 후 1945년 4월 30일 자살했다. 1945년 8월 15일 일본도 항복했다.

미국의 감시하에 독일, 이탈리아, 일본은 자유민주주의 국가로 변모했다. 이들 국가는 위험한 파시즘에 맞서 싸우기 위해 로마식 경례나 만 자 상징과 같은 파시스트 상징을 금지했다.

더욱이 자유주의적이고 사회주의적인 유럽 국가의 정치인들은 국가 정체성을 없앰으로써 파시즘을 막을 수 있다고 생각했는데, 이는 그들이 유럽연합(EU)이라는 아이디어를 추진하는 데 많은 노력을 기울인 이유를 설명한다.

그러나 오늘날 네오파시스트나 네오나치는 극도의 인종차별주의로 다시 등장하고 있다. 특히 1990년대 유럽연합이 경제 세계화와 국경 개방 정책의 산물로 유럽으로의 대량 이민을 허용한 이후에는 더욱 그렇다.

아이러니하게도 네오나치는 2차 세계대전 당시 나치의 공격 대상 중 하나였던 러시아에서도 발견할 수 있다. 러시아민족통일당(Russian National Unity)은 유대인과 캅카스 민족 같은 소수민족으로부터 자유로운 '러시아인을 위한 러시아'를 원하는 네오나치 정당이다.[10]

유럽과 북미 자유민주주의 국가의 언론은 민주적 과정(선거, 연설)을 통해 권력을 얻은 나치의 경험을 교훈 삼아 네오파시즘적 요소가 짙은 증오 표현을 차단하기 위해 예방적 접근 방식을 취하고 있다. 이 과정에서 온건한 보수주의자와 민족주의자의 목소리도 파시스트로 분류되어 논란의 여지가 있었다. 언론은 이들의 견해와 의견도 억압했다.

그 결과 파시즘이 억제되지 못했을 뿐만 아니라, 그들(주로 자유주의자)은 그들이 대항해서 싸워야 했던 파시스트와 마찬가지로 다른 견해에 대해 편협한 사람들로 간주되었다.

21

포퓰리즘

포퓰리즘(populism)은 라틴어 포풀루스(populus)에서 유래했는데, 이는 민중을 뜻한다. 포퓰리즘은 말 그대로 민중을 중심으로한 이념이자 민중의 관심사항을 반영하기 위한 투쟁이다.[1]

그런데 정치인이라면 누구나 자신이 국민의 옹호자라고 주장한다. 포퓰리즘과 국민 중심의 민주주의는 어떻게 다른가?

사람들의 관심사항을 위해 싸운다고 해서 포퓰리스트가 되는것은 아니다. 그러나 국민들의 희망사항이 하나님의 명령이며, 반박할 수 없는 것이라고 생각하는 사람은 포퓰리스트이다. "국민의 목소리는 신의 목소리이다(Vox populi, vox dei)."*[2]

가장 중요한 것은 포퓰리스트들이 국민과 엘리트 사이의 격차를 강조한다는 것이다. 국민들은 신성시되지만 엘리트들은 부패한 것으로 치부된다.[3]

포퓰리스트는 아테네 민주주의나 고대 로마공화국에 이미 존재했다. 로마의 귀족에는 귀족의 이익을 옹호하는 옵티마테스파

---

*   라틴어 격언.

(optimates)와 평민의 이익을 강조하는 평민파(populares), 두 주요 파벌이 있었다.

유명한 평민파 옹호자 중 한 명은 기원전 59년에 집정관이 된 율리우스 카이사르(Julius Caesar)이다. 가난한 사람들에게 토지를 분배하려는 카이사르의 행동은 그의 인기를 끌어올렸고, 10년 후 그가 독재자가 되는 데 도움을 준 정치적 자산이 되었다.

현대 포퓰리즘은 좌파 포퓰리즘과 우파 포퓰리즘의 형태로 존재할 수 있다. 전자는 부의 공정한 분배 측면에서 사회주의자와 유사하다. 그러나 사회주의자와 달리 포퓰리스트들은 자본주의를 심하게 비판하지 않는다. 그들은 자본주의의 결과를 대중이 향유하는 것을 막는 엘리트들을 비판한다.

자본주의의 천국인 미국이 좌파 포퓰리즘의 원천인 이유다. 1928년부터 1932년까지 루이지애나 주지사였으며, 모든 국민에게 동일 임금을 제안했던 휴이 롱(Huey Long)은 좌파 포퓰리스트로 유명한 인물이다. 롱에게 그러한 정책들은 '모든 사람을 왕'으로 만들기 위한 것이었다. 이 강력한 주장은 소설을 기반으로 만들어진 영화 〈올 더 킹즈 맨(All the King's Men)〉에 영

휴이 롱

후안과 에바 페론

감을 주었다.[4]

또 다른 좌파 포퓰리스트는 1946년부터 1955년까지 아르헨티나 대통령이었던 후안 페론(Juan Perón)이다. 페론은 수입품에 대한 관세를 인상하고 정부 재정을 위한 세금을 인상하여 외국 기업에 대한 공격적인 국유화를 시작했다. 그리고 그 돈을 국민들에게 분배하고자 했다.[5]

이러한 정책은 그를 매우 유명하게 만들었다. 서민층에서 태어나 가난한 사람들을 설득하는 방법을 아는 아내(에비타라고도 알려진 에바 페론)가 있었기 때문에 그는 '셔츠를 입지 않은 사람들

보통사람의 정치학

(데스카미사도, descamisado)'* 사이에서 유명해졌다.

지난 몇 년 미국에서 센세이션을 불러일으킨 버니 샌더스 (Bernie Sanders) 미국 상원의원 역시 은행과 금융 엘리트(월스트리트)를 향한 반엘리트 정서에 편승한 좌파 포퓰리스트였다. 2008~2009년 금융위기 이후 이러한 분위기는 더욱 커졌다.

학자금 대출 상환을 지원하고 무료 의료 서비스를 제공하겠다는 포퓰리스트들의 일반적인 약속 이외에도, 샌더스는 2016년과 2020년 대선 후보 지명 캠페인에서 힐러리 클린턴, 조 바이든 같은 다른 후보자들을 기업 및 월스트리트 엘리트의 대변인들이라고 공격했다. 샌더스는 자신을 1%에 맞서는 99%의 대표자로 내세웠다. 이 사회의 부(富) 구조에 대한 단순한 관점이지만, 포퓰리스트들은 종종 엘리트 계층과 나머지 국민 사이의 격차를 설명하기 위해 이를 활용한다.

우파 포퓰리스트는 1990년대 세계화의 여명기에 등장한 민족적 포퓰리스트 또는 포퓰리즘 민족주의자이다. 우익 포퓰리스트들은 세계화가 유익할 것이라고 주장하는 주류 견해를 거부한다. 그들은 세계화가 엘리트와 대기업에게만 이익이 되고 국민에게는 해롭다고 말한다.

그들의 또 다른 우려는 세계화가 국가 및 국가 정체성을 침식

---

* 노동자 계층을 일컫는 말로 후안 페론 아르헨티나 대통령의 지지층이다.

한다는 것이다. 세계화를 지지하는 정치인들을 국가의 미래를 위태롭게 하는 '세계주의' 엘리트로 묘사한다.[6]

브렉시트 캠페인을 벌인 나이젤 패라지와 도널드 트럼프는 가장 유명한 우파 포퓰리스트 중 하나이다. 프랑스에서는 2017년 대선에서 우파 포퓰리스트 마린 르펜이 최종 후보에 올랐으나 에마뉘엘 마크롱에게 패배했다. 이탈리아의 좌파 포퓰리스트(M5S)와 우파 포퓰리스트(Lega)는 포퓰리즘 우파 정부를 구성했다. 우파 정당과 정치인의 성공은 프렉시트(Frexit, 프랑스의 EU 탈퇴), 이탈리브(Italeave, 이탈리아의 EU 탈퇴) 등에 대한 우려를 불러일으켰다.

우파 포퓰리스트들은 세계화를 대량 이민의 원천으로 간주하는데, 이는 국민의 일자리 기회를 빼앗을 뿐만 아니라 국가 안보도 위협한다. 그들은 사람들이 쉽게 드나들 수 있도록 허용하는 유럽연합과 달리 보다 엄격한 이민 정책을 원한다.

그들은 종종 자유주의 국제 언론에 의해 네오파시스트로 묘사된다. 그러나 그것은 극단적인 설명이다. 대부분의 우파 포퓰리즘 정당은 중도우파, 보수정당을 탈퇴한 개인들에 의해 창당되었다. 예를 들어 스페인의 극우 정당 복스(Vox, 라틴어로 목소리라는 뜻)는 스페인의 보수주의, 중도우파 정당인 인민당(Partido Popular)에서 탄생했고, 독일을 위한 대안(AfD)은 독일기독민주당(CDU)에서 나왔다. 우파 포퓰리스트 지지자들은 온건 보수 정당

버니 샌더스와 도널드 트럼프

이 자신들의 목소리를 대변할 만큼 강력하지 않다고 본다.

우파와 좌파 포퓰리스트들은 엘리트들에게 총구를 겨누면서도 통념을 고수한다. 포퓰리스트의 연설에서는 국민이 항상 옳다. 그러나 때때로 그 '국민'이 실제로 누구를 의미하는지는 의문스럽다. 마치 엘리트들이 모든 문제를 일으킨다고 하는 것처럼 말이다.

포퓰리즘은 소외감을 느끼는 사람들을 끌어들인다. 포퓰리스트는 그들이 중요한 사람들이라고 생각하게 만든다. 그러나 교훈을 얻지 못한 언론과 학계는 포퓰리스트 지지자를 계속해서 '시골 촌놈', '교육받지 못한 사람', '무식자' 등 여러 가지 꼬리표로 부르고 있다. 이런 태도는 우파 정당이 국민에게 관심이 없는 엘리트 집단이라는 인식을 더욱 공고히 할 것이다.

그러나 실제로 포퓰리즘은 문제 해결에 실패했고 엘리트에 비해 더 많은 문제를 낳았다. 페론 집권 이전에 아르헨티나는 세계에서 가장 부유한 10대 국가 중 하나였다. 그러나 페론의 정책은 경제를 파괴했고 사람들은 더 이상 아르헨티나를 진보나 번영과 연관시키지 않는다.

브렉시트의 성공에도 불구하고 이후의 혼란스러운 과정으로 사람들은 브렉시트가 과연 가치가 있는지 의문을 갖게 되었다. 전문가의 의견을 듣지 않고 통념에 따라 코로나19에 대처한 트럼프 대통령의 방식은 참담한 결과를 낳았다.

국민의 목소리를 옹호하고 대중의 지혜를 높이 사는 것은 잘못된 것이 아니다. 그러나 때로는 인기 없는 정책이 국민의 이익을 더 잘 관리할 수 있다. 휴이 롱의 말처럼, 정말로 모든 사람이 왕이라면 왕에게는 자신의 뜻을 무조건 따르는 하인이 아니라 용감하고 정직한 조언자가 필요하다.

22
현실정치

관념론자들은 이상적인 정치 체제에 대해 이야기한다. 자유주의자들은 개인의 자유를 보장하는 정치 체제를 원한다. 사회주의자들은 사회 정의를 보장하는 시스템을 꿈꾼다. 민족주의자들은 공통의 정체성을 지닌 국가를 원한다.

그러나 이러한 이상들은 모두 현실에서 반드시 실현되는 것은 아니다. 아이디어가 어떻게 현실화될 수 있느냐의 문제는 이념이나 철학 자체에 대한 논의와는 다르다.

정치인들은 이상적인 정치 외에 현실정치를 강조한다. 이 용어가 언급될 때마다 많은 사람의 머릿속에 니콜로 마키아벨리(1469~1527)가 떠오를 것이다. 그는 목적이 수단을 정당화하는 정치, 즉 마키아벨리즘을 허용하는 정치 사상을 담은 책『군주론(The Prince)』을 썼다.

단어 자체가 이념을 가리키는 것은 아니다. 마키아벨리즘은 윤리와 원칙에 관한 것이다. 마키아벨리는 목적이 수단을 정당화한다는 말을 한 적이 없다. 그것은 마키아벨리 사상에 있어서 정당

니콜로 마키아벨리

하지 않다.

이념적으로 보면 그는 민족주의자라고 할 수 있다. 그는 이탈리아 반도를 하나의 국가로 통합하여 로마공화국과 같은 영광스러운 이탈리아 국가를 부활시킬 수 있는 지도자(군주)가 보고 싶었다.[1]

그와 같은 목표를 어떻게 달성할 수 있을까?

마키아벨리에게 있어서 지도자는 필요하다면 잔인하게 행동할 수 있어야 하지만, 동시에 가능하다면 선(善)을 버리지 말아야 한다. 이 문장은 많은 사람에게 그의 사상이 목표를 달성하기 위해 필요한 것은 무엇이든 하도록 가르치고 있다는 오해를 가지게 했다. 마키아벨리 사상을 더 잘 이해하려면 시대의 맥락을 이해할 필요가 있다.[2]

그는 이탈리아 반도에 있는 피렌체공화국의 시민이었다. 476년 서로마제국이 멸망하고 553년 동고트왕국이 멸망한 이후 이탈리아는 통일에 실패했다. 설상가상으로 이탈리아는 여러 국가로 나뉘었다.

피렌체는 원래 시민들 사이에서 지도자를 선택하는 공화국

마키아벨리 시대의 이탈리아

이었다. 그러나 1434년에 부유한 은행가인 코시모 데 메디치 (Cosimo de' Medici)가 피렌체를 지배하고 이를 가족 소유로 삼았다.

1494년, 이탈리아는 프랑스의 침공으로 혼란에 빠졌다. 이때 피렌체 시민들은 기회를 이용해 메디치 가문을 무너뜨리고 프랑스와 거래를 성사시켰다. 피에로 소데리니(Piero Soderini)가 1502년 정부의 종신 수장으로 임명되었다. 이 무렵 마키아벨리는 외교·군사 수장으로 피렌체 행정부에 근무하였다.[3]

메디치 가문은 1512년 교황이 이끄는 교황령의 도움을 받아

피렌체를 탈환했다. 소데리니는 마키아벨리가 감옥에 갇혀 풀려나기 전에 도망쳤다. 그 경험으로 인해 마키아벨리는 좋은 의도를 가진 지도자와 정부(메디치 가문이 몰락한 후의 피렌체공화국)가 실패하는 이유에 의문을 갖게 되었다. 그럼에도 불구하고, 그 시대에 이기적인 지도자들은 오래 집권할 수 있었다.

마키아벨리의 결론은 목적이 바로 정치의 전부라는 것이었다. 지도자의 성공은 그가 얼마나 선하고, 악한지 또는 의도가 고상하고 부패한 것과는 상관이 없고, 그가 얼마나 효율적으로 통치하느냐와 관련이 있다. 거짓말하고, 가장하고, 약속을 어기는 것은 모두 효율성을 높이기 위한 속임수의 일부이다.[4]

그의 발언은 당시 여전히 종교적이었던 유럽인들에게 충격을 주었다. 그에게는 그들의 호들갑스러운 반응이 문제였다. 마키아벨리는 지도자의 주요 임무가 국가를 보호하는 것이라는 견해를 가지고 있었다. 이를 위해 지도자는 기존의 도덕적 한계를 넘어서 행동해야 하며, 연민, 정직, 용서 등은 특정 상황에서 약점이 될 수 있었다.[5]

그는 종교적이고 고귀하다고 생각되지만 실제로는 잔인하고 교활했던 성공적인 지도자들을 예로 들었다. 그중에는 스페인의 페르난도 2세(이사벨라 여왕의 남편)도 있었다. 마키아벨리는 그를 '경건한 잔인함'이라고 불렀다. 오스만 왕조의 첫 번째 칼리프(1512~1520)가 되어 마키아벨리와 같은 시대를 살았던 셀림 1세

보통사람의 정치학

는 잔인함으로 유명했다. 그는 자신의 지위를 확고히 하기 위해 형제들을 살해했다. 그러나 사람들은 그가 이슬람의 말씀을 전파한 것을 더 높이 사고 있다.[6]

마키아벨리에게 있어 지도자의 잔인함은 공정성과 열정의 이미지를 구축하려는 노력과 함께 이루어져야 한다. 통치자는 자신의 잔인함을 친절함으로 감추어야 한다. 통치자에게는 국민의 지지가 필요하고, 국민은 친절하고 열정적으로 보이는 통치자가 필요하기 때문이다.[7]

마키아벨리는 정치가 선을 행하기 위한 수단이라고 가르친 그리스 정치 사상가(플라톤과 아리스토텔레스)와 가톨릭 성인(성 어거스틴과 토마스 아퀴나스)을 경멸했다. 사람이 어떻게 살아야 하는가보다 정치에서 성공하기 위해 어떻게 살아야 하는지를 관찰하는 것이 중요하다고 말했다. 사상가들의 원칙은 상상의 공화국에는 적합하지만 현실 세계의 실제 국가에는 적합하지 않다.

필요할 때 잔인하게 벌하는 것 외에도, 그는 유럽 독자들에게 차악이라는 개념을 소개했다(이슬람 법학에 이미 비슷한 개념이 존재했지만). 그는 모든 정치적 행동에는 위험이 따른다고 말했다. 통치자는 안전하게만 행동해서는 안 된다. 손실을 가져올 수 있는 결정도 내려야 한다.

오늘날 많은 사람들은 현실정치를 비원칙적인 정치로 이해하고 있다. 이것은 마키아벨리 사상에 대한 설익은 해석이다. 마키아벨리는 원칙을 포기해야 한다고 말한 적이 없다. 다만 원칙을 지키면서 유연하게 현실 상황을 고려해야 한다고 주장했다.

정치에는 영원한 친구도 없고, 적도 없다. 누구나 중요한 목적을 위해, 자신들의 강점을 결합하기 위해 동맹을 맺을 수 있다. 하지만 정치에서는 정당성도 중요하다. 많은 정당들이 이전에 비난하고 비판했던 다른 정당과 연합을 맺은 후 정당성의 위기를 경험하고, 지지자를 잃기도 했다.

마키아벨리즘은 원칙에 따라 행동하지 않으면서도 원칙적인 사람으로 여겨지는 처세술이다.

그는 현실정치라는 용어를 사용한 적이 없다. 이 용어는 독일 정치인 루트비히 폰 로하우(Ludwig von Rochau, 1810~1873)가 1853년 저서 『현실정치의 기초(Grundsätze der Realpolitik)』에서 만들어낸 것이다.[8]

마키아벨리와 마찬가지로 로하우도 민족주의자였다. 마키아벨리가 통일된 이탈리아를 원했던 것처럼, 로하우는 통일된 독일이 자유주의 입헌군주국이 되는 것을 원했다.

로하우는 1848년 3월 혁명에 참여하여 당시 독일 왕들에게 프랑크푸르트 국민 의회라는 입법기구를 설립하여 새로운 헌법을 제정할 것을 요구했다.

학자와 사상가로 구성된 의회 의원들은 독일 왕들 사이의 권력싸움에서 무슨 일이 벌어지고 있는지 전혀 관심을 두지 않은

프랑크푸르트 국민 의회의 헌법을 거부하는 프리드리히 빌헬름 4세

채 학술적 토론에만 시간을 보냈다. 1년간의 토론 끝에 의회 의원들은 미래의 황제로 확정된 프로이센 국왕 프리드리히 빌헬름 4세에게 제안서를 제출했다. 그러나 빌헬름은 헌법을 거부하고 의회를 해산했다. 1849년에는 독일 왕들이 혁명가들에 맞서 설 수 있는 힘이 더 많았기 때문이다.

이 경험은 로하우에게 한 가지 중요한 점을 가르쳐주었는데, 생각만으로는 변화를 보장할 수 없다는 것이었다. 원하는 변화를 달성하려면 권력의 법칙을 이해해야 한다.

로하우는 당시 프랑크푸르트 국민 의회 의원들이 권력이 법 앞에 굴복할 것이라 과신한 것이 실수라고 생각했다. 사실 권력은 더 큰 권력에만 굴복할 뿐이다. 프로이센 왕에겐 그들의 제안을 받아들이도록 구속하는 그 어떤 것도 없었기 때문에 의회에서의 토론은 시간 낭비에 불과했다.

로하우는 모든 부흥과 변화가 그 당대의 사회 분위기와 정서를 고려할 때 이루어진다고 생각했다. 이는 정치 현장의 현실을 이해함으로써 이루어진 것이며, 이를 통해 현실정치라는 용어가 생겨났다.

인종 간 갈등이 있는 사회(각자 정체성 상실을 두려워함)에서 인종 정체성을 없애는 것에 대한 논의는 비현실적인 정치이다. 생존을 위해 경제를 창출해야 하는 사회에서 소비주의 반대 등 탈물질(post-material)을 주제로 한 강의 역시 비현실적이다.

이러한 논의는 금기는 아니지만 시간과 장소를 고려해야 한다. 오늘날 우리가 보고 있는 유럽 사회는 수세기에 걸친 갈등의 산물이다. 독립한 지 30년, 40년 된 나라가 같은 일을 이룰 것이라고 기대할 수는 없다.

세상은 이념대로 돌아가지 않는다. 세상을 원칙대로 바꾸고 싶다면 먼저 세상을 이해해야 한다.

로하우는 현실정치에 대한 이해 없이 현실을 바꾸기 위한 모든 구호는 공중에 떠 있는 성을 짓는 것과 같다고 말했다.

반면, 독일 통일에 성공한 프로이센 총리 오토 폰 비스마르크

는 관념론자가 아니었다. 실제
로 비스마르크는 "오늘의 독일
통일이라는 중대한 문제는 연
설이나 다수결이 아닌 피와 철
로 해결될 것"이라고 프랑크푸
르트 국민 의회를 비판했다.

그는 독일 통일이 프로이센
의 군사력(피와 철)을 통해서만
가능하다고 믿었다. 따라서 그
는 모든 독일어권 영토를 통합
하기 위해 이웃 국가(덴마크, 프

오토 폰 비스마르크

랑스, 오스트리아)와 전쟁을 일으켰다.

그러나 비스마르크는 동시에 길고 구불구불한 적대감을 피했
다. 비스마르크는 오스트리아를 격파한 후 오스트리아와 평화
협정을 맺고 동맹을 맺었다. 그러나 빌헬름 1세는 이러한 전개에
반대했다(비스마르크는 빌헬름 1세가 이에 동의하지 않으면 자살하겠다
고 위협했다). 비스마르크는 독일 통일 이후에도 강대국에 맞설 만
큼 독일이 강하지 않다는 것을 알았기 때문에 동맹을 맺은 것이
었다. 당시 프로이센 국민들 사이의 민족주의가 높았음에도 불
구하고 프로이센은 타협이 필요했다.

이러한 상황을 두고 비스마르크는 '정치는 가능성의 예술'이

라고 말한 적이 있다. 하지만 많은 사람들이 이 문장을 '정치는 무한한 가능성의 예술'이라고 오해하고 있다. 가능(독일어로 möglichen)이라는 단어는 '무한한 가능성'이 아니라 '가능한 것'을 의미한다. 비스마르크가 의미하는 바는 가능성 있는 것이 아니라, 주어진 상황에서 가능한 것에 집중해야 한다는 것이다. 할 수 있는 것을 반드시 하는 것이 최선은 아니지만, 아무것도 하지 않는 것보다 훨씬 낫다.[9]

비스마르크는 오스트리아와 좋은 관계를 맺었을 뿐만 아니라 프로이센이 러시아의 좋은 친구가 되도록 했다. 그는 독일이 러시아와 프랑스 사이에 위치하기 때문에 독일이 러시아와 좋은 관계를 맺는 것이 필수라는 사실을 알았다. 그러나 빌헬름 1세의 손자인 빌헬름 2세는 이러한 접근 방식을 선호하지 않았다. 그에게는 비스마르크가 너무 조심스럽고 자세를 낮추는 것으로 보였다. 빌헬름 2세는 1890년 비스마르크를 직위에서 해임했다. 호전적인 빌헬름 2세는 제1차 세계대전에서 프랑스와 러시아가 동맹을 맺고 독일에 맞서게 만들었다.

현실을 이해하는 사람은 상황에 따라 행동하고 자신의 약점을 직시한다. 이것이 현실정치의 진정한 의미이다. 많은 사람들이 사상이나 구호, 국민의 지지만 있으면 정치는 모든 것을 이룰 수 있을 것이라 착각하지만, 결국은 아무것도 얻지 못하는 결말을 맞고 만다.

23
과두제

우리가 이해해야 할 정치적 현실 중 하나는 과두제의 존재이다. 이 단어는 소수 또는 소규모 그룹 또는 엘리트의 지배를 의미하는 그리스어 단어(oligos)에서 파생되었다.

고차원의 민주사회라도 엘리트는 어느 사회에나 존재한다. 사회학자 로베르트 미헬스는 이 현상을 과두제의 철칙이라고 부른다. 그것은 너무 강력하고 확고해서 모든 사람이 평등하기를 바라는 확고한 사회주의자나 공산주의자도 바꿀 수 없다.[1]

조지 오웰은『동물농장』에서 인간에게 반기를 들고 "모든 동물은 평등하다"라는 슬로건을 내걸면서 농장을 세운 돼지 무리의 이야기를 들려준다. 궁극적으로 소설은 일부 동물이 다른 동물보다 더 우월한 지위에 있다는 사실을 밝혀냈다.[2]

오웰은 소련의 공산주의 정부를 조롱하고 있었다. 그는 글에서 평등이 서류상으로는 아름답지만 실제로는 실현되기 어렵다고 말한다.

귀족정치(aristocracy)는 엘리트에 의한 통치를 의미하고 과두정은 공익보다 자신의 이익(주로 부나 물질적 이익)을 우선시하는 엘리트의 권력을 정의하는 데 주로 사용된다.

과두제(Oligarchy)는 현대 민주정치에서 부자, 특히 슈퍼리치의 지배를 뜻하기도 한다. 과두정치의 또 다른 용어는 부자들의 통치를 의미하는 금권정치이다.[3]

그러나 과두제라고 해서 부자가 대통령이나 총리직을 맡는 것은 아니다. 대부분의 경우 그들은 간접적으로 통치한다.

부자들은 정치에 관심이 없고 자신의 부를 보호하거나 자신을 더 부자로 만들기 위해 정치권력을 이용한다. 정치인은 부자들에게 유리한 법률을 제정하여 그들의 후원자가 되거나 후원을 받기도 한다.

과두정은 정실주의와 비슷해 보이지만 차이점이 있다. 정실주의에서 측근은 관계를 통해 이익을 얻은 정치인의 친구 또는 가까운 동료이다. 또한 대부분의 경우 정치인과 그 측근 모두가 혜택을 받는다.

그러나 과두정치는 다른 경우로, 보다 체계적이다. 정치인은 바뀌지만 과두제는 부나 돈의 힘을 통해 정부를 붙잡고 정책 방향에 영향을 미칠 수 있다. 가장 직접적인 예는 한국의 재벌, 즉 거대 대기업 집단이다. 대기업은 동일한 개인이나 그룹이 서로 다른 회사의 지분을 보유하여 회사 그룹을 형성할 수 있도록 하는 지주 회사를 통해 다양한 산업, 경제 분야에 종사하는 회사이다.

보통사람의 정치학

삼성을 보자. 삼성은 전자제품 제조사(삼성전자)일 뿐만 아니라 세계 최대의 조선업체 중 하나(삼성중공업)이기도 하다. 현대는 자동차 제조사(현대자동차)일 뿐만 아니라 조선업체(현대중공업)이자 백화점(현대백화점) 그룹이기도 하다.

이 회사는 모두 가족 소유이다. 이병철 일가는 삼성과 CJ, 정주영 일가는 현대, 구인회 일가는 LG, 신격호 일가는 롯데를 소유하고 있다.

2차 세계대전 전 일본의 재벌(일본어로 자이바쯔)은 한국 재벌의 비즈니스 모델에 영감을 주었다. 당시 일본의 4대 재벌은 미쓰비시, 미쓰이, 스미토모, 야스다였다. 그들은 함께 일본 경제를 유지하고 대리인을 통해 정치에 영향을 미쳤다. 1920년대부터 1930년대까지 일본 정치를 지배했던 두 정당은 입헌민정당과 입헌정우회였는데, 둘 다 미쓰비시와 미쓰이의 대리인이었다.[4]

2차 세계대전 이후 1945년부터 1952년까지 일본을 통치했던 미국은 재벌구조를 깨뜨렸다. 그럼에도 불구하고 재벌이 설립한 은행은 오늘날에도 여전히 일본 금융을 통제하고 있다. 일본 3대 금융회사는 미쓰비시 UFJ, 미쓰이 스미토모, 미즈호이다. 각각 미쓰비시, 스미토모와 미쓰이, 야스다 재벌에서 나왔다.

한국을 1963년부터 1979년까지 통치한 박정희 대통령은 이 모델을 재현했다. 그의 야심은 당시 남한보다 생산성이 더 높았던 북한과 맞먹도록 가능한 한 짧은 기간 안에 남한을 부유하게 만드는 것이었다. 따라서 그는 조선, 철강, 화학과 같은 전략 분야를 이끌 수 있는 몇몇 집안을 특정해 지원하면서 특권을 부여했다. 이들 대부분은 박 대통령과 마찬가지로 경상도 출신 기업가들이었다.[5]

그 결과 한국의 생산량은 1970년대 북한을 넘어섰고, 일본에 이어 아시아 2위의 경제 대국으로 성장했다. 그러나 놀라운 성취 뒤에는 소수 가족의 손에 부와 권력이 집중되는 결과가 기다리고 있었다. 한국의 10대 재벌은 한국 경제 생산량의 절반을 차지한다고 한다.

이제 그들은 대통령보다 더 많은 권력을 갖고 있다. 재벌이 경제를 통제하기 때문에, 그들은 협조하지 않는 대통령을 위협하기 위해 권력을 사용할 수 있다. 예를 들어, 그들은 기업이 상품 가격을 인상해놓고는 마치 정부의 방침 때문이라는 인식을 심어줌으로써 정부를 곤경에 빠트릴 수 있다. 그래서 한국 대통령은 재벌의 요구를 들어주어야 하는 경우가 많다. 2008년부터 2013년까지 대통령을 맡은 이명박은 재벌의 대리자라고 할 수 있다. 이 대통령은 현대엔지니어링의 대표이사를 지낸 인물이다. 그는 대통령의 권한을 이용해 유죄 판결을 받은 많은 재벌 기업의 구성원들을 사면했다.[6]

과두정치의 부상은 정치인들이 개혁, 특히 경제 개혁에서 국가를 우선시하기 어렵게 만드는 이유 중 하나이다. 예를 들어, 어떤

보통사람의 정치학

장치를 없애려면 먼저 장치를
제어하는 사람이 누구인지, 장
치가 미치는 영향력이 어디까
지인지 알아봐야 한다.

이건희 회장과 이명박 대통령

좋든 싫든 과두제는 현대 민
주주의의 현실이다. 정치인의
권력을 제한하고 시장의 자유
를 우선시하는 자유주의는 정
치인과 과두제 사이의 권력 불균형을 초래했다.

미국에서 재벌들은 선거가 있을 때마다 자신이 선호하는 후보
자에게 기부한다. 후보가 선거에서 승리하면 즉시 대통령과 상
원의원, 하원의원들이 기부자들에게 보답한다.

국민들이 투명성을 요구하더라도, 정치에서 이러한 관행은 결
코 하루아침에 사라질 수 없다. 민주주의는, 특히 선거 기간 동안
활동 자금이 필요하다. 자본가들과 따뜻한 관계를 맺고 있는 정
치인들은 유세 활동을 할 때 재벌들이 소유한 언론을 포함한 더
많은 자원을 마음대로 사용할 수 있다.

크라우드 펀딩과 같은 새로운 접근법이 있지만 과두제의 문제
를 완전히 해결하지는 못한다. 크라우드 펀딩 기부자들도 일부
는 적게 기부하고, 일부는 다른 기부자보다 더 많이 기부한다. 얼
마나 많은 사람이 기부를 했든 가장 많이 기부한 사람이 언제나

정치인에게 가장 큰 영향을 미칠 것이다.

소셜 미디어가 등장하기 전에, 재벌들은 과두제에 반대하는 정치인들에 대한 선전을 퍼뜨리는 데 사용되는 전통적인 미디어를 장악했다. 필리핀 ABS-CBN*의 최대지주사인 로페즈 홀딩(LPZ)사는 로드리고 두테르테(Rodrigo Duterte, 필리핀의 16대 대통령)가 등장하기 전까지 회사가 선호하지 않는 정치인을 비방하는 언론으로 유명하였다. 두테르테는 소셜 미디어의 지지를 얻는 데 성공했고 이후 ABS-CBN을 폐쇄하려고 했다.

자유민주주의에서는 정치인들이 교체되기 때문에 과두제에 대항할 수 있는 힘이 제한적이다. 과두제를 제한하는 법을 개정하는 데 성공한 정치인은 자신의 영향력 아래 있던 후세 정치인이 나중에 그 법을 폐지하는 것을 보게 될 뿐이다.

자유민주주의 국가에 비해 정부가 경제에 대해 절대적인 권력을 갖고 있는 러시아, 중국 등의 권위주의 국가는 과두제의 조종을 덜 받는다.

보리스 옐친 대통령 시기(1991~1999) 러시아는 과두정치 국가였다. 1991년 공산주의 통치가 무너지자 러시아는 자유시장경제와 민주정치를 시행했다. 옐친은 자신과 가까운 거물들을 포함시킨 올리가르히(Oligarch, 신흥재벌)를** 만들어냈고, 그들에게 민

---

* 필리핀의 민영방송국이자 필리핀 최대의 미디어 기업.
** 소련 붕괴 이후 러시아 및 그 외 구소련계 국가의 경제를 장악한 특권계층.

영화된 국영 기업의 소유권을 부여했다.

엘친은 처음에 후원 정치를 확립하기를 원했다. 그가 사임하고 블라디미르 푸틴을 새 대통령으로 임명한 후, 엘친은 푸틴을 보리스 베레조프스키와 같은 올리가르히의 그늘에 두었다. 돈과 언론을 통제하는 베레조프스키와 다른 올리가르히는 푸틴이 2020년 3월 선거에서 승리하도록 도왔다.

그러나 푸틴은 실로비키*의 지원을 받아 권력을 확고히 한 후 올리가르히를 숙청하기 시작했고, 이들이 국영 기업을 팔고 러시아를 떠나도록 강요했다. 베레조프스키는 영국에서 망명 생활을 하다가 2013년에 자살했다.[7]

러시아에는 올리가르히(로만 아브라모비치 등)가 여전히 존재한다. 하지만 그들은 정부의 지시를 따르고 있다.

그렇다고 권위주의 정치나 사회주의 경제가 과두제를 근절하는 유일한 방법이라고 말하는 것은 아니다.

과두제는 중앙 정부의 권력과 연결되어 있다. 중앙 정부가 강력할수록 재벌들의 활동은 더욱 어려워진다. 프랑스와 북유럽 국가(덴마크, 아이슬란드, 노르웨이, 스웨덴) 등 강력한 중앙 권력 전통을 가진 국가에서는 이러한 문제가 발생하지 않는다.

이는 중앙 정부의 권력이 제한되어 있고, 자본가들과 자유롭게

---

* 러시아어로 '제복을 입은 남자들'을 뜻한다. 정보기관, 군, 경찰 출신의 인사들로 구성된다.

후원 관계를 형성할 수 있는 지방 행정부에 권력이 분산되어 있는 신봉건적 요소가 있는 국가(2장 참조)에서 더욱 두드러진 특징이다.

19세기 미국의 상황이 그러했다. 1870년대부터 1900년대를 강도 귀족(robber baron)*의 시대라고 부른다. 록펠러, 모건, 멜런, 밴더빌트와 같은 기업가들은 약한 중앙 정부를 배경으로 과두제를 건설한 강도 귀족이다.[8]

이 시기에는 중앙 정부보다 강도 귀족의 영향력이 더 컸다고 해도 과언이 아니다. 그들은 노동자들에 대한 열악한 처우로 유명했고, 이는 노동자들의 파업으로 이어졌다. 그들은 폭력을 사용하여 파업을 분산시키도록 하였다.

J. P. 모건

강도 귀족들은 또한 1898년부터 1911년까지 상원의 재정 정책을 감독했던 넬슨 올드리치(Nelson Aldrich) 상원의원 같은 정치인들과 좋은 관계를 맺었다. 당시 가장 부유한 사람이자 역사상 최초의 백만장자였던 존 록펠러(John D. Rockefeller)

---

*   19세기 미국에서 과점 또는 불공정한 사업 관행을 통해 산업을 지배하여 막대한 재산을 축적한 사업가와 은행가를 가리키는 경멸적인 의미의 용어.

루즈벨트를 뱀(올드리치와 록펠러)과
싸우는 어린 헤라클레스로 비유한
『퍽 매거진(Puck Magazine)』
캐리커처(1906)

는 자신의 아들 데이비슨 록펠러 주니어를 올드리치의 딸 애비게
일 올드리치와 결혼시켰다.

시어도어 루즈벨트(1901~1909년 미국 대통령)와 윌리엄 태프트
(1909~1913년 미국 대통령)가 정부 기능을 확대하고 반독점 캠페인
을 벌여 이른바 강도 귀족이 소유한 거대 기업을 무너뜨리고 나
서야 그들의 시대는 끝났다. 록펠러가 소유한 스탠다드 오일은
1911년에 뉴욕 스탠다드 오일(Socony, 소코니)과 뉴저지 스탠다드
오일(Esso, 에쏘) 같은 몇 개의 회사로 분할되었다.

그리하여 록펠러의 지배에서 벗어난 미국의 석유 부문은 더욱
경쟁력을 갖게 되었다. 에쏘(나중에 엑슨이 됨)와 소코니(나중에 모
빌이 됨)가 1999년에 합병되어 엑슨모빌이 되었지만 더 이상 록펠

러의 소유가 아니었다.

그러나 과두제는 여전히 큰 문제이고 해결되지 않은 채로 남아 있다. 특히 1980년대에 자유시장과 작은 정부라는 신자유주의 사상이 부활한 이후 더 그렇게 되었다.

정치인들이 루즈벨트처럼 정치적 의지가 강력하지 않다면 과두정치는 계속 존재할 것이다. 때로는 국민들조차 정부 권력의 확대가 과두제를 극복하는 방법임을 알지 못하는 경우가 있다. 그 결과 국민들은 낮은 세금과 지출을 약속하고 정부의 손에서 민간 과두제의 손으로 권력을 이양하는 정권에 투표한다.

보통사람의 정치학

24

쿠데타

쿠데타는 헌법에 명시된 절차를 거치지 않고 정부 권력을 장악하는 것이다.

이는 주로 군부의 쿠데타와 관련이 있다. 프랑스어로 쿠데타(coup d'état)는 '국가에 대한 타격'을 의미한다. 이 용어가 최초로 사용된 것은 1848년 루이-나폴레옹 보나파르트가 프랑스 대통령으로 선출된 후 의회를 정지시키고 독재자처럼 통치한 이후이다. 이는 국가 기관에 타격을 준 것으로 간주되었다.[1]

독일어의 푸취(Putsch, 무력에 의한 정부 전복 시도)라는 용어도 동일한 의미이다. 1923년 히틀러의 정권 장악 시도(20장 참조)는 맥주 홀 폭동(Beer Hall Putsch)으로 알려졌다. 푸취는 실패한 쿠데타를 가리킨다.

쿠데타의 또 다른 형태는 흔히 인민봉기로 불리는 혁명이다. 목표가 달성되면 혁명으로 알려지지만 실패한다면 봉기, 반란, 또는 폭동으로 알려지는 경우가 많다.

혁명(Revolution)이라는 단어는 원래 태양을 중심으로 지구가

1830년 프랑스 혁명의 분위기를 그린 외젠 들라크루아의
〈민중을 이끄는 자유의 여신(La Liberté guidant le peuple)〉

공전하는 것을 의미하는 '리볼브(revolve, 회전하다)'에서 유래되었
다. 이 용어의 사용은 1688년 영국 의회 의원들이 제임스 2세를
몰아낸 일(4장 참조), 즉 명예혁명 이후 더욱 빈번해졌다.[2]

혁명의 배후에 있는 사람들은 그들의 행동이, 마치 지구가 초
기 지점으로 돌아가는 것과 같이, 영국 정치를 원래의 궤도(왕은
의회보다 강력하지 않음)로 성공적으로 전환했다고 생각했다.

혁명이라는 단어는 입헌군주를 수립할 예정이었으나 부르봉

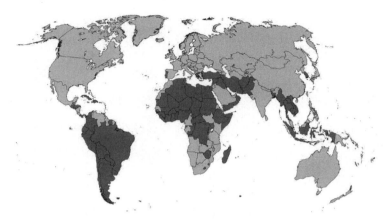

1950년부터 2020년 사이에 쿠데타가 발생한 지역들

왕가가 축출되면서 끝난 1789년의 프랑스 혁명 이후 다른 의미를 갖게 되었다. 이후 혁명은 1814년 다시 집권한 부르봉 왕조를 종식시킨 1830년 혁명, 이후 제2공화국이 탄생한 1848년 혁명 등 정치질서를 바꾸는 반란을 가리키는 데 사용됐다.

혁명이라는 용어는 또한 1775~1783년 미국 혁명, 1896~1898년 필리핀 혁명, 1945~1949년 인도네시아 민족 혁명과 같은 독립을 위한 투쟁을 가리키기도 한다. 각각의 혁명은 새로운 국가에서 새로운 정치 질서를 확립했다.

때로는 혁명이 민중 봉기와 아무 관련이 없는 활동을 가리킬 수도 있다. 예를 들어, 1963년 이란의 마지막 샤(shah)인 무함마드 레자 팔레비가 시작한 현대화 프로그램은 실패한 백색 혁명

(white revolution)으로 불리고, 샤 자신은 1978~1979년 이란 혁명으로 물러났다.

한편, 쿠데타는 혁명을 좌절시키거나 혁명으로 인해 훼손된 사회질서를 회복하기 위한 반혁명과 관련되는 경우가 많다.

지난 70년간(1950~2020) 태국에서 쿠데타가 가장 많이 발생했고(9회), 볼리비아(8회), 아르헨티나(7회), 나이지리아(6회)가 그 뒤를 이었다. 이들 국가에서는 군대에 대한 대중의 통제가 약해 군대가 독립적으로 움직일 수 있었다.

군대가 특별한 위치를 차지하는 한 가지 이유는 군대가 정치적 질서를 확립하는 역할을 수행하기 때문이다. 태국 군부가 1932년 절대왕정 종식을 위해 시암 혁명을 일으킨 것처럼 군부도 혁명에 참여하고, 이는 새로운 정부로 이어졌다. 또 다른 예는 1952년 이집트 혁명을 일으켜 파루크 왕을 무너뜨리고 이집트공화국을 세운 이집트 군대이다.

이들 국가의 쿠데타는 주로 기득권층, 특히 군부 자체의 이익을 위협하는 개혁에 착수한 지도자를 무너뜨리기 위한 반혁명이었다. 이집트에서는 파루크 왕이 타도된 이후의 모든 국가 원수가 군부 출신이었다: 모하메드 나기브(1953~1954), 가말 압델 나세르(1954~1970), 안와르 사다트(1970~1981), 호스니 무바라크(1981~2011). 더욱이 군부는 2011년 혁명에서 무바라크 정권을 종식시키는 역할을 했다. 최초의 민간인 대통령인 모하메드 모르

이집트인들은 인기가 없는 파루크 왕을 축출한 혁명을 환영했다.

시가 취임했을 때 그는 군부의 이익을 위태롭게 하는 개혁을 시도했고 군부는 2013년 7월 쿠데타로 그의 통치를 끝냈다.[3]

튀르키예 군대는 1923년 튀르키예공화국이 설립된 이후 자치 기관이기도 했다. 무스타파 케말 아타튀르크는 원수, 즉 튀르키예 최고위 군 장교였으며 1919~1923년 튀르키예 독립 전쟁의 영웅이었다. 그가 죽은 후 군부는 자신들을 그의 유산(특히 세속 헌법)의 수호자로 자처했다. 군부는 공화국의 세속주의 원칙에 어긋나는 것으로 여겨지는 이슬람 정부를 축출하기 위해 1960년, 1971년, 1980년에 세 차례 쿠데타를 일으켰다.[4]

태국 군대는 1932년 시암 혁명의 선봉이었으며, 마찬가지로 자율적인 기관으로 발전했다. 처음에 관련된 장교 중 일부는 혁명을 시작한 인민당의 당원이었다. 나머지 사람들은 민간인이었다. 그러나 얼마 지나지 않아 군부 세력은 민간 세력과 충돌했고, 이로 인해 1933년 쿠데타가 일어나 군부가 민간 지도자를 축출했다.[5]

태국 군대는 처음에는 반군주제였다. 1938~1944년, 1948~1957년 사이에 국무총리를 지낸 쁠랙 피분송크람은 독재 통치를 하며 국왕의 자리를 비워버렸다. 그는 푸미폰 아둔야뎃(라마 9세) 국왕과 조약을 맺은 사릿 타나랏에 의해 축출되었다.[6]

이후 군부와 군주는 서로의 영향력을 보완하기 위한 협약을 맺었다. 왕은 그러한 질서의 위협으로 인식되는 민간 정부를 무너뜨리도록 군대를 지지할 것이다.

친위 쿠데타(self-coup)로 알려진 쿠데타가 있는데, 이는 지도자가 헌법에 명시된 절차를 통해 집권했지만, 독재 권력을 얻기 위해 절차를 중단하는 것이다. 이는 자신을 쫓아내는 것과 비슷하다.[7]

친위 쿠데타는 정부 수장이 헌법에 명시된 권리를 무시한 채 의회를 정지하며 의회와 협의 없이 법률을 제정하고, 정적을 체포할 수 있도록 하는 긴급 명령을 통해 이루어지는 경우가 많다.

가장 좋은 예는 루이-나폴레옹 보나파르트로, 1848년 프랑스 대통령으로 선출되었으나 1851년 쿠데타를 일으키고, 의회를 정지시킨 후 1852년, 자신을 황제라고 선언했다. 필리핀의 페르디

보통사람의 정치학

난드 마르코스는 1972년 계엄령을 선포하고, 선거를 지연시키며 쿠데타를 일으켰다.

외국이 쿠데타를 계획한 사례도 있다. 이것이 냉전(1945~1991) 기간 동안 쿠데타가 발생한 주된 이유이다. 미국은 사회주의자들이 정부를 장악하고 있는, 미국인들의 이익에 영향을 줄 것으로 여겨지는 국가 지도자들을 전복시키기 위해 군대를 지원했다.

칠레의 경우가 그런 사례이다. 사회주의 대통령 살바도르 아옌데가 미국의 위협으로 인식되는 공산주의 국가 쿠바와 수교를 맺자 미국 정부는 1973년 아우구스토 피노체트가 이끄는 칠레 군대를 지원해 아옌데 정부를 전복시켰다. 소련도 유사했다. 아프가니스탄에서 소련은 모하메드 다우드 칸(전 아프가니스탄 총리이자 국왕의 사촌)이 1973년 쿠데타를 일으켜 자히르 샤 국왕을 축출하고 공화국을 수립하도록 지원했다. 그러나 다우드와 소련의 관계는 내리막길을 걸었고 소련은 1978년 사우르 혁명에서 다우드를 전복하고 살해하도록 공산주의자들을 지원했다. 소련과 미국은 동전의 양면이다.

쿠데타의 형태가 무엇이든, 권력을 장악한 소규모 군사 엘리트들의 행동은 대중이나 심지어 군대 자체로부터도 필요한 정당성을 확보해야 하는 힘든 과제에 직면하게 된다. 그래서 쿠데타 뒤에는 또 다른 쿠데타가 뒤따르는 경우가 많다.

예를 들어 시리아의 경우를 살펴보자. 1949년 쿠데타에 이어

칠레의 살바도르 아옌데 대통령과 아우구스토 피노체트

1954년 쿠데타가 이어졌고, 1961년, 1963년, 1966년, 1970년에 또 쿠데타가 일어났다. 심지어 1963년, 1966년, 1970년 쿠데타에 는 같은 사람들이 연루됐다. 바로 무함마드 움란, 살라 자디드, 하페즈 알 아사드였다. 움란은 1966년 쿠데타로 자디드가 실각 한 뒤 1970년 알 아사드에게 쫓겨났다.

유사한 사례를 혁명에서도 찾아볼 수 있다. 비록 혁명이 대중 의 이름으로 이루어지고 대중에 의해 주도되는 경우가 많지만, 엘리트들은 언제나 혁명의 열매를 향유하고 있다.

엘리트 계층은 자신의 이익을 위해 혁명을 이용하는 다양한 파 벌과 많은 기회주의자들로 구성되어 있다. 이러한 엘리트의 혁명

보통사람의 정치학

프랑스 혁명의 시발점이 된 1789년 6월의 테니스 코트 선서
(가운데에서 선서를 낭독한 장 실뱅 바이는 결국 1793년
'혁명의 적'이라는 죄목으로 사형을 선고받았다.)

이후에는 누가 전리품을 얻을 것인가에 대한 의문이 제기된다.

세상의 부를 향한 인간의 욕망에는 한계가 있기 때문에 혁명 후 이어지는 논쟁이 전리품 때문이라면 큰 문제가 되지 않는다. 그러나 논쟁이 이념에 관한 것이라면, 그것은 재앙이 될 것이다. 이념에는 한계가 없기 때문이다. 특정 이념에 열광하는 사람은 부와 지위에 대한 탐욕을 가진 사람보다 더 위험하다.

1789년 프랑스 혁명은 처음에는 부르주아지, 지식인, 도시 빈민(상퀼로트)이 이끄는 제3신분(16장 참조)이 주도했다. 제3신분에는 개혁주의 성향을 지닌 귀족들도 있었다(미라보 백작, 라파예트 후작 등).

혁명 기간 동안에는 이들 파벌 사이의 의견 차이가 그다지 뚜렷하지 않았다. 그들은 자유, 평등, 박애의 이름으로 단결하여 왕의 절대 권력에 맞서 싸웠다. 그러나 혁명 이후에는 이념으로 인해 이견이 생겼고 파벌로 대립하게 되었다. 귀족들은 군주제를 유지하고 싶어 했고, 부르주아지는 공화정을 원했으며, 가난한 사람들은 부의 공정한 분배를 원했다.

상퀼로트 운동을 벌이던 막시밀리앙 로베스피에르가 이끄는 자코뱅파는 입헌군주제를 지지하는 부르주아지를 시작으로 자유시장을 지지하는 친공화국 지롱드파까지 그의 이념적 적폐를 제거하는 극단적인 길을 걸었다.

지롱드파가 몰락한 후 로베스피에르는 그 투쟁에 적극적으로 참여하지 않았다고 생각되는 조르주 당통 같은 자코뱅의 친구들에게까지 총구를 들이대었다. 그의 통치(1793년 9월~1794년 7월)를 공포정치라 부른다. 사람들은 매일 단두대에서 처형을 당하기 위해 파리 중심부에 있는 콩코드 광장으로 보내졌다.

공포정치는 1794년 7월 28일 로베스피에르가 체포되어 단두대에서 사형된 후에야 끝났다. 그리고 급진파에 맞서 싸운 반동주의자가 공화당 정부를 장악했고, 얼마 지나지 않아 정부는 기회주의자인 나폴레옹 보나파르트의 손에 넘어갔다.

로베스피에르의 공포정치

이와 같은 상황은 거의 모든 후속 혁명에서 발생했다. 1917~
1922년 러시아 혁명에서는 공산주의자들이 같은 이념을 가졌음
에도 불구하고 파벌들 사이에 비슷한 논쟁이 벌어졌다.

1924년 블라디미르 레닌이 사망한 후 공산주의자들은 레온 트
로츠키가 이끄는 좌파와 니콜라이 부하린, 알렉세이 리코프가
이끄는 우파로 나뉘었다. 좌파는 경제에 대한 정부의 완전한 통
제를 원한 반면, 우파는 시장에 기반을 둔 새로운 경제 정책을
원했다.

이오시프 스탈린은 중도주의자라는 이미지를 내세워 부하린,
리코프와 연합하여 트로츠키를 축출했다. 그러나 스탈린은 1936

년부터 1938년까지 대숙청을 통해 부하린과 리코프를 제거했다.[8]

이란 혁명은 처음에는 자유주의자(메흐디 바자르간과 같은 인물들), 사회주의자, 공산주의자(투데당), 성직자(아야톨라)가 연합하여 부패하고 미국의 추종자인 샤 무함마드 레자 팔라비에 맞서 싸웠다. 그러나 혁명의 성과를 거둔 다음에 펼쳐진 일은 루홀라 호메이니가 이란 이슬람공화국을 건립하고 혼자 절대 권력을 차지하는 것이었다(10장 참조). 1979년부터 1981년까지 호메이니는 자신에게 동의하지 않는 사람들을 제거했다. 그들은 자유주의자, 사회주의자, 공산주의자들만이 아니었다. 카젬 샤리아트마다리와 같이 호메이니의 권위를 거부한 성직자들까지 체포되었다.[9]

억압적인 질서를 축출하려는 시도는 결국 더 나쁘지는 않더라도 똑같이 억압적인 새로운 정권으로 이어진다는 아이러니를 간과할 수 없다.

루이 14세는 사치를 많이 하여 백성을 돌보지 않았다고 한다. 그래도 그는 청렴한 삶을 살고 부를 우선시하지 않았던 로베스피에르와 달리 혁명의 이름으로 매일 사람을 참수하지는 않았다. 이데올로기에 대한 과도한 집착과 당파 간의 치열한 경쟁은 로베스피에르와 같이 피에 굶주린 혁명 지도자들의 길을 열어주었다.[10]

혁명은 낡은 질서를 몰아내고 무너뜨리기 위해 작동하지만 혁명으로 형성된 새 질서가 안정될 것이라는 보장은 없다. 질서와 안정은 빨리 이루어질 수 없었고, 권력과 권위의 공백은 혼란을 가져오거나 광신자와 기회주의자들이 권력을 장악하도록 허용했다. 안정이 없다면 변화, 해방, 형제애 등 그 어떤 슬로건도 의미가 없을 것이다.

'부패하지 않는 사람'이라는 별명을 가진 막시밀리앙 로베스피에르

25
정치적 쇠퇴

최근 정치적 논의는 보다 민주적인 사회를 만드는 데 집중되어 있다. 사람들은 민주주의가 있어야 사회가 발전하고 번영할 것이라고 생각한다.

하지만 현실에서 민주주의와 진보는 큰 관련이 없다. 국가의 경제적, 사회적 발전은 반드시 민주주의를 통해 달성되는 것이 아니라 정치적 안정의 결과이다.

이는 민주주의를 포기하고 권위주의 정권을 세우라는 말이 아니다. 그런 말은 이원론적으로(A가 아니면 B) 생각했을 때 도달하는 결론이다.

우리는 민주주의를 육성해야 한다. 그리고 민주주의에서 안정적인 정치를 어떻게 만들 수 있을지 고민해야 한다.

민주주의는 좋은 것이지만 모든 좋은 것이 민주주의와 함께 오는 것은 아니다. 안정된 정치질서를 확립하지 못하면 정치적 쇠퇴가 초래된다.

정치적 쇠퇴에 대한 개념은 플라톤, 아리스토텔레스, 폴리비오

보통사람의 정치학

스(기원전 200~118년)와 같은 고전 그리스 사상가들에 의해 심도 깊게 논의되었다.

그들의 아이디어가 비록 완벽하지도 않고 모두 실용적이지도 않았지만 일부 견해는 통찰력이 있어 현대 정치 갈등의 근원을 이해하는 데 도움이 될 수 있다. 그중 하나가 정체순환론(Anacyclosis)*이다.[1]

플라톤은 『공화국』에서 다섯 가지 주요 정부 형태로 귀족정, 금권정, 과두정, 민주정, 전제정을 규정했다.

플라톤에 따르면 귀족정은 최고의 정부 형태이다. 이는 귀족의 통치를 의미하는 것이 아니라 아리스토스(aristos), 즉 철학자가 왕인 집단의 통치를 의미한다. 철학을 이해한 철학자 왕은 어떤 것에 대한 진실이나 에이도스(eidos)**에 도달할 수 있지만 국민은 그러기가 힘들다.

플라톤은 시간이 지남에 따라 귀족들이 부패하여 금권정치, 즉 지혜보다 명예를 더 중시하는 사람들의 통치가 될 것이라 말했다. 이때의 통치자는 명예를 얻기 위해 전쟁을 좋아하는 군인이다.

플라톤에 따르면, 금권정치 역시 쇠퇴하여 부유한 사람들이 통

---

* 그리스의 역사가 폴리비오스가 주장한 이론으로, 정체는 왕정→귀족정→민주정으로 순환한다는 것이다.

** 플라톤 철학에서는 이데아와 같은 뜻으로 쓰이나, 아리스토텔레스 철학에서는 존재하는 사물에 내재하는 본질을 의미한다.

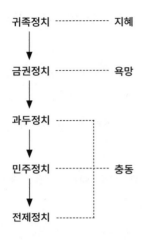

귀족정치 ·········· 지혜

금권정치 ·········· 욕망

과두정치 ··········

민주정치 ·········· 충동

전제정치 ··········

플라톤의 정치적 쇠퇴 이론

치하는 과두정치가 될 것이다. 과두정치 또한 쇠퇴의 과정을 거쳐 무의미한 통치인 민주주의가 될 것이다. 마지막으로 민주주의에서 전제정치가 탄생하는 것은 민주주의 체제에 내재된 혼란 때문이다. 이는 전제정치를 하는 잔혹한 지도자, 즉 폭군의 등장을 가능하게 한다.[2]

플라톤에 따르면 이러한 각 시스템은 인간의 영혼과 관련이 있다. 귀족정치(철학자 왕의 통치)에서 개인의 영혼은 정신(철학적 지식)에 지배되는 반면, 금권정치는 욕망과 관련된다. 과두제, 민주주의, 그에 따른 전제정은 인간이 지혜와 감정을 돌보지 않고 충동을 따르기 때문에 발생한다.

아리스토텔레스 또한 『정치학』에서 여섯 가지 정부 형태를 나열했다. 그는 플라톤과 달리 영혼론에 관심이 없었고, 대신 통치자의 수(1인, 소수, 다수)에 따라 정부 형태를 분류하여 나쁜 정부인지 좋은 정부인지 정의했다. 좋은 정부는 공공의 이익을 강조하는 반면, 나쁜 정부는 통치자의 이익을 강조한다.[3]

또한 아리스토텔레스는 독재 정부가 될 여지가 있는 플라톤의 철학자 왕의 통치에 동의하지 않았다. 아리스토텔레스는 왕의

보통사람의 정치학

아리스토텔레스의 좋은 정부와 나쁜 정부 분류

통치자의 수	공익(公益)	사익(私益)
1인	전제정	폭정
소수	귀족정	과두정
다수	폴리테이아(Politeia)	민주정

통치보다는 국민의 통치를 선호했는데, 그럼에도 불구하고 이를 민주주의라고 부르지 않고 폴리테이아(정부, 이상적인 정부를 뜻함)라고 불렀다. 아리스토텔레스에게 민주주의는 아테네 시대에 그랬던 것처럼 다수가 소수를 억압하는 지배 체제이다.

『역사(The Histories)』의 저자인 폴리비오스는 플라톤과 아리스토텔레스의 모델을 바탕으로 군주제에서 시작하여 중우정치(다수의 어리석은 민중이 이끄는 정치를 의미)나 폭민 통치로 끝나는 순환 이론을 발전시켰다.[4]

4장에서 언급했듯이 모든 인류 문명은 씨족, 부족, 군장 사회에서 진화한 군주제에서 시작되었다. 가장 강력한 자가 왕이 되었다. 그래서 폴리비오스는 군주제와 함께 그의 순환 이론을 전개했다.

몇 세대가 지나면 왕은 첫 번째 왕의 지혜와 힘을 물려받지 못하고 관성적으로 통치하며 이것이 폭정으로 변하게 된다. 그 왕은 교육을 받고 대중에게 봉사하는 것을 좋아하는 귀족에 의해 축출되고 귀족 사회가 세워질 것이다.

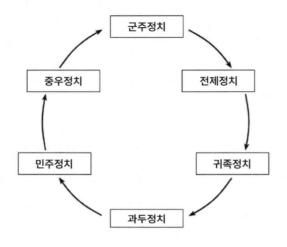

폴리비오스의 정체순환론

 그러나 귀족은 결국 민중의 복지를 생각하는 것보다 자신의 이익과 부를 축적하는 것에 더 관심을 가지게 되고, 이는 과두정의 길을 닦게 된다. 과두정은 대중의 분노를 불러일으키고, 민중은 민주주의를 확립하기 위해 이를 몰아낼 것이다.

 민주주의가 국민의 염원을 충족시키지 못할 때, 그 실망감을 이용하여 현 체제에 맞서 싸우도록 국민을 선동하는 선동가들이 나타날 것이다.

 이것으로 민주주의는 쇠퇴하고 폭도들이 지배자에 도전하기 위해 폭력을 사용하는 중우정치가 시행된다. 중우정치의 결과는 무정부 상태 또는 혼돈이며, 한 독재자가 군주정을 다시 세워 질서와 평화를 회복함으로써 순환을 완성한다.

폴리비오스의 순환 모델은 단지 이론적인 것이 아니라 아테네와 고대 로마의 정치적 발전을 요약한 것이다.

6장에서 언급했듯이 아테네는 기원전 1068년까지 원래 왕이 있는 군주제였다. 왕을 대신한 집정관도 군주로 간주할 수 있다. 아테네는 마지막 폭군인 히피아스가 축출되고 기원전 510년에 귀족정치로 대체될 때까지 철권통치자였던 폭군의 그늘 아래 있었다.

그로부터 얼마 지나지 않아 기원전 508년에 클레이스테네스가 민주주의를 확립했고, 민주주의는 점차 클레온과 같은 선동가들의 지배를 받게 되었다. 기원전 505년 스파르타는 아테네를 정복했다.

로마에서는 기원전 753년 로물루스의 즉위와 함께 군주제가 시작되었다. 일곱 번째 왕인 타르퀴니우스는 철권통치로 기원전 509년 로마공화국을 세운 원로원 의원(귀족)에 의해 몰락했다. 공화국 초기에는 귀족이나 상류계층이 정부를 통제했다. 그러나 시간이 지나면서 상류계층이 부의 상당 부분을 빼앗아가자 평민들의 불만이 커졌다. 귀족과 평민 사이의 갈등으로 인해 평민의 옹호자였던 율리우스 카이사르(그는 귀족이었음에도 불구하고)가 로마의 독재자가 될 여지가 생겼다.

기원전 44년 카이사르의 죽음은 더욱 잔인한 권력 투쟁으로 이어졌고, 이는 기원전 27년에야 카이사르의 양자 옥타비아누스가 원로원에 의해 최초의 로마 황제(아우구스투스 카이사르라는 칭호)로 추대되면서 끝났다. 이로써 로마의 한 사이클이 완성되었다.

폴리비오스가 책을 썼을 당시 카이사르는 아직 태어나지도 않았다는 점을 주목해야 한다(폴리비오스는 기원전 118년에 죽었고, 카이사르는 기원전 100년에 태어났다). 폴리비오스의 순환이론이 로마의 미래를 설명했다는 점은 매우 놀라운 일이다.

더 흥미로운 점은 폴리비오스의 이론이 현대 정치와도 관련이 있다는 점이다. 군주제(루이 16세)에 대항한 투쟁이 끝나고 새로운 군주(나폴레옹 보나파르트)가 수립된 프랑스 혁명에서도 동일한 순환을 볼 수 있다. 정치의 뿌리는 인간이다.

기술, 시스템, 국가의 진화와 변화에도 불구하고 정치에서 인간의 행동을 결정하는 원칙은 동일하게 유지된다. 역사는 과거의 정치이고, 정치는 현재의 역사이다. 그래서 과거 정치사에 뿌리를 둔 폴리비오스의 이론은 오늘날의 정치와 미래의 정치를 이해하는 데 도움이 될 것이다.

정치적 쇠퇴 과정은 민주주의가 기능하지 못하고 안정적인 정부를 구성할 수 없을 때 시작된다. 이런 일은 독일 바이마르 공화국(9장과 20장 참조)에서도 일어났는데, 당시 정부는 오랫동안 버틸 수 없었고, 연립정부는 많은 사항에 합의하지 못하여 효율

드라마 속 볼로디미르 젤렌스키와 현실의 볼로디미르 젤렌스키

적으로 통치할 수 없었다.

지식인과 학자들은 불안정한 민주주의가 초래하는 문제를 느끼지 못할 수도 있다. 그들은 심지어 그것을 민주주의의 일부라고 생각할 수도 있다. 그러나 국민은 불안정한 정치에 대한 우려와 실망을 크게 체감한다. 이러한 절망 속에서 국민들은 극단적인 선택을 하게 되는 것이다.

그리하여 우리 시대에는 지도자로 임명되는 코미디언이 점점 많아지고 있다. 지미 모랄레스는 2016년부터 2020년까지 과테말라의 대통령을 맡았다. 모랄레스는 슬랩스틱 코미디로 유명한 스탠드업 코미디언이었다. 그는 국정 경험이 전혀 없음에도 불구하고 67%의 득표율로 대선에서 승리했다.

우크라이나에서는 코미디 드라마 시리즈 〈국민의 하인(Serrunt of the People)〉의 주연이었던 볼로디미르 젤렌스키가 현직 대통령 페트로 포로셴코를 73%의 득표율로 누르고 2019년 대선에서 승리했다. 그는 드라마 시리즈에서 대통령을 맡은 것 외에는 전혀 정치 경험이 없었다.

많은 사람들이 도널드 트럼프를 광대와 비교한다. 그는 실제 코미디언은 아니지만 한때 TV 유명인사였으며 리얼리티 쇼 〈어프렌티스(The Apprentice, 견습생)〉의 진행자로 유명했다.

코미디언이 통치자가 되는 현상은 인도네시아의 그림자 연극 〈페트루크 다디 라투(Petruk Dadi Ratu)〉를 통해 오랫동안 전해졌는데, 이 작품은 갑자기 마법의 힘을 얻어 프라부(왕)의 자리에 오른 궁중 광대에 대한 이야기이다. 그의 권력은 진짜 왕에게 돌아갔다.

페트루크

사람들마다 페트루크 이야기를 다르게 해석할 것이다. 일부 의견에 따르면 페트루크는 엘리트 권력의 독점에 대한 저항의 상징이다.[5] 정치 경험이 없는 코미디언의 당선은 국민의 목소리에 반응하지 않는 정치 엘리트

보통사람의 정치학

에 대한 대중의 저항이다. 젤렌스키의 부상는 부패와 올리가르히의 지배에 맞서 싸우기로 약속했던 2004~2005년 오렌지 혁명의 결과에 대한 우크라이나 국민들의 실망과 많은 관련이 있다. 오렌지 혁명 이후 결국에는 이전에 싸웠던 지도자들과 마찬가지로 부패한 지도자들이 탄생했다. 트럼프의 부상은 보수주의자들의 반체제 정서가 커지는 것과도 관련이 있다.

코미디언이나 배우가 정치에 참여할 권리가 없다는 게 아니다. 전직 배우였던 로널드 레이건(미국 대통령, 재임 1981~1989)과 아놀드 슈왈제네거(캘리포니아 주지사, 재임 2003~2011)는 맡은 일을 훌륭하게 해냈다. 이는 그들이 각자의 직위를 맡기 전 주 및 국가의 고위직 경험이 있기 때문이다. 그들은 행정 경험이 충분했다.

그러나 감정에 기반한 포퓰리즘이 현대 페트루크의 부상을 이끌고 있다. 모랄레스나 젤렌스키 같은 사람은 개인적인 정책 비전이 없었다. 그들은 '부패 척결'이라는 슬로건만 활용할 수 있을 뿐, 다른 것은 아무것도 없었다. 결국 그들은 국민들이 기대했던 것만큼 기량을 펼치지 못했다.

페트루크의 통치는 고대 그리스 정치 연구에서 귀족 개념의 반대말인 카키스토크라시(kakistocracy,* 카키스토스는 자격이 없거나 능력이 없는 사람을 의미함)와 유사하다. 이런 자들은 국가를 다스리

---

* 어리석고 무지한 자들, 악한 자들이 다스리는 정부.

미국 중우정치의 징후. 2021년 1월 6일 상원이 트럼프의 패배를
확인하는 것을 막으려고 친트럼프 폭도들이 의회 건물을 습격하는 모습

는 데 실패하거나 기존 체제와 질서에 도전하는 군중의 등장을
막지 못한다. 트럼프가 지지자들에게 딥 스테이트(deep state, 숨은
권력 집단)가 장악한 체제에 맞서라고 선동했을 때도 비슷한 상황
이었다.

　최악의 경우, 중우정치는 내전과 혼란으로 이어진다. 나폴레옹
보나파르트, 베니토 무솔리니, 아돌프 히틀러처럼 독재자는 그러
한 상황에서 전권을 장악할 기회를 잡을 것이다.

　그렇다면 민주주의가 카키스토크라시와 중우정치로 쇠퇴하는
것을 막기 위해 우리는 무엇을 할 수 있을까? 가장 중요한 것은
안정적인 정부를 다시 세우는 것이다.

　이는 의회에서 강력한 과반수를 확보하지 않으면 달성되지 않

을 것이다. 정당연합이 바뀌면 국민에게 유익한 장기계획을 세울 수 없기 때문에 잦은 정권 교체는 언제나 무너질 위험이 있다. 14장에서 언급한 바와 같이 1990년대 일본은 1993년 선거 이후 헝 의회(Hung Parliament)*와 잦은 정부 교체를 경험했다. 48년 (1955~1993) 동안 일본을 통치했던 자민당이 무너지고 당 내에도 분열이 일어났다.

자민당을 대체한 연합은 불안정했고 일본 사회당(JSP)은 자민당과 새 정부를 구성한 지 2년 만에 내부 갈등을 겪었다. 이 연합은 마찰로 인해 지지자들을 실망시켰고, 이는 양당의 지지율 하락으로 이어졌다.

권력을 획득하고 방어하기 위한 시간과 에너지의 낭비가 일본이 1990년대 내내 불황에 갇힌 하나의 이유였을 것이다. 이 시대를 '잃어버린 10년'이라고 부른다.

1999년 자민당은 중도 성향의 공명당과 새로운 협약을 맺어 전략을 바꿨다. 자민당과 공명당은 안정적인 연합을 유지하여 자민당이 2005년 선거에서 과반 의석을 차지했다. 그러나 2009년 선거에서는 자민당 내부 문제와 글로벌 금융위기가 자민당의 발목을 잡았다. 자민당은 새로운 정치를 옹호하겠다고 약속한 민주당에 패했다.

---

* 영국을 비롯한 의원내각제 정부 체제에서 의회 내에 과반을 차지한 단일 정당이 없는 상태.

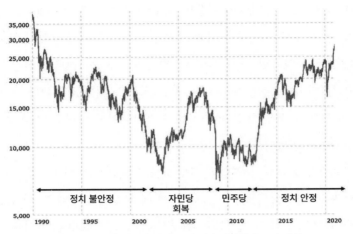

자민당 우세에 따른 일본 증권 거래소 지수(니케이 225) 변화

민주당 정권은 3년이 지난 뒤 혼란에 빠졌다. 아베 신조의 지도 아래 유권자는 자민당에 권한을 돌려주었고 자민당은 2012년 선거에서 과반 의석을 되찾았다. 이후 이어지는 선거(2014년과 2017년)에서 아베는 과반 의석을 성공적으로 방어하며 일본 정치 역사상 가장 안정적인 시기를 여는 초석을 놓았다. 안정적인 정치 덕분에 아베는 부가가치세를 2014년 5%에서 8%로 인상하고 2019년 10%로 인상하는 등 1990년대에는 할 수 없었던 많은 정책을 시행할 수 있었다. 비록 인기는 없었지만 일본의 장기적인 이익을 위해서는 반드시 해야 할 일이었다.

그러므로 정치인들은 폭넓은 지지를 바탕으로 연합을 형성하

1798년 미국 하원에서 로저 그리스월드(연방당)와 매튜
라이언(민주공화당) 사이에 몸싸움이 벌어졌다.

는 방법을 알아야 하며, 이념을 최소화하여 강력한 다수당 확보
를 더 어렵게 만들지 않아야 한다.

　정치인들은 정당 간 협약을 맺는 것 외에도, 정당 간 마찰을 줄
이기 위한 화해를 이끌어내야 한다.

　미국은 건국 초기에 연방당과 민주공화당의 대립으로 분열된
국가였다. 함께 미국을 영국에서 해방시킨 존 애덤스와 토머스
제퍼슨 등 정치인들도 과도한 당파심에서 자유롭지 못하였다.

　애덤스는 연방당원이었고 제퍼슨은 민주공화당원이었기 때문
에 그들의 관계는 당파적 정서로 인해 악화되었다. 그들의 우정
은 1800년 대통령 선거에서 애덤스가 제퍼슨에게 패한 후 끝났

다. 애덤스는 제퍼슨의 취임식에 참석하기를 거부했다.[6]

이러한 당파심으로 분열된 나라를 통일하기 위해 제퍼슨은 취임선서에서 "우리는 모두 공화주의자이고, 우리는 모두 연방주의자이다"라고 말하며 화합의 메시지를 전했다. 선거에서 패한 모든 대선 후보들에게 단합을 촉구하는 것은 이후 전통이 됐다.

트럼프는 이런 전통을 이어가지 않았다. 트럼프는 2016년 대선에서 힐러리 클린턴을 누르고 승리한 뒤 지지자들이 "그녀를 감옥에 가둬라(Lock her up)"고 외치는 것을 허용했다. 보복적인 정치는 트럼프 대통령의 재임 4년을 미국 대통령의 정치 역사상 가장 위험한 시기 중 하나로 만들었다.

인도네시아의 2019년 대선 캠페인에서도 두 대선 후보인 조코위와 프라보워의 지지자들이 서로 인신공격을 가해 상황이 심각해졌다. 프라보워의 패배는 폭동을 불러일으켰다. 그러나 조코위와 프라보워(프라보워가 장관으로 임명되었고 그의 게린드라당이 정부를 구성함)는 화해의 노력을 기울였고, 사회적 긴장은 완화되었다. 조코위는 몇 가지 조치를 통해 국가 회복을 위한 정책을 시작할 수 있었는데, 그중에는 지방 차원에서 부패를 척결하고 인도네시아 경제를 활성화하기 위해 외국인 투자 유치를 중심으로 하는 일자리 창출법을 제정하는 내용이 포함되었다.

국가를 회복시키기 위한 많은 노력은 대부분 국민에게 인기가 없다. 이러한 노력은 국민에게 해를 끼치는 것으로 보일 수 있지

보통사람의 정치학

조코위와 프라보워는 인도네시아의 민족 화합을 상징한다.

만 장기적으로는 국익을 위한 것이다. 한편, 국민을 위해서라는 명분으로 국가 회복 정책을 반대하는 목소리가 많은데 사실 그 목소리는 기득권을 옹호하려는 정치적 목적에 불과하다.

마지막으로, 정치인들은 인기 없는 정책에 대한 지지를 얻기 위해 정치에 대한 감각과 합리성을 키워야 한다. 상대를 무너뜨리기 위해 특정 정책에 대한 사실을 왜곡하는 것은 바람직하지 않다. 상대방이 옳은 일을 했다면 공로를 인정해야 하고, 우리 편이 잘못했다면 질책해야 한다. 그래야 국민이 정부에 대한 신뢰를 되찾고 정치적 쇠퇴를 피할 수 있다.

오늘날 사람들은 신사적인 정치의 원칙을 받아들이기 어려워한다. 정치인들은 어떻게든 권력을 얻는 데에만 골몰하고 있다. 현실정치에 대한 이해 부족으로 많은 정치인들이 반대자를 물리치는 데에만 집중하고 더 중요한 책임은 놓치고 있다.

정치인들이 고귀한 의도를 가지고 있지 않다면 현실정치는 설 자리가 없다. 마키아벨리는 독자들에게 개인적인 이익을 위한 권력 추구가 아닌, 이탈리아의 통일이라는 사명을 가르쳤다.

그러므로 지금은 우리가 공적 공간에서 공익을 추구하는 활동인 정치의 본래적 의미를 이해해야 할 때이다.

보통사람의 정치학

26
말레이시아 정치의 미래

  지금까지 우리는 25개 장에서 정치의 다양한 개념에 대해 논의했다. 이러한 개념은 말레이시아를 포함한 국가의 정치를 이해하는 기본 도구이다.

  영국 식민지였던 말레이시아의 정치 제도는 영국의 의회민주주의 모델에 따라 형성되었다. 만약 미국이 말레이시아를 식민지화했다면 필리핀처럼 대통령제 민주주의를 채택했을 수도 있다. 프랑스가 식민지화했다면 대통령제, 의회민주주의(1958년 이전에 독립했다면), 준대통령제 민주주의(1958년 이후 독립했다면)였을 것이다.

  식민지 이전 대부분의 아시아 왕국과 마찬가지로 고대 말레이 왕국도 왕이 주권과 의심할 수 없는 통치권을 소유하고 혈통을 통해 계승되는 절대군주제였다.

  말레이 군주제는 봉건제였으며, 고위 관료들에게 재산을 부여했고 그들은 각자의 재산에 대해 세금을 징수할 권한을 가졌다. 영국과 유럽에서도 비슷한 체제를 찾아볼 수 있다.

영국인이 온 후 봉건 제도는 중앙 집중형 체제로 대체되어 세금 징수 권리가 공무원에서 영국인에게 이전되었다(이것이 다토 마하라자 렐라가 페락에서 주재원이었던 제임스 버치를 암살한 이유이다). 그러나 영국의 식민지화는 말레이 군주제를 폐지하지 않았으므로 영국은 주민과 고문을 통해 간접적으로 통치했다. 이러한 시스템을 보호국(Protected State)이라고 한다.

제2차 세계대전 이후 영국은 말레이 9개 주 전체와 2개의 해협 정착지를 런던의 영국 정부가 직접 관리하는 말레이연합으로 통합하여 보호령 체제를 식민지 직접 체제로 바꾸려고 했다.

말레이연합이 반대하지 않았다면 말레이시아는 영국 여왕이 국가 원수이고 총독이 총리를 임명하는 호주, 캐나다, 뉴질랜드처럼 되었을 것이다. 왕은 이슬람과 말레이 관습에 관한 문제를 제외하고는 정부의 조직에 설 자리가 없다. 영국은 민족주의자가 주도하는 말레이연합민족기구(UMNO)의 거센 반대에 부딪혀 말레이연합을 해체하고 말라야연방으로 대체했다.

독립 후 리드 위원회(Reid Commission)는 국가의 헌법을 입안했다. 이들은 옛 말레이 왕국의 절대 군주와는 다른 영국 헌법을 따랐다. 말라야는 연방국가이기 때문에 각 주의 술탄은 국가 원수인 양 디-페르투안 아공(YDPA, Yang di-Pertuan Agong)의 직위를 교대로 맡았다. YDPA는 헌법에 명시된 조항에 따라 행동하며, 국회의원 다수의 지지에 따라 총리를 임명한다.

보통사람의 정치학

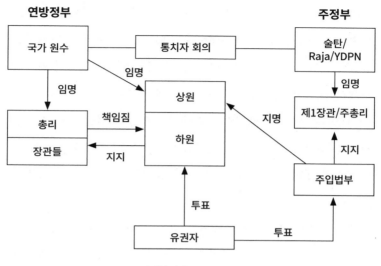

연방정부

국가 원수

통치자 회의

주정부

술탄/
Raja/YDPN

임명

임명

임명

상원

하원

제1장관/주총리

지명

지지

총리

책임짐

장관들

지지

주입법부

투표

유권자

투표

말레이시아 정부 시스템

 말라야와 이후 말레이시아는 건국 초기부터 민주주의 국가였
다. 단지 민주적 원칙으로 변경할 수 없는 특정 조항(말레이인의
권리 등)이 있어 개정하기 위해서는 동의가 필요하다. 각 주의 주
지사는 또한 사바와 사라왁의 권리를 보호한다. 말레이시아의
상원은 독일 연방상원과 유사하게 국가 이익의 수호자 역할을
한다(11장 참조).

 말레이 반도와 말레이시아가 독립한 이후 정치는 말레이연합
민족기구(UMNO), 동맹당(the Alliance), 그리고 그 후계 정당인 국
민전선(BN, Barisan Nasional)이 이끄는 정당연합에 의해 지배되었

으며, 이들은 1955년, 1959년, 1964년, 1974년, 1978년, 1982년, 1986년, 1990년, 1995년, 1999년, 2004년 선거에서 과반의석을 얻었다. 114석 중 66석만 확보하면서 정당연합이 말레이시아 반도에서 과반의석을 잃은 것은 1969년뿐이었다.

UMNO는 비(非)말레이인의 말레이 연합 시민권을 거부하는 말레이 민족주의 정당으로 창설되었지만, 1952년 쿠알라룸푸르 지방선거에 대비하기 위해 말레이시아중국인협회(MCA)와 동맹을 맺었다.

말라야의 인구통계학적 측면을 고려할 때 그러한 동맹은 필요한 것이었다. 말레이인은 절대다수를 갖고 있지 않았기 때문에 (전체 인구의 49~51%를 차지한다) 말레이계 정당만으로는 지배적이고 안정적인 정부를 구성할 수 없을 뿐만 아니라 영국이 독립을 승인하도록 설득할 수도 없었다. 1951년 조지타운 지방선거에서 UMNO는 9석 중 6석을 얻은 페낭급진당에게 패했다.

UMNO-MCA 연합은 쿠알라룸푸르 자치구 의석 12석 중 9석을 차지했다. 말레이인디언회의(MIC)는 1954년 동맹에 가장 늦게 추가되었다. 1955년 첫 총선에서 정당연합은 52석 중 51석을 얻었다(UMNO 34석, MCA 15석, MIC 2석 차지). 말레이범이슬람당(PAS)은 단독 야당 의석을 차지했다.

정당연합의 파트너십 모델(19장 참조)은 국가의 정치 이념에 대한 논의를 형성했다. 말레이인과 비말레이인에게 동등한 권리를 부여하고자 하는 부르하누딘 알-헬미(PAS) 및 아흐마드 보에스타맘(사회주의 전선)과 같은 좌익 민족주의자들은 파트너십에 반대했다.

그들은 또한 정당연합의 자유방임 자본주의 경제에 반대했으며 노동자와 농민의 이익을 우선시하는 사회주의 경제를 선호했다. 좌파 민족주의자들은 말라야를 인도네시아(또 다른 좌파 민족주의자인 수카르노의 지도하에)와 통합하여 대말라야를 형성하려는 꿈을 꾸었다.

그러나 좌익 민족주의의 영향력은 1963년과 1966년 인도네시아-말레이시아 대결 이후 쇠퇴했다. 부르하누딘과 보에스타맘을 포함한 좌익 민족주의 지도자들은 당국이 친인도네시아적 입장을 국가 안보에 대한 위협으로 인식하면서 체포되었다.

툰 압둘 라자크가 이끄는 정당연합(나중에 국민전선으로 발전)은 또한 노동자와 농민(특히 농촌 지역)의 지원을 정부로 직접 이전하는 국가사회주의(비스마르크가 시행한) 접근 방식을 취했다. 말레이시아사회당(PSM), 말레이시아인민당(PRM) 등과 같은 사회주의 정당이 여전히 존재하며 민주사회주의를 옹호하고 있지만 이들의 영향력은 주류 정당에 비해 상대적으로 미미하다.

좌익 민족주의가 종말을 고한 후, '말레인의 말레이시아(Malaysian Malaysia)'는 '말레이 패권'으로 인식되는 정당연합 모델의 도전자로 등장했다. 말레이시아 인민운동당(PGRM), 인민진보당(PPP), 민주행동당(DAP)은 이 이데올로기 분야의 최초 개척자 중 하나이다. 1969년 선거에서 이들 정당의 성공은 인종적 긴장을 불러일으켰다. 그 결과 PGRM과 PPP는 정당연합을 대체하기 위해 1973년에 설립된 새로운 연합인 국민전선(BN)에 합류했다.

'말레이인의 말레이시아' 사상을 지지하는 정당은 평등을 옹호하는 현대 자유주의 및 사회민주주의와의 유사성으로 인해 중도 좌파로 간주될 수 있다. 동시에 경제적 입장도 민주사회주의 쪽에 가깝다. 그러나 그들은 국민전선보다 우파 진영의 경제 정책(자유 시장, 균형 예산 등을 선호)에 더 기울어져 있다. 국민전선 정부의 큰 정부 접근 방식(신경제정책 등)이 편파성을 조장했기 때문에, 인종 간 기회 균등을 보장하기 위해서는 정부의 경제 통제가 완화되어야 했던 것이다. 그 외에 부르하누딘 시대(1956~1969)에는 좌익 민족주의 운동, 아스리 무다 시대(1969~1982)에는 우익 민족주의 운동이었던 말레이범이슬람당(PAS)이 1982년 이후 이슬람 정당으로 변모했다(13장 참조). 이로 인해 PAS는 국민전선에 비해 정치적 스펙트럼에서 오른쪽으로 더 밀려났다. 신경제정책으로 인한 말레이시아인들의 사회경제적 진보는 부패의 가능성으로 인식되는 연합 모델에 대해 더 '진보적'이고 더 비판적인 중산층 말레이시아인들을 탄생시켰다.

국민전선의 정치적 우위는 2008년 선거에서 중도 좌파와 우파 정당으로 구성된 인민동맹이 처음으로 과반의석을 허락하지 않

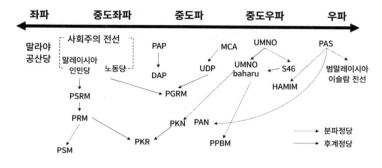

말레이시아 정당들의 정치적 스펙트럼

으면서 끝났다. 그러나 인민동맹은 말레이인 권리에 대해 여전히 보수적인 중도우파 말레이인들의 지지를 확보하는 데 실패했다.

　말레이시아원주민연합당(PPBM)이 일부 중도우파 표를 파카탄 하라판(PH, Pakatan Harapan)*으로 옮긴 것은 2018년의 일이었다. PH는 스펙트럼을 넘나드는 연합체로서, PPBM과 많은 현안의 차이로 인해 행정이 더 원활하게 운영될 수 없었다. 만약 인민동맹(PR)이 이긴다 하더라도 같은 상황이 발생하였을 것이다. 그러나 말레이시아원주민연합당은 파카탄 하라판을 떠나 통일말레이국민조직 및 말레이범이슬람당과 새로운 연합을 형성했다.

　말레이시아원주민연합당과 파카탄 하라판이 이념을 공유하더

---

* 　파카탄 하라판(PH, 희망연대)은 말레이시아의 정당 연합체로, 파카탄 라캬트 (PR)의 후계정당이다.

라도 구성 정당은 결국 권력 투쟁에 직면했을 것이다. 어느 나라에서나 정당연합은 안정적이고 지속적인 정치의 모델이 아니다. 미국의 민주당과 공화당, 영국의 노동당과 보수당은 파트너 없이 다수당을 구성할 수 있는 단일 정당이다. 선거 이후 이들 정당은 연정 파트너와 타협할 필요가 없기 때문에 일관된 정책으로 집권할 수 있다.

1990년대 이탈리아와 일본의 정부 정책은 종종 일관성이 없었다. 연립정당끼리 종종 대립하였다. 한 정당이 여당을 떠나면 정부는 무너진다. 이는 국가의 정치를 마비시킨다.

현재의 발전을 바탕으로 말레이시아는 향후 몇 년간 정치의 일본화와 이탈리아화를 겪을 가능성이 있다. 그 결과 교착 상태가 일상화되고, 정부 구성은 더욱 어려워지며 형성된 정부는 불안정해질 것이다.

이러한 상황은 제25장에서 논의한 정치적 쇠퇴로 이어질 수 있다. 정당 간 이합집산으로 인한 교착 상태의 장기화와 잦은 정권 교체는 국민들의 냉소와 분노로 이어져 '나태'하고, '무관심'한 정치인들과 대비되는 대중영합주의 정치인들이 부상할 수 있는 길을 열어줄 것이다. 포퓰리즘은 중우정치라는 더 나쁜 상황을 가져올 것이다.

내부적 영향 외에도 교착 상태와 정치적 쇠퇴는 세계 무대에서의 말레이시아 경쟁력에 영향을 미칠 것이다. 1990년대 일본의

군주제 ─────▶ 귀족정치 ─────▶ 과두제 ─────▶ 민주주의········▶중우정치

절대군주제	구 엘리트 (행정관리자)	신 엘리트	반엘리트주의
19세기 이전	1950~ 1970년대	1980~ 2000년대	2010년대~ ?

말레이시아의 정치적 쇠퇴

정치적 마비로 중국과 한국은 경제적 성취 측면에서 일본을 능가할 수 있었다. 유럽 국가 중 가장 약한 경제로 꼽히는 이탈리아도 비슷한 과정을 겪었다.

그러므로 말레이시아는 민주주의를 기념하면서도 민주주의의 다당적 성격으로 인한 정치적 교착 상태를 피해야 한다. 이런 면에서 말레이시아는 협소하고 양극화된 이데올로기를 지양해야 한다.

특정한 계층(도시, 농촌, 말레이인, 비말레이인 등)으로부터 필사적인 지지를 얻으려는 정당 이데올로기는 엄격한 정체성 정치를 만든다. 중도좌파 정당은 도시인, 진보적인 말레이인, 비말레이인과 관련이 있는 반면, 중도우파 정당은 농촌 지역 및 보수적인 말레이인과 동의어가 된다.

정당은 자신이 표방하는 것에 집중함으로써 의석을 확보할 수 있지만, 정당에게는 광범위한 지지 이상의 것이 필요하다. 특정 부문의 지지를 바탕으로 정부가 구성된다면 다른 부문에 불안감

과 긴장감이 조성된다.

　정치인들은 정치의 근본으로 돌아가 자신이 국민과 국가에 어떤 이념을 제시하고 싶은지 성찰해야 한다.

미주

1. 정치적 동물

1. Christian Meier, *The Greek Discovery of Politics*, trans. David McLintock (Cambridge: Harvard University Press, 1990), 13.

2. Augustin Sibarani, *Karikatur dan Politik* (Jakarta: Institut Studi Arus Informasi, 2001), 36.

3. Thomas L. Pangle, *Aristotle's Teaching in the Politics* (Chicago: Chicago University Press, 2013), 36.

4. Mogens Herman Hansen, *Polis: An Introduction to the Ancient Greek City-State* (Oxford: Oxford University Press, 2006), 10.

5. Michael McKeon, *The Secret History of Domesticity: Public, Private, and the Division of Knowledge* (Baltimore: The Johns Hopkins University Press, 2005), 7.

6. Fauzi M. Najjar, "Siyasa in Islamic Political Philosophy," in Michael E. Marmura, ed., *Islamic Theology and Philosophy: Studies in Honor of George F. Hourani* (Albany: State University of New York Press, 1984), 92.

7. Gerasimos Santas, *Understanding Plato's Republic* (Chichester, West Sussex: Wiley-Blackwell, 2010), 122.

2. 국가는 왜 존재하는가?

1. Robert L. Carneiro, "The Chiefdom: Precursor of the State," in Grant D. Jones & Robert R. Kautz, ed., *The Transition to Statehood in the New World* (New York: Cambridge University Press, 1981), 45.

2. Douglas P. Fry, *Beyond War: The Human Potential for Peace* (New York: Oxford University Press, 2007), 71.

3. Arthur Cotterell, *The First Great Powers: Babylon and Assyria* (New York: Oxford University Press, 2019), 23-35.

4. Albertine Jwaideh, "Tribalism and Modern Society: Iraq, A Case Study," in R. M. Savory, ed., *Introduction to Islamic Civilization* (Cambridge: Cambridge University Press, 1976), 161.

5. Mathia Rohe, *Islamic Law in Past and Present*, trans. Gwendolin Goldbloom (Leiden & Boston: Brill, 2015), 183.

6. Michael Burger, *The Shaping of Western Civilization: From Antiquity to the Present* (Ontario: University of Toronto Press, 2013), 177.

7. Stephen D. Krasner, *Sovereignty: Organized Hypocrisy* (Princeton: Princeton University Press, 1999), 4.

8. David Raič, *Statehood and the Law of Self-Determination* (The Hague: Kluwer Law International, 2002), 24.

3. 정부는 왜 존재하는가?

1. Anthony C. Milner, *Kerajaan: Malay Political Culture on the Eve of Colonial Rule* (Tucson: University of Arizona Press for the Association for Asian Studies, 1982), 31-32.

2. Stephanie Lynn Budin, *The Ancient Greeks: An Introduction* (New York: Oxford University Press, 2009), 175.

3. Patricia Gloster-Coates & Linda Quest, "Kleptocracy: Curse of

Development," *International Social Science Review* 80:1/2 (2005), 3.

4. Henry Percy Farrell, *Introduction to Political Philosophy* (London: Longmans, Greens, 1917), 118.

5. Gary B. Herbert, *Thomas Hobbes: The Unity of Scientific and Moral Wisdom* (Vancouver: University of British Columbia Press, 1989), 176.

6. Otfried Höffe, *Thomas Hobbes*, trans. Nicholas Walker (Albany: State University of New York Press, 2015), 128.

7. John Locke, *The Second Treatise of Government* (New York: Barnes & Nobles, 2004), 49.

8. Raffaele Laudani, *Disobedience in Western Political Thought: A Genealogy* (New York: Cambridge University Press, 2013), 70.

9. Daniel Lee, *Popular Sovereignty in Early Modern Constitutional Thought* (Oxford: Oxford University Press, 2016), 12.

10. Allen Jayne, *Jefferson's Declaration of Independence: Origins, Philosophy & Theology* (Lexington: The University Press of Kentucky, 1998), 41-61.

11. Charles Walton, *Policing Public Opinion in the French Revolution: The Culture of Calumny and the Problem of Free Speech* (New York: Oxford University Press, 2009), 18.

12. James Madison, "The Federalist No. 51: The Structure of the Government Must Furnish the Proper Checks and Balances between the Different Departments," in Alexander Hamilton, James Madison & John Jay, *The Federalist Papers* (New Haven: Yale University Press, 2009), 264.

4. 군주제

1. John Middleton, *World Monarchies and Dynasties* (London & New York: Routledge, 2015), 462.

2. Madawi Al-Rasheed, "Mystique of Monarchy: The Magic of Royal Succession in Saudi Arabia," in Madawi Al-Rasheed, *Salman's Legacy: The*

Dilemmas of a New Era in Saudi Arabia (New York: Oxford University Press, 2018), 52-53.

3. Michael M. Sage, *The Republican Roman Army: A Sourcebook* (New York & London: Routledge, 2008), 4.

4. Kim Bi-Hwan, "A Constitutionalist Interpretation of Confucian Politics in the Early Joseon Dynasty," in Kang Jun In, ed., *Contemporary Korean Political Thought In Search of a Post-Eurocentric Approach* (Lanham: Lexington Books, 2014), 252-253.

5. Vernon Bogdanor, "Magna Carta, the Rule of Law and the Reform of the Constitution," in Robert Hazell & James Melton, ed., *Magna Carta and its Modern Legacy* (New York: Cambridge University Press, 2015), 23.

6. Ragnhild Marie Hatton, *Louis XIV and Absolution* (London & Basingstoke: Macmillan Press, 1976), 56-57.

7. Willem Boot, "Ieyasu and the Founding of the Tokugawa Shogunate," in Wm. Theodore De Bary, ed., *Sources of East Asian Tradition: The Modern Period, Volume 2* (New York: Columbia University Press, 2008), 121.

8. Takii Kazuhiro, *Itō Hirobumi − Japan's First Prime Minister and Father of the Meiji Constitution*, trans. Takechi Manabu (New York & Oxford: Routledge, 2014), 51.

9. Claude Klein & András Sajó , "Constitution-Making: Process and Substance," in Michel Rosenfeld & András Sajó, ed., *The Oxford Handbook of Comparative Constitutional Law* (Oxford: Oxford University Press, 2012), 430.

10. Antonio L. Rappa, *The King and the Making of Modern Thailand* (London & New York: Routledge, 2017), 11.

5. 공화제

11. Louise Hodgson, *Res Publica and the Roman Republic: 'Without Body or*

Form' (Oxford: Oxford University Press, 2017), 4-5.

12. Gary Forsythe, "The Beginnings of the Republic from 509 to 390 BC," in Bernard Mineo, ed., *A Companion to Livy* (Oxford: John Wiley & Sons, 2015), 317.

13. Karl Loewenstein, *The Governance of Rome* (The Hague: Martinus Nijhoff, 1973), 79.

14. Loewenstein, *The Governance of Rome*, 138.

15. Loewenstein, *The Governance of Rome*, 403.

16. Max Weber, *Economy and Society: An Outline of Interpretive Sociology*, ed. Guenther Roth & Claus Wittich (University of California Press, 1978), 99.

17. Jean H. Baker, *Building America: The Life of Benjamin Henry Latrobe* (New York: Oxford University Press, 2020), 74.

18. Alexander Hamilton, "The Federalist No. 70: The Executive Department Further Considered," in Alexander Hamilton, James Madison & John Jay, *The Federalist Papers* (New Haven: Yale University Press, 2009), 355-356.

6. 민주주의

1. Alan Dowty, *The Jewish State: A Century Later, Updated With a New Preface* (Berkeley & Los Angeles: University of California Press, 2001), hlm. 45.

2. Morgens Herman Hansen, "The Nature of Athenian Democracy," in Dino Piovan & Giovanni Giorgini, ed., *Brill's Companion to the Reception of Athenian Democracy: From the Late Middle Ages to the Contemporary Era* (Leiden & Boston, 2020), 38-40.

3. Philip Brook Manville, *The Origins of Citizenship in Ancient Athens* (Princeton: Princeton University Press, 1997), 19.

4. James Madison, "The Federalist No. 10: The Same Subject (The Utility

of the Union as a Safeguard against Domestic Faction and Insurrection)
Continued," in Alexander Hamilton, James Madison & John Jay, *The Federalist Papers* (New Haven: Yale University Press, 2009), 50-51.

5. Stuart Lewis, *Party Principles and Practical Politics* (New York: Prentice-Hall, 1928), 154-156.

6. Chris R. Vanden Bossche, "Chartism, Class Discourse, and the Captain of Industry: Social Agency in Past and Present," in Paul E. Kerry & Marylu Hill, ed., *Thomas Carlyle Resartus: Reappraising Carlyle's Contribution to the Philosophy of History, Political Theory, and Cultural Criticism* (Madison: Fairleigh Dickinson University Press, 2010), 33.

7. 의회민주주의

1. Muhammad Abdul Jabbar Beg, *Indo-Sanskrit Loan-words in Malay* (Bangi: Universiti Kebangsaan Malaysia, 1981), 13.

2. W. Elliot Bulmer, *Westminster and the World: Commonwealth and Comparative Insights for Constitutional Reform* (Bristol: Bristol University Press, 2020), 115.

3. Stephen Buckley, *Prime Minister and Cabinet* (Edinburgh: Edinburgh University Press, 2006), 71.

4. Chris Given-Wilson, "The House of Lords, 1307-1529," in Clyve Jones, ed., *A Short History of Parliament: England, Great Britain, the United Kingdom* (Woodbridge: Boydell Press, 2012), 16.

5. Edward J. Eberle, *Church and State in Western Society: Established Church, Cooperation and Separation* (Farnham: Ashgate, 2013), 23-24.

6. Mark D. Walters, *A.V. Dicey and the Common Law Constitutional Tradition: A Legal Turn of Mind* (Cambridge: Cambridge University Press, 2020), 210.

7. Chris Ballinger, *The House of Lords 1911-2011: A Century of Non-*

Reform (Oxford: Hart Publishing, 2012), 1940.

8. Owen Hood Phillips, *The Principles of English Law and the Constitution* (London: Sweet & Maxwell, 1939), 293.

9. Kari Palonen, *Parliamentary Thinking: Procedure, Rhetoric and Time* (Cham, Switzerland: Palgrave Macmillan, 2019), 119.

10. David Beetham & Stuart Weir, *Political Power and Democratic Control in Britain* (London & New York: Routledge, 2005), 304.

11. Walter Bagehot, *The English Constitution* (London: Chapman and Hall: 1867), 70.

8. 대통령제 민주주의

1. Richard J. Ellis, *Founding the American Presidency* (Lanham: Rowman & Littlefield, 1999), 1.

2. Benjamin A. Kleinerman, *The Discretionary President: The Promise and Peril of Executive Power* (Lawrence: University Press of Kansas, 2009), 117.

3. Barry Wright, "'Harshness an Forbearance': The Politics of Pardons and the Upper Canada Rebellion," in Carolyn Strange, ed., *Qualities of Mercy: Justice, Punishment, and Discretion* (Vancouver: UBC Press, 1996), 78.

4. Marie Arana, *Bolívar: American Liberator* (New York: Simon & Schuster, 2013), 5.

5. David Wehl, *The Birth of Indonesia* (London: G. Allen & Unwin, 1948), 146.

6. Robert L. Maddex, *Constitutions of the World, Third Edition* (Washington, DC: CQ Press, 2008), 455.

9. 혼합 민주주의

1. William Roberts Clark, Matt Golder & Sona Nadenichek Golder, *Principles of Comparative Politics* (Thousand Oaks: Sage, 2012), 458.

2. Louise Wilhelmine Holborn, Gwendolen Margaret Carter & John H. Herz, *German Constitutional Documents Since 1871: Selected Texts and Commentary* (London: Pall Mall Press, 1970), 15.

3. Miriam Feldblum, "France," in Byron E. Shafer, ed., *Postwar Politics in the G-7: Orders and Eras in Comparative Perspective* (Madison: University of Wisconsin Press, 1996), 123.

4. Robert Elgie, "France," in Colin Hay & Anand Menon, ed., *European Politics* (New York: Oxford University Press, 2007), 21-22.

5. Clive H. Church, *The Politics and Government of Switzerland* (New York & Basingstoke: Palgrave Macmillan, 2004), 119.

10. 권위주의 정부

1. Robert G. Picard, *Media Portrayals of Terrorism: Functions and Meaning of News Coverage* (Ames: Iowa State University Press, 1993), 98.

2. Jonathan Dunnage, "Social Control in Fascist Italy: The Role of the Police," in Clive Emsley, Eric Johnson & Pieter Spierenburg, ed., *Social Control in Europe Volume 2: 1800-2000* (Columbus: Ohio State University Press, 2004), 261.

3. David Caute, *Politics and the Novel During the Cold War* (New Brunswick & London: Transaction Publishers, 2010), 95.

4. Christoph Marcinkowski, *Shi'ite Identities: Community and Culture in Changing Social Contexts* (Münster: LIT Verlag, 2010), 123.

5. Peter Baker & Susan Glasser, *Kremlin Rising: Vladimir Putin's Russia and the End of Revolution* (New York: Scribner, 2005), 387.

11. 연방정부

1. Kenneth L. Hill, *An Essential Guide to American Politics and the American Political System* (Bloomington: AuthorHouse, 2012), 22.

2. David Welch, *Modern European History 1871-2000: A Documentary Reader, Second Edition* (London & New York: Routledge, 1999), 1.

3. H. Saifullah & Febri Yulika, *Pertautan Budaya-Sejarah Minangkabau & Negeri Sembilan* (Kota Padangpanjang: Institut Seni Indonesia Padangpanjang, 2017), 76.

4. Zephyr Teachout, *Corruption in America* (Cambridge: Harvard University Press, 2014), 189.

5. James Madison, "The Federalist No. 62: The Senate," in Alexander Hamilton, James Madison & John Jay, *The Federalist Papers* (New Haven: Yale University Press, 2009), 313-314

6. William H. Riker, *The Development of American Federalism* (Norwell : Kluwer Academic, 1987), 36-39.

7. Gary Orfield, "The 1964 Civil Rights Act and American Education," in Bernard Grofman, ed., *Legacies of the 1964 Civil Rights Act* (Charlottesville: University of Virginia Press, 2000), 96.

12. 권력분립

1. Charles de Secondat, Baron de Montesquieu, *The Spirit of Laws*, trans. Thomas Nugent (Kitchener: Batoche Books, 2001), 173.

2. Melvin Richter, "Montesquieu's Comparative Analysis of Europe and Asia: Intended and Unintended Consequences," in David Carrithers, ed., *Charles-Louis de Secondat, Baron de Montesquieu* (London & New York: Routledge, 2009), 348.

3. Lee Ward, *The Politics of Liberty in England and Revolutionary America* (Cambridge: Cambridge University Press, 2004), 317.

4. Montesquieu, *The Spirit of Laws*, 192-199.

5. Montesquieu, *The Spirit of Laws*, 183.

6. Thomas L. Pangle, *Montesquieu's Philosophy of Liberalism: A Commentary on the Spirit of the Laws* (Chicago: Chicago University Press, 1973), 50.

7. UK Ministry of Justice, *The Governance of Britain: Judicial Appointments* (London: The Stationery Office, 2007), 13.

8. Montesquieu, *The Spirit of Laws*, 178.

9. Francis Fukuyama, *Political Order and Political Decay: From the Industrial Revolution to the Globalization of Democracy* (New York: Farrar, Straus & Giroux, 2014), 488.

13. 국가와 종교의 분리

1. Sarah Iles Johnson, *Religions of the Ancient World: A Guide* (Cambridge: Harvard University Press, 2004), 525.

2. Harold J. Berman, *Law and Revolution: The Formation of the Western Legal Tradition* (Cambridge: Harvard University Press, 1983), 273.

3. C. Scott Dixon, "The Princely Reformation in Germany," in Andrew Pettegree, ed., *The Reformation World* (London & New York: Routledge, 2000), 146.

4. J. J. Scarisbrick, *Henry VIII* (New Haven & London: Yale University Press, 1997), 384.

5. Karl Lehmann, *Thomas Jefferson: American Humanist* (Charlottesville, University Press of Virginia, 1985), 3.

6. David L. Holmes, *The Faiths of the Founding Fathers* (New York: Oxford University Press, 2006), 50.

7. Dale van Kley, "The *Ancien Régime*, Catholic Europe, and the Revolution's

Religious Schism, in Peter McPhee," in Peter McPhee, ed., *A Companion to the French Revolution* (Chichester: Wiley Blackwell, 2015), 134.

8. David Andress, The Course of the Terror, 1793–94, in Peter McPhee, ed., *A Companion to the French Revolution* (Chichester: Wiley Blackwell, 2015), 304.

9. Maurice Larkin, *Church and State after the Dreyfus Affair: The Separation Issue in France* (London & Basingstoke: Macmillan Press, 1974), 227.

10. Paul B. Henze, *Turkey and Atatürk's Legacy: Turkey's Political Evolution, Turkish–US Relations and the Prospects for the 21st Century* (Haarlem, Netherlands: Research Centre for Turkestan and Azerbaijan, 1998), 28.

14. 정당

1. Giovanni Sartori, *Parties and Party Systems: A Framework for Analysis* (Colchester: ECPR Press, 2005), 4.

2. Siegfried Korninger, *The Restoration Period and the Eighteenth Century, 1660–1780* (Vienna: Osterreichischer Bundesverlag, 1964), 93.

3. Pradeep Chhibber & Ken Kollman, *The Formation of National Party Systems: Federalism and Party Competition in Canada, Greater Britain, India, and the United States* (Princeton: Princeton University Press, 2004), 81.

4. Donald J. Green, *Third-Party Matters: Politics, Presidents, and Third Parties in American History* (Santa Barbara: Praeger, 2010), 110.

5. Russell Deacon, *Devolution in the United Kingdom, Second Edition* (Edinburgh: Edinburgh University Press, 2012), 125.

15. 정치 이념

1. Charles Walton, "Clubs, Parties, Factions," in David Andress, ed., *The*

Oxford Handbook of the French Revolution (Oxford: Oxford University Press, 2015), 364.

2. Marc Bouloiseau, The Jacobin Republic 1792–1794, trans. Jonathan Mandelbaum (Cambridge: Cambridge University Press, 1972), 52.

3. Jacob H. Huebert, Libertarianism Today (Santa Barbara, California: Praeger, 2010), 22–23.

4. E. Darmaputera, Pancasila and the Search for Identity and Modernity in Indonesian Society (Leiden: E J. Brill, 1988), 160.

5. Anatol Lieven, America Right or Wrong: An Anatomy of American Nationalism (Oxford: Oxford University Press, 2012), 74.

16. 자유주의

1. James Burnham, The Managerial Revolution (London: Penguin Books, 1962), 23.

2. Saskia Sassen, Territory, Authority, Rights: From Medieval to Global Assemblages (Princeton & Oxford: Princeton University Press, 2006), 92.

3. Peter Laslett, Locke's Two Treatises of Government: A Critical Edition with Introduction and Notes, Second Edition (Cambridge: Cambridge University Press, 1967), 3.

4. Jerry Evensky, Adam Smith's Wealth of Nations: A Reader's Guide (New York: Cambridge University Press, 2015), 114.

5. C. L. Ten, "Mill's On Liberty: Introduction," in C. L. Ten, ed., Mill's On Liberty: A Critical Guide (Cambridge: Cambridge University Press, 2008), 12.

6. Alan Ryan, The Making of Modern Liberalism (Princeton & Oxford: Princeton University Press, 2012), 24.

7. David A. Haury, The Origins of the Liberal Party and Liberal Imperialism: The Career of Charles Buller, 1806–1848 (New York: Garland, 1987),

80.

8. Cheryl Schonhardt-Bailey, *From the Corn Laws to Free Trade: Interests, Ideas, and Institutions in Historical Perspective* (Cambridge: MIT Press, 2006), 42.

9. Peter Weiler, *The New Liberalism: Liberal Social Theory in Great Britain, 1889 – 1914* (Oxford: Routledge, 2017), 136.

10. Weiler, *The New Liberalism*, 36-37.

11. Nancy Cohen, *The Reconstruction of American Liberalism, 1865 – 1914* (Chapel Hill: The University of North Carolina Press, 2002), 247.

12. James D. Boys, *Clinton's Grand Strategy: US Foreign Policy in a Post-Cold War World* (London & New York: Bloomsbury Academic), 17.

17. 보수주의

1. Emily Jones, *Edmund Burke & the Invention of Modern Conservatism, 1830 – 1914: An Intellectual History* (Oxford: Oxford University Press, 2017), 1.

2. Tom Furniss, "Burke, Edmund (1729 – 97)," in Jean Raimond & J.R. Watson, ed., *A Handbook to English Romanticism* (New York: St. Martin's Press, 1992), 40-41.

3. E. J. Payne, *Burke: Selected Works, Edited with Introduction and Notes* (Oxford: Clarendon Press, 1888), 37.

4. Gregory M. Collins, *Commerce and Manners in Edmund Burke's Political Economy* (Cambridge: Cambridge University Press, 2020), 483.

5. Edward Alloway Pankhurs, *The Wisdom of Edmund Burke: Extracts from His Speeches and Writings* (London: John Murray, 1886), 157-158.

6. Frank O' Gorman, *Edmund Burke: His Political Philosophy* (London & New York: Routledge, 2004), 124.

7. Anthony Seldon, *How Tory Governments Fall: The Tory Party in Power*

Since 1783 (London: HarperCollins, 2016), 1787.

8. Stephen J. Lee, *Gladstone and Disraeli* (London & New York: Routledge, 2005), 163.

9. Alan Ebenstein, *Friedrich Hayek: A Biography* (Chicago & London: The University of Chicago Press, 2003), 293.

10. James T. Patterson, *Congressional Conservatism and the New Deal* (Lexington: The University of Kentucky Press, 1967), 198-210.

18. 사회주의

1. Thomas Kirkup, *History of Socialism* (London & Edinburgh: Adam and Charles Black, 1892), 12.

2. J. F. C. Harrison, *Robert Owen and the Owenites in Britain and America: The Quest for the New Moral World* (London & New York: Routledge, 2009), 138.

3. Friedrich Engels, *Socialism: Utopian and Scientific* (Sydney: Resistance Books, 1999), 17-18.

4. Karl Marx & Friedrich Engels, "Preface to A Contribution to the Critique of Political Economy," in Karl Marx & Friedrich Engels, *Selected Works, I* (Moscow: Progress Publishers, 1969), 507-516.

5. David Bates, "Anarchism," in Paul Wetherly, ed., *Political Ideologies* (Oxford: Oxford University Press, 2017), 143.

6. Manfred B. Steger, *The Quest for Evolutionary Socialism: Eduard Bernstein and Social Democracy* (Cambridge: Cambridge University Press, 1997), 14.

7. Gay Dorrien, *Social Democracy in the Making: Political & Religious Roots of European Socialism* (New Haven: Yale University Press, 2019), 116.

8. Lei Delsen, Nicolette van Gestel & Frans Pennings, "Introduction: Changes in European Social Security," in Joos P. A. van Vugt & Jan M. Peet, ed., *Social Security and Solidarity in the European Union: Facts, Evaluations,*

and Perspectives (New York: Springer-Verlag, 2000), 2.

9. Neil Harding, *Lenin's Political Thought: Theory and Practice in the Democratic and Socialist Revolutions* (Chicago: Haymarket Books, 2009), 276.

10. S. C. Mathur, "Pandit Nehru: Mixed Economy, Industrialisation and Technology," in N. B. Das Gupta, *Nehru and Planning in India* (New Delhi: Concept Publishing, 1993), 115.

11. Philippe Régnier, *Singapore: A City-State in South-East Asia* (Honolulu: University of Hawaii Press, 1991), 209.

12. Abdul Rahman Abdul Aziz, *Pembangunan 1960-an: Daripada Kata-Kata Tun Abdul Razak Hussein* (Kuala Lumpur: Institut Terjemahan & Buku Malaysia, 2014), 10.

19. 민족주의

1. Timothy Baycroft & Mark Hewitson, "Introduction," in Timothy Baycroft & Mark Hewitson, ed., *What Is a Nation?: Europe 1789–1914* (New York: Oxford University Press, 2006), 3.

2. Jonathan M. Hall, *Hellenicity: Between Ethnicity and Culture* (Chicago & London: University of Chicago Press, 2002), 189.

3. Adrian Vickers, "'Malay Identity': Modernity, Invented Tradition and Forms of Knowledge," in Timothy P. Barnard, ed., *Contesting Malayness: Malay Identity Across Boundaries* (Singapore: Singapore University Press, 2004), 25-55.

4. Ilan Pappé, *The Modern Middle East: A Social and Cultural History* (London & New York: Routledge, 2014), 325.

5. David Raič, *Statehood and the Law of Self-Determination* (The Hague: Kluwer Law International, 2002), 177.

6. Antonio Cassese, *Self-Determination of Peoples: A Legal Reappraisal*

(Cambridge: Cambridge University Press, 1995), 37.

7. Camille H. Habib, *Consociationalism and the Continuous Crisis in the Lebanese System* (Beirut: Majd, 2009), 63.

8. Craig J. Reynolds, *National Identity and Its Defenders: Thailand Today* (Chiang Mai: Silkworm Books, 2002), 4.

9. Wu-Ling Chong, *Chinese Indonesians in Post-Suharto Indonesia: Democratisation and Ethnic Minorities* (Hong Kong: Hong Kong University Press, 2018), 34.

10. John W. Berry, Uichol Kim, Thomas Minde & Doris Mok, "Comparative Studies of Acculturative Stress," *International Migration Review* 21:3 (1987), 496.

11. Dean E. Robinson, *Black Nationalism in American Politics and Thought* (Cambridge: Cambridge University Press, 2001), 64.

20. 파시즘

1. Lesley Adkins, Roy A. Adkins, *Handbook to Life in Ancient Rome* (New York: Oxford University Press, 1998), 42.

2. Paul D. Van Wie, *Image, History, and Politics: The Coinage of Modern Europe* (Lanham: University Press of America, 1999), 122.

3. Franklin Hugh Adler, *Italian Industrialists from Liberalism to Fascism: The Political Development of the Industrial Bourgeoisie, 1906–1934* (Cambridge: Cambridge University Press, 1995), 166.

4. Simonetta Falasca-Zamponi, *Fascist Spectacle: The Aesthetics of Power in Mussolini's Italy* (Berkeley & Los Angeles: University of California Press, 2000), 110.

5. Federico Finchelstein, *From Fascism to Populism in History* (Oakland: University of California Press, 2017), 85.

6. Eberhard Jaeckel, *Hitler in History* (Hanover: Brandeis University Press,

1984), 12. 7. Donald F. Busky, *Democratic Socialism: A Global Survey* (Westport & London: Prager, 2000), 22.

7. Nicholas Goodrick-Clarke, *Black Sun: Aryan Cults, Esoteric Nazism, and the Politics of Identity* (New York & London: New York University Press, 2003), 88-89.

8. Andrew Roberts, *The Storm of War: A New History of the Second World War* (London: Penguin, 2009), 55.

9. Stephen Shenfield, *Russian Fascism: Traditions, Tendencies and Movements: Traditions* (Oxford & New York: Routledge, 2015), 113-189.

21. 포퓰리즘

1. Henrike Jansen, Bart van Klink & Ingeborg van der Geest, 'Introduction: the Study of Populism', in Henrike Jansen, Ingeborg van der Geest & Bart van Klink, ed., *Vox Populi: Populism as a Rhetorical and Democratic Challenge* (Chelthenham, UK & Northampton, MA: Edward Elgar Publishing, 2020), 3.

2. Jansen et al., Introduction, 2.

3. Cas Mudde & Cristóbal Rovira Kaltwasser, *Populism: A Very Short Introduction* (New York: Oxford University Press, 2017), 68.

4. Chip Berlet & Matthew Nemiroff Lyons, *Right-Wing Populism in America: Too Close for Comfort* (New York & London: The Guilford Press, 2000), 125-128.

5. Wolfgang Muno, "Populism in Argentina," in Daniel Stockemer, ed., *Populism Around the World: A Comparative Perspective* (Cham, Switzerland: Springer Nature, 2019), 12.

6. Roger Eatwell & Matthew Goodwin, *National Populism: The Revolt Against Liberal Democracy* (London: Pelican, 2018), 1.

22. 현실정치

1. Dante Germino, *Machiavelli to Marx: Modern Western Political Thought* (Chicago: The University of Chicago Press, 1979), 43-45.
2. Niccolò Machiavelli, *The Prince*, ed. Quentin Skinner & Russell Price (Cambridge: Cambridge University Press, 1988), 108.
3. Robert Black, "Machiavelli, Servant of the Florentine Republic," in Gisela Bock, Quentin Skinner & Maurizio Viroli, ed., *Machiavelli and Republicanism* (Cambridge: Cambridge University Press, 1993), 71-72.
4. Machiavelli, *The Prince*, 63.
5. Robert Bireley, *Botero: The Reason of State* (Cambridge: Cambridge University Press, 2017), 83.
6. Machiavelli, *The Prince*, 54.
7. Niccolò Machiavelli, *Machiavelli: The Chief Works and Others, Volume I*, trans. Allan Gilbert (Durham: Duke University Press, 2013), 84.
8. John Bew, *Realpolitik: A History* (New York: Oxford University Press, 2016), 31.
9. William Safire, *Safire's Political Dictionary* (Oxford: Oxford University Press, 2008), 26-27.

23. 과두제

1. Martin Slattery, *Key Ideas in Sociology* (Cheltenham: Nelson Thomas, 2003), 52.
2. George Orwell, *Animal Farm: A Fairy Story* (Boston & New York: Houghton Mifflin Harcourt, 2009), 192.
3. Gaines Bradford Jackson, *Land of Oppression Instead of Land of Opportunity* (Bloomington: Xlibris, 2012), 29-30.
4. Haruhiro Fukui, *Party in Power: The Japanese Liberal-democrats and*

보통사람의 정치학

Policy-making (Berkeley & Los Angeles: University of California Press, 1970), 29.

5. Namhee Lee, *The Making of Minjung: Democracy and the Politics of Representation in South Korea* (Ithaca: Cornell University Press, 2007), 49.

6. Veland Ramadani, Esra Memili, Ramo Palalić & Erick Paulo Cesar Chang, *Entrepreneurial Family Businesses: Innovation, Governance, and Succession* (Cham, Switzerland: Springer Nature, 2020), 2.

7. Walter Laqueur, *Putinism: Russia and Its Future with the West* (New York: Thomas Dunne, 2015), 51.

8. David E. Wilt & Michael Shull, "Robber Barons, Media Moguls, and Power Elites," in Peter C. Rollins, ed., *The Columbia Companion to American History on Film: How the Movies Have Portrayed the American Past* (New York: Columbia University Press, 2003), 297.

24. 쿠데타

1. Christopher D. Moore, "Political and Military Coups," in John T. Ishiyama & Marijke Breuning, ed., *21st Century Political Science: A Reference Handbook, Volume 1* (Sage: Thousand Oaks, 2011), 124.

2. Vernon F. Snow, "The Concept of Revolution in Seventeenth-Century England," *The Historical Journal* 5:2 (1962), 167-174.

3. Sonia L. Alianak, *Transition Towards Revolution and Reform: The Arab Spring Realised?* (Edinburgh: Edinburgh University Press, 2014), 94.

4. M. Hakan Yavuz, *Islamic Political Identity in Turkey* (Oxford: Oxford University Press, 2003), 245.

5. David L. Elliott, *Thailand: Origins of a Military Rule* (London: Zed Press, 1978), 87.

6. Kevin Hewison, "The Monarchy and Succession," in Pavin Chachavalpongpun, ed., *Routledge Handbook of Contemporary Thailand*

(Oxford & New York: Routledge, 2020), 119-120.

7. Edy Kaufman, *Uruguay in Transition: From Civilian to Military Rule* (New Brunswick: Transaction Books, 1979), ix.

8. J. Arch Getty, *Origins of the Great Purges: The Soviet Communist Party Reconsidered, 1933 – 1938* (Cambridge: Cambridge University Press, 1987), 18-19.

9. Abbas Amanat, *Iran: A Modern History* (New Haven: Yale University Press, 2017), 799-801.

10. Barrington Moore, Jr., *Moral Purity and Persecution in History* (Princeton: Princeton University Press, 2000), 73.

25. 정치적 쇠퇴

1. George Modelski, *Long Cycles in World Politics* (Basingstoke & London: Macmillan Press, 1987), 59.

2. Plato, *Republic*, trans. Robin Waterfield (Oxford: Oxford University Press, 2009), 280.

3. Aristotle, *Politics*, trans. Benjamin Jowett (Mineola: Dover Publications, 2000), 113-115.

4. Polybius, *The Histories*, trans. Robin Waterfield (Oxford: Oxford University Press, 2010), 373.

5. Irfan Teguh, "Petruk Dadi Ratu adalah Simbol Perlawanan terhadap Oligarki," *Titro.id*, 16 Februari 2019.

6. Gordon S. Wood, *Friends Divided: John Adams and Thomas Jefferson* (New York: Penguin, 2017), 321.

보통사람의 정치학

참고문헌

Abdul Rahman Abdul Aziz. *Pembangunan 1960-an: Daripada Kata-Kata Tun Abdul Razak Hussein.* Kuala Lumpur: Institut Terjemahan & Buku Malaysia, 2014.

Adkins, Lesley, & Roy A. Adkins. *Handbook to Life in Ancient Rome.* New York: Oxford University Press, 1998.

Adler, Franklin Hugh. *Italian Industrialists from Liberalism to Fascism: The Political Development of the Industrial Bourgeoisie, 1906 – 1934.* Cambridge: Cambridge University Press, 1995.

Al-Rasheed, Madawi. *Salman's Legacy: The Dilemmas of a New Era in Saudi Arabia.* New York: Oxford University Press, 2018.

Alianak, Sonia L. *Transition Towards Revolution and Reform: The Arab Spring Realised?.* Edinburgh: Edinburgh University Press, 2014.

Amanat, Abbas. *Iran: A Modern History.* New Haven: Yale University Press, 2017.

Andress, David, ed. *The Oxford Handbook of the French Revolution.* Oxford: Oxford University Press, 2015.

Arana, Marie. *Bolívar: American Liberator.* New York: Simon & Schuster, 2013.

Aristotle. *Politics.* Translation by Benjamin Jowett. Mineola: Dover Publications, 2000.

Bagehot, Walter. *The English Constitution*. London: Chapman and Hall: 1867.

Baker, Jean H. *Building America: The Life of Benjamin Henry Latrobe*. New York: Oxford University Press, 2020.

Baker, Peter, & Susan Glasser. *Kremlin Rising: Vladimir Putin's Russia and the End of Revolution*. New York: Scribner, 2005.

Ballinger, Chris. *The House of Lords 1911 – 2011: A Century of Non-Reform*. Oxford: Hart Publishing, 2012.

Barnard, Timothy P., ed. *Contesting Malayness: Malay Identity Across Boundaries*. Singapore: Singapore University Press, 2004.

Baycroft, Timothy, & Mark Hewitson, ed. *What Is a Nation?: Europe 1789 – 1914*. New York: Oxford University Press, 2006.

Beetham, David, & Stuart Weir. *Political Power and Democratic Control in Britain*. London & New York: Routledge, 2005.

Beg, Muhammad Abdul Jabbar. *Indo-Sanskrit Loan-words in Malay*. Bangi: Universiti Kebangsaan Malaysia, 1981.

Berlet, Chip, & Matthew Nemiroff Lyons. *Right-Wing Populism in America: Too Close for Comfort*. New York & London: The Guilford Press, 2000.

Berman, Harold J. *Law and Revolution: The Formation of the Western Legal Tradition*. Cambridge: Harvard University Press, 1983.

Bew, John *Realpolitik: A History*. New York: Oxford University Press, 2016.

Bireley, Robert. *Botero: The Reason of State*. Cambridge: Cambridge University Press, 2017.

Bock, Gisela, Quentin Skinner, & Maurizio Viroli, ed. *Machiavelli and Republicanism*. Cambridge: Cambridge University Press, 1993.

Bouloiseau, Marc. *The Jacobin Republic 1792 – 1794*. Translation by Jonathan Mandelbaum. Cambridge: Cambridge University Press, 1972.

Boys, James D. *Clinton's Grand Strategy: US Foreign Policy in a Post-Cold War*

World. London & New York: Bloomsbury Academic.

Buckley, Stephen. *Prime Minister and Cabinet*. Edinburgh: Edinburgh University Press, 2006.

Budin, Stephanie Lynn. *The Ancient Greeks: An Introduction*. New York: Oxford University Press, 2009.

Bulmer, W. Elliot. *Westminster and the World: Commonwealth and Comparative Insights for Constitutional Reform*. Bristol: Bristol University Press, 2020.

Burger, Michael. *The Shaping of Western Civilization: From Antiquity to the Present*. Ontario: University of Toronto Press, 2013.

Burnham, James. *The Managerial Revolution*. London: Penguin Books, 1962.

Busky, Donald F. *Democratic Socialism: A Global Survey*. Westport & London: Prager, 2000.

Carrithers, David, ed. *Charles-Louis de Secondat, Baron de Montesquieu*. London & New York: Routledge, 2009.

Cassese, Antonio. *Self-Determination of Peoples: A Legal Reappraisal*. Cambridge: Cambridge University Press, 1995.

Caute, David. *Politics and the Novel During the Cold War*. New Brunswick & London: Transaction Publishers, 2010.

Chachavalpongpun, Pavin, ed. *Routledge Handbook of Contemporary Thailand*. Oxford & New York: Routledge, 2020.

Chhibber, Pradeep, & Ken Kollman. *The Formation of National Party Systems: Federalism and Party Competition in Canada, Greater Britain, India, and the United States*. Princeton: Princeton University Press, 2004.

Chong, Wu-Ling. *Chinese Indonesians in Post-Suharto Indonesia: Democratisation and Ethnic Minorities*. Hong Kong: Hong Kong University Press, 2018.

Church, Clive H. *The Politics and Government of Switzerland*. New York &

Basingstoke: Palgrave Macmillan, 2004.

Clark, William Roberts, Matt Golder, & Sona Nadenichek Golder. *Principles of Comparative Politics*. Thousand Oaks: Sage, 2012.

Cohen, Nancy. *The Reconstruction of American Liberalism, 1865 – 1914*. Chapel Hill: The University of North Carolina Press, 2002.

Collins, Gregory M. *Commerce and Manners in Edmund Burke's Political Economy* .Cambridge: Cambridge University Press, 2020.

Cotterell, Arthur. *The First Great Powers: Babylon and Assyria*. New York: Oxford University Press, 2019.

Darmaputera, E. *Pancasila and the Search for Identity and Modernity in Indonesian Society*. Leiden: E J. Brill, 1988.

De Bary, Wm. Theodore, ed., *Sources of East Asian Tradition: The Modern Period, Volume 2*. New York: Columbia University Press, 2008.

De Secondat, Charles, Baron de Montesquieu. *The Spirit of Laws* Translation by Thomas Nugent. Kitchener: Batoche Books, 2001.

Deacon, Russell. *Devolution in the United Kingdom, Second Edition*. Edinburgh: Edinburgh University Press, 2012.

Dorrien, Gay *Social Democracy in the Making: Political & Religious Roots of European Socialism*. New Haven: Yale University Press, 2019.

Dowty, Alan. *The Jewish State: A Century Later, Updated With a New Preface*. Berkeley & Los Angeles: University of California Press, 2001.

Eatwell, Roger, & Matthew Goodwin. *National Populism: The Revolt Against Liberal Democracy*. London: Pelican, 2018.

Eberle, Edward J. *Church and State in Western Society: Established Church, Cooperation and Separation*. Farnham: Ashgate, 2013.

Ebenstein, Alan. *Friedrich Hayek: A Biography*. Chicago & London: The University of Chicago Press, 2003.

Elliott, David L. *Thailand: Origins of a Military Rule*. London: Zed Press, 1978.

Ellis, Richard J. *Founding the American Presidency*. Lanham: Rowman & Littlefield, 1999.

Emsley, Clive, Eric Johnson & Pieter Spierenburg, ed. *Social Control in Europe Volume 2: 1800 – 2000*. Columbus: Ohio State University Press, 2004.

Engels, Friedrich. *Socialism: Utopian and Scientific*. Sydney: Resistance Books, 1999.

Evensky, Jerry. *Adam Smith's Wealth of Nations: A Reader's Guide*. New York: Cambridge University Press, 2015.

Falasca-Zamponi, Simonetta. *Fascist Spectacle: The Aesthetics of Power in Mussolini's Italy*. Berkeley & Los Angeles: University of California Press, 2000.

Farrell, Henry Percy. *Introduction to Political Philosophy*. London: Longmans, Greens, 1917.

Finchelstein, Federico. *From Fascism to Populism in History*. Oakland: University of California Press, 2017.

Fry, Douglas P. *Beyond War: The Human Potential for Peace*. New York: Oxford University Press, 2007.

Fukui, Haruhiro. *Party in Power: The Japanese Liberal-democrats and Policy-making*. Berkeley & Los Angeles: University of California Press, 1970.

Fukuyama, Francis. *Political Order and Political Decay: From the Industrial Revolution to the Globalization of Democracy*. New York: Farrar, Straus & Giroux, 2014.

Germino, Dante. *Machiavelli to Marx: Modern Western Political Thought*. Chicago: The University of Chicago Press, 1979.

Getty, J. Arch. *Origins of the Great Purges: The Soviet Communist Party Reconsidered, 1933 – 1938*. Cambridge: Cambridge University Press, 1987.

Goodrick-Clarke, Nicholas. *Black Sun: Aryan Cults, Esoteric Nazism, and the Politics of Identity*. New York & London: New York University Press, 2003.

Green, Donald J. *Third-Party Matters: Politics, Presidents, and Third Parties in American History*. Santa Barbara: Praeger, 2010.

Grofman, Bernard, ed. *Legacies of the 1964 Civil Rights Act* (Charlottesville: University of Virginia Press, 2000.

Gupta, N. B. Das. *Nehru and Planning in India*. New Delhi: Concept Publishing, 1993.

Habib, Camille H. *Consociationalism and the Continuous Crisis in the Lebanese System*. Beirut: Majd, 2009.

Hall, Jonathan M. *Hellenicity: Between Ethnicity and Culture*. Chicago & London: University of Chicago Press, 2002.

Hamilton, Alexander, James Madison, & John Jay. *The Federalist Papers*. New Haven: Yale University Press, 2009.

Hansen, Mogens Herman. *Polis: An Introduction to the Ancient Greek City-State*. Oxford: Oxford University Press, 2006.

Harding, Neil. *Lenin's Political Thought: Theory and Practice in the Democratic and Socialist Revolutions*. Chicago: Haymarket Books, 2009.

Harrison, J. F. C. *Robert Owen and the Owenites in Britain and America: The Quest for the New Moral World*. London & New York: Routledge, 2009.

Hatton, Ragnhild Marie. *Louis XIV and Absolution*. London & Basingstoke: Macmillan Press, 1976.

Haury, David A. *The Origins of the Liberal Party and Liberal Imperialism: The Career of Charles Buller, 1806 – 1848*. New York: Garland, 1987.

Hay, Colin, & Anand Menon, ed. *European Politics*. New York: Oxford University Press, 2007.

Hazell, Robert, & James Melton, ed. *Magna Carta and its Modern Legacy*. New

보통사람의 정치학

York: Cambridge University Press, 2015.

Henze, Paul B. *Turkey and Atatürk's Legacy: Turkey's Political Evolution, Turkish-US Relations and the Prospects for the 21st Century.* Haarlem, Netherlands: Research Centre for Turkestan and Azerbaijan, 1998.

Herbert, Gary B. *Thomas Hobbes: The Unity of Scientific and Moral Wisdom.* Vancouver: University of British Columbia Press, 1989.

Hill, Kenneth L. *An Essential Guide to American Politics and the American Political System.* Bloomington: AuthorHouse, 2012.

Hodgson, Louise. *Res Publica and the Roman Republic: 'Without Body or Form'.* Oxford: Oxford University Press, 2017.

Höffe, Otfried. *Thomas Hobbes*, trans. Nicholas Walker. Albany: State University of New York Press, 2015.

Holborn, Louise Wilhelmine, Gwendolen Margaret Carter, & John H. Herz. *German Constitutional Documents Since 1871: Selected Texts and Commentary.* London: Pall Mall Press, 1970.

Holmes, David L. *The Faiths of the Founding Fathers.* New York: Oxford University Press, 2006.

Huebert, Jacob H. *Libertarianism Today.* Santa Barbara, California: Praeger, 2010.

Huntington, Samuel P. *The Third Wave: Democratization in the Late Twentieth Century.* Norman: University of Oklahoma Press, 1993.

Ishiyama, John T., & Marijke Breuning, ed. *21st Century Political Science: A Reference Handbook, Volume 1.* Sage: Thousand Oaks, 2011.

Jackson, Gaines Bradford. *Land of Oppression Instead of Land of Opportunity.* Bloomington: Xlibris, 2012.

Jaeckel, Eberhard. *Hitler in History.* Hanover: Brandeis University Press, 1984.

Jansen, Henrike, Ingeborg van der Geest, & Bart van Klink, ed. *Vox Populi:*

Populism as a Rhetorical and Democratic Challenge. Cheltenham, UK & Northampton, MA: Edward Elgar Publishing, 2020.

Jayne, Allen. *Jefferson's Declaration of Independence: Origins, Philosophy & Theology*. Lexington: The University Press of Kentucky, 1998.

Johnson, Sarah Iles. *Religions of the Ancient World: A Guide*. Cambridge: Harvard University Press, 2004.

Jones, Clyve, ed. *A Short History of Parliament: England, Great Britain, the United Kingdom*. Woodbridge: Boydell Press, 2012.

Jones, Emily. *Edmund Burke & the Invention of Modern Conservatism, 1830–1914: An Intellectual History*. Oxford: Oxford University Press, 2017.

Jones, Grant D., & Robert R. Kautz, ed. *The Transition to Statehood in the New World*. New York: Cambridge University Press, 1981.

Kang, Jun In, ed. *Contemporary Korean Political Thought In Search of a Post-Eurocentric Approach*. Lanham: Lexington Books, 2014.

Kaufman, Edy. *Uruguay in Transition: From Civilian to Military Rule*. New Brunswick: Transaction Books, 1979.

Kazuhiro, Takii. *Itō Hirobumi – Japan's First Prime Minister and Father of the Meiji Constitution*. Translation by Takechi Manabu. New York & Oxford: Routledge, 2014.

Kerry, Paul E. & Marylu Hill, ed., *Thomas Carlyle Resartus: Reappraising Carlyle's Contribution to the Philosophy of History, Political Theory, and Cultural Criticism*. Madison: Fairleigh Dickinson University Press, 2010.

Kirkup, Thomas. *History of Socialism*. London & Edinburgh: Adam and Charles Black, 1892.

Kleinerman, Benjamin A. *The Discretionary President: The Promise and Peril of Executive Power*. Lawrence: University Press of Kansas, 2009.

Korninger, Siegfried. *The Restoration Period and the Eighteenth Century, 1660 – 1780*. Vienna: Osterreichischer Bundesverlag, 1964.

Krasner, Stephen D. *Sovereignty: Organized Hypocrisy*. Princeton: Princeton University Press, 1999.

Laqueur, Walter *Putinism: Russia and Its Future with the West* (New York: Thomas Dunne, 2015), 51.

Larkin, Maurice. *Church and State after the Dreyfus Affair: The Separation Issue in France*. London & Basingstoke: Macmillan Press, 1974.

Laslett, Peter. *Locke's Two Treatises of Government: A Critical Edition with Introduction and Notes, Second Edition* .Cambridge: Cambridge University Press, 1967.

Laudani, Raffaele. *Disobedience in Western Political Thought: A Genealogy*. New York: Cambridge University Press, 2013.

Lee, Daniel. *Popular Sovereignty in Early Modern Constitutional Thought*. Oxford: Oxford University Press, 2016.

Lee, Namhee. *The Making of Minjung: Democracy and the Politics of Representation in South Korea*. Ithaca: Cornell University Press, 2007.

Lee, Stephen J. *Gladstone and Disraeli*. London & New York: Routledge, 2005.

Lehmann, Karl. *Thomas Jefferson: American Humanist*. Charlottesville, University Press of Virginia, 1985.

Lewis, Stuart. *Party Principles and Practical Politics*. New York: Prentice-Hall, 1928.

Lieven, Anatol. *America Right or Wrong: An Anatomy of American Nationalism*. Oxford: Oxford University Press, 2012.

Locke, John. *The Second Treatise of Government*. New York: Barnes & Nobles, 2004.

Loewenstein, Karl. *The Governance of Rome*. The Hague: Martinus Nijhoff,

1973.

Machiavelli, Niccolò. *The Prince*. Disunting oleh Quentin Skinner & Russell Price. Cambridge: Cambridge University Press, 1988.

Machiavelli, Niccolò. *Machiavelli: The Chief Works and Others, Volume I*. Translated by Allan Gilbert. Durham: Duke University Press, 2013.

Maddex, Robert L. *Constitutions of the World, Second Edition*. Washington, DC: CQ Press, 2008.

Manville, Philip Brook. *The Origins of Citizenship in Ancient Athens*. Princeton: Princeton University Press, 1997.

Marcinkowski, Christoph. *Shi'ite Identities: Community and Culture in Changing Social Contexts*. Münster: LIT Verlag, 2010.

Marmura, Michael E., ed. *Islamic Theology and Philosophy: Studies in Honor of George F. Hourani*. Albany: State University of New York Press, 1984.

Marx, Karl, & Friedrich Engels. *Selected Works, I*. Moscow: Progress Publishers, 1969.

McKeon, Michael. *The Secret History of Domesticity: Public, Private, and the Division of Knowledge*. Baltimore: The Johns Hopkins University Press, 2005.

McPhee, Peter ed. *A Companion to the French Revolution*. Chichester: Wiley Blackwell, 2015.

Meier, Christian. *The Greek Discovery of Politics*. Translation by David McLintock Cambridge: Harvard University Press, 1990.

Middleton, John. *World Monarchies and Dynasties*. London & New York: Routledge, 2015.

Milner, Anthony C. *Kerajaan: Malay Political Culture on the Eve of Colonial Rule*. Tucson: University of Arizona Press for the Association for Asian Studies, 1982.

Mineo, Bernard, ed. *A Companion to Livy*. Oxford: John Wiley & Sons, 2015.

Modelski, George. *Long Cycles in World Politics*. Basingstoke & London: Macmillan Press, 1987.

Moore, Jr., Barrington. *Moral Purity and Persecution in History*. Princeton: Princeton University Press, 2000.

Mudde, Cas, & Cristóbal Rovira Kaltwasser. *Populism: A Very Short Introduction*. New York: Oxford University Press, 2017.

O' Gorman, Frank. *Edmund Burke: His Political Philosophy*. London & New York: Routledge, 2004.

Orwell, George. *Animal Farm: A Fairy Story*. Boston & New York: Houghton Mifflin Harcourt, 2009.

Palonen, Kari. *Parliamentary Thinking: Procedure, Rhetoric and Time*. Cham, Switzerland: Palgrave Macmillan, 2019.

Pangle, Thomas L. *Montesquieu's Philosophy of Liberalism: A Commentary on the Spirit of the Laws*. Chicago: Chicago University Press, 1973.

Pangle, Thomas L. *Aristotle's Teaching in the Politics*. Chicago: Chicago University Press, 2013.

Pankhurst, Edward Alloway. *The Wisdom of Edmund Burke: Extracts from His Speeches and Writings*. London: John Murray, 1886.

Pappé, Ilan. *The Modern Middle East: A Social and Cultural History*. London & New York: Routledge, 2014.

Payne, E. J. *Burke: Selected Works, Edited with Introduction and Notes*. Oxford: Clarendon Press, 1888.

Patterson, James T. *Congressional Conservatism and the New Deal*. Lexington: The University of Kentucky Press, 1967.

Pettegree, Andrew, ed. *The Reformation World*. London & New York: Routledge, 2000.

Phillips, Owen Hood. *The Principles of English Law and the Constitution*. London: Sweet & Maxwell, 1939.

Picard, Robert G. *Media Portrayals of Terrorism: Functions and Meaning of News Coverage*. Ames: Iowa State University Press, 1993.

Piovan, Dino, & Giovanni Giorgini, ed. *Brill's Companion to the Reception of Athenian Democracy: From the Late Middle Ages to the Contemporary Era*. Leiden & Boston, 2020.

Plato. *Republic*. Translation by Robin Waterfield. Oxford: Oxford University Press, 2009.

Polybius. *The Histories*. Translation by Robin Waterfield. Oxford: Oxford University Press, 2010.

Raič, David. *Statehood and the Law of Self-Determination*. The Hague: Kluwer Law International, 2002.

Raimond, Jean, & J.R. Watson, ed. *A Handbook to English Romanticism*. New York: St. Martin's Press, 1992.

Ramadani, Veland, Esra Memili, Ramo Palalić, & Erick Paulo Cesar Chang. *Entrepreneurial Family Businesses: Innovation, Governance, and Succession*. Cham, Switzerland: Springer Nature, 2020.

Rappa, Antonio L. *The King and the Making of Modern Thailand*. London & New York: Routledge, 2017.

Régnier, Philippe. *Singapore: A City-State in South-East Asia*. Honolulu: University of Hawaii Press, 1991.

Reynolds, Craig J. *National Identity and Its Defenders: Thailand Today*. Chiang Mai: Silkworm Books, 2002.

Riker, William H. *The Development of American Federalism*. Norwell : Kluwer Academic, 1987.

Roberts, Andrew. *The Storm of War: A New History of the Second World War*.

London: Penguin, 2009.

Robinson, Dean E. *Black Nationalism in American Politics and Thought*. Cambridge: Cambridge University Press, 2001.

Rohe, Mathia. *Islamic Law in Past and Present*. Translation by Gwendolin Goldbloom. Leiden & Boston: Brill, 2015.

Rollins, Peter C. ed. *The Columbia Companion to American History on Film: How the Movies Have Portrayed the American Past*. New York: Columbia University Press, 2003.

Rosenfeld, Michel, & András Sajó, ed. *The Oxford Handbook of Comparative Constitutional Law*. Oxford: Oxford University Press, 2012.

Ryan, Alan. *The Making of Modern Liberalism*. Princeton & Oxford: Princeton University Press, 2012.

Safire, William. *Safire's Political Dictionary*. Oxford: Oxford University Press, 2008.

Sage, Michael M. *The Republican Roman Army: A Sourcebook*. New York & London: Routledge, 2008.

Saifullah, H., & Febri Yulika, *Pertautan Budaya-Sejarah Minangkabau & Negeri Sembilan*. Kota Padangpanjang: Institut Seni Indonesia Padangpanjang, 2017.

Santas, Gerasimos. *Understanding Plato's Republic*. Chichester, West Sussex: Wiley-Blackwell, 2010.

Sartori, Giovanni. *Parties and Party Systems: A Framework for Analysis*. Colchester: ECPR Press, 2005.

Sassen, Saskia. *Territory, Authority, Rights: From Medieval to Global Assemblages*. Princeton & Oxford: Princeton University Press, 2006.

Savory, R. M., ed. *Introduction to Islamic Civilization*. Cambridge: Cambridge University Press, 1976.

Scarisbrick, J. J. *Henry VIII*. New Haven & London: Yale University Press,

1997.

Schonhardt-Bailey, Cheryl. *From the Corn Laws to Free Trade: Interests, Ideas, and Institutions in Historical Perspective.* Cambridge: MIT Press, 2006.

Seldon, Anthony. *How Tory Governments Fall: The Tory Party in Power Since 1783.* London: HarperCollins, 2016.

Shafer, Byron E., ed. *Postwar Politics in the G-7: Orders and Eras in Comparative Perspective.* Madison: University of Wisconsin Press, 1996.

Shenfield, Stephen. *Russian Fascism: Traditions, Tendencies and Movements: Traditions* (Oxford & New York: Routledge, 2015), 113-189.

Slattery, Martin. *Key Ideas in Sociology.* Cheltenham: Nelson Thomas, 2003.
Sibarani, Augustin. *Karikatur dan Politik* Jakarta: Institut Studi Arus Informasi, 2001.

Steger, Manfred B. *The Quest for Evolutionary Socialism: Eduard Bernstein and Social Democracy.* Cambridge: Cambridge University Press, 1997.

Stockemer, Daniel, ed. *Populism Around the World: A Comparative Perspective.* Cham, Switzerland: Springer Nature, 2019.

Strange, Carolyn, ed. *Qualities of Mercy: Justice, Punishment, and Discretion.* Vancouver: UBC Press, 1996.

Teachout, Zephyr. *Corruption in America.* Cambridge: Harvard University Press, 2014.

Ten, C. L., ed. *Mill's On Liberty: A Critical Guide.* Cambridge: Cambridge University Press, 2008.

UK Ministry of Justice. *The Governance of Britain: Judicial Appointments.* London: The Stationery Office, 2007.

Van Vugt, Joos P. A., & Jan M. Peet, ed. *Social Security and Solidarity in the European Union: Facts, Evaluations, and Perspectives.* New York: Springer-Verlag, 2000.

Van Wie, Paul D. *Image, History, and Politics: The Coinage of Modern Europe*. Lanham: University Press of America, 1999.

Walters, Mark D. *A.V. Dicey and the Common Law Constitutional Tradition: A Legal Turn of Mind*. Cambridge: Cambridge University Press, 2020.

Walton, Charles. *Policing Public Opinion in the French Revolution: The Culture of Calumny and the Problem of Free Speech*. New York: Oxford University Press, 2009.

Ward, Lee. *The Politics of Liberty in England and Revolutionary America*. Cambridge: Cambridge University Press, 2004.

Weber, Max. *Economy and Society: An Outline of Interpretive Sociology*. Disunting oleh Guenther Roth & Claus Wittich. University of California Press, 1978.

Wehl, David. *The Birth of Indonesia*. London: G. Allen & Unwin, 1948.

Weiler, Peter. *The New Liberalism: Liberal Social Theory in Great Britain, 1889–1914*. Oxford: Routledge, 2017.

Welch, David. *Modern European History 1871–2000: A Documentary Reader, Second Edition*. London & New York: Routledge, 1999.

Wetherly, Paul, ed. *Political Ideologies*. Oxford: Oxford University Press, 2017.

Wood, Gordon S. *Friends Divided: John Adams and Thomas Jefferson*. New York: Penguin, 2017.

Yavuz, M. Hakan. *Islamic Political Identity in Turkey*. Oxford: Oxford University Press, 2003.

보통사람의 정치학

초판 1쇄 발행 2024년 8월 22일

지은이 아이만 라쉬단 웡
옮긴이 정상천
펴낸이 강수걸
편집 이선화 강나래 오해은 이소영 이혜정 김효진 방혜빈
디자인 권문경 조은비
펴낸곳 산지니
등록 2005년 2월 7일 제333-3370002510002005000001호
주소 부산시 해운대구 수영강변대로 140 BCC 626호
전화 051-504-7070 | 팩스 051-507-7543
홈페이지 www.sanzinibook.com
전자우편 sanzini@sanzinibook.com
블로그 sanzinibook.tistory.com

ISBN 979-11-6861-366-9 03340